Organentnahme und Rechtfertigung
durch Notstand?

RECHT & MEDIZIN

Herausgegeben von den Professoren
Dr. Erwin Deutsch, Dr. Adolf Laufs, Dr. Hans-Ludwig Schreiber

Bd./Vol. 61

PETER LANG
Frankfurt am Main · Berlin · Bern · Bruxelles · New York · Oxford · Wien

Stefanie Diettrich

Organentnahme und Rechtfertigung durch Notstand?

Zugleich eine Untersuchung zum Konkurrenzverhältnis von speziellen Rechtfertigungsgründen und rechtfertigendem Notstand gem. § 34 StGB

PETER LANG
Europäischer Verlag der Wissenschaften

Bibliografische Information Der Deutschen Bibliothek
Die Deutsche Bibliothek verzeichnet diese Publikation in der Deutschen Nationalbibliografie; detaillierte bibliografische Daten sind im Internet über <http://dnb.ddb.de> abrufbar.

Zugl.: Göttingen, Univ., Diss., 2002

D 7
ISSN 0172-116X
ISBN 978-3-631-50806-0

www.peterlang.de

In Erinnerung an meinen Vater,
Ferdinand Heuer (1934-1990)

Vorwort

Die vorliegende Arbeit wurde im Wintersemester 2002/2003 von der Juristischen Fakultät der Georg-August-Universität Göttingen als Dissertation angenommen.

Meinem verehrten Doktorvater, Herrn Prof. Dr. Dr. iur. h.c. mult. Dr. med. h.c. mult. Hans-Ludwig Schreiber, danke ich für das entgegengebrachte Vertrauen, die jahrelange Förderung durch Mitarbeit an seinem Lehrstuhl sowie für seine ständige Gesprächsbereitschaft. Seine ihm eigene Arbeitsweise hat mich stets gleichermaßen gefordert wie beeindruckt.
Weiterhin gilt mein Dank ihm und den Professoren Laufs und Deutsch für die Aufnahme der Arbeit in die von ihnen herausgegebene Reihe „Recht und Medizin“ sowie Herrn Prof. Dr. Harald Bogs für die zügige Erstellung des Zweitgutachtens.
Frau Prof. Dr. Gabriele Wolfslast danke ich für die Anregung zu dieser Arbeit, für ihr stets offenes Ohr sowie für ihre klugen Ratschläge in allen Lebenslagen.

Für die unvergesslichen Jahre in Göttingen danke ich meinen Freunden und Kollegen vom Lehrstuhl, insbesondere Dr. Susanne Schneider, Sonja Rothärmel, Dr. Henning Rosenau, Dr. Christoph Conrads und last but not least Stefan Jungeblodt, die mir alle beratend, aufheiternd und anregend zur Seite gestanden haben.

Das Gespräch zwischen Juristen und Medizinern ist oft nicht leicht; um so dankbarer bin ich, dass ich so viele Ärzte als wirklich gute Freunde bezeichnen kann, die mir oft geholfen und mir das nötige medizinische Grundverständnis vermittelt haben. Mein Dank gilt hier insbesondere Dr. Stefanie und Dr. Stefan Kanehl sowie Dr. Marcus Möller.
Paulo de Pinho danke ich für die technische Beratung bei der Erstellung des Manuskriptes.

Ganz besonders möchte ich mich schließlich bedanken bei meinem Mann, Carsten Diettrich, meiner Mutter, Ingeborg Heuer, sowie bei meinem Bruder, Lutz Heuer, die mich stets in jeder erdenklichen Weise unterstützt und mich in dieser Zeit verständnisvoll und geduldig ertragen haben.

Hamburg, im Januar 2003 Stefanie Diettrich

Inhaltsverzeichnis

Einleitung

Im Rahmen der Transplantationsmedizin zeichnen sich zunehmend neue Perspektiven ab: Xenotransplantation, Gewebeersatz durch tissue engineering oder durch Zellzüchtung aus embryonalen sowie adulten Stammzellen. Das Angebot an Ersatzgeweben zu erhöhen, stellt wohl die Herausforderung für die heutige Transplantationsmedizin dar. Die Abstoßungsrate im Rahmen der Xenotransplantation ist - auch bei genetisch veränderten Schweinen - nach wie vor sehr hoch; die Frage der Übertragung von sog. Retroviren auf den Menschen ist noch weitgehend ungeklärt.[1] Die Bedenken, Embryonen in Zukunft nur als Mittel zum Zweck der embryonalen Stammzellgewinnung zu erzeugen, werden lauter.[2] Die tatsächliche Anwendung der genannten Methoden liegt dementsprechend sowohl wegen der damit verbundenen ethischen Diskussion als auch wegen wissenschaftlicher Unklarheiten noch in einiger Ferne, wenn auch zahlreiche Versuchsreihen laufen. Daher hat die vorgelegte Arbeit durchaus noch ihre Berechtigung, wenn sie sich mit der klassischen Organtransplantation und ihrer Rechtfertigung beschäftigt.
Die Transplantation von Nieren, Herzen und Lebern ist längst aus dem Experimentierstadium herausgetreten und gehört seit mindestens 20 Jahren zu den medizinischen Standardeingriffen, wenn es um die Behandlung der jeweils zugrundeliegenden Erkrankung geht.[3]
Ob eine Organentnahme nicht nur durch die Einwilligung des Toten oder dessen Angehörige gerechtfertigt ist, sondern der Eingriff auch aus rechtfertigendem Notstand gemäß § 34 StGB zulässig sein kann, gehört zu den umstrittensten juristisch-ethischen Fragen im Bereich der Transplantationsmedizin.[4] Schon seit transplantiert wird, finden Versuche statt, die Organentnahme durch den strafrechtlichen Notstand zu rechtfertigen. Die Rechtslage zeigte sich in diesem Punkt nie klar. Es soll überprüft werden, inwiefern das neue Transplantationsgesetz zur Klärung beitragen kann bzw. ob es an der bestehenden Rechtslage hinsichtlich der Anwendung oder Nichtanwendbarkeit des § 34 StGB etwas geändert hat.

---

1 Kaulen, FAZ vom 17.05.2000 Nr. 114, S. N3; Richter, DÄBl. 2001, C 1922; Nagel/Schmidt, Transplantation, S. 13ff.

2 vgl. Richter, „Stammzellen-Import: Signal auf Stopp“, DÄBl. 2001, C 2421: 17 der 24 anwesenden Mitglieder der Enquete-Kommission „Recht und Ethik der modernen Medizin“ des Deutschen Bundestages sprachen sich gegen einen Import von menschlichen embryonalen Stammzellen zu Forschungszwecken aus.

3 Etwa: Pichlmayr, Der Arzt im Krankenhaus 1982, Beilage: Organtransplantation heute, 10ff.; Jakubowski/Roosen/Eigler, Nierentransplantation, Der Internist 1983, 500ff.

4 Voll, Die Einwilligung im Arztrecht, 1996, 261

Dabei kommt eine Notstandsrechtfertigung nicht nur bei der Organentnahme vom Verstorbenen, sondern auch bei Nichteinhaltung der Voraussetzungen der Lebendspende und der Verteilungskriterien in Betracht.
Dafür ist zunächst die Rechtslage der Organtransplantation darzustellen, insbesondere die Voraussetzungen einer Organentnahme nach dem Transplantationsgesetz sowie die dort vorgesehenen Straf- und Bußgeldvorschriften. Im Folgenden werden dann die einzelnen Voraussetzungen des rechtfertigenden Notstandes gem. § 34 StGB ausführlich geprüft, um zu klären, inwieweit die Organentnahme zu Gunsten eines Todkranken darunter subsumiert werden kann.
Erst danach stellt sich die Frage, ob trotz eventuellen Vorliegens der Voraussetzungen eines Rechtfertigungsgrundes dieser aus anderen Erwägungen nicht angewendet werden darf, etwa weil ein spezialgesetzlicher Rechtfertigungsgrund diesen Fall abschließend regelt und dessen Voraussetzungen nicht erfüllt sind.

1. Kapitel: Rechtliche Regelung der Organtransplantation

Das deutsche Transplantationsgesetz, welches am 26.06.1997 im Bundestag beraten und verabschiedet wurde, ist am 01.12.1997 in Kraft getreten und ist damit eines der jüngsten der Welt.[5] Ganz im Gegensatz dazu stehen fast alle anderen europäischen Länder, die schon seit längerer Zeit gesetzliche Regelungen unterschiedlicher Ausprägung getroffen haben.[6] Auf einige Länder und deren Lösungen zur Frage der Organtransplantation wird später noch einzugehen sein.
Das Abstimmungsergebnis im Deutschen Bundestag war nach der lange und hitzig geführten Diskussion überraschend eindeutig: 449 Abgeordnete entschieden sich für das Gesetz, 151 dagegen, 29 enthielten sich. Mit 424 zu 201 Stimmen hatten sich die Abgeordneten für die Anerkennung des Hirntodes als Tod des Menschen entschieden.[7] Erwähnenswert ist, dass bei dieser Entscheidung auf Grund der Höchstpersönlichkeit der angesprochenen Fragen dieses Gesetzgebungsverfahrens der Fraktionszwang aufgehoben war.
Das Transplantationsgesetz enthält ausführliche Regelungen u. a. zum Todeszeitpunkt (§ 3), zu den Zustimmungsmodalitäten zu einer Organentnahme (§ 4), zur Lebendspende (§ 8), zur Gewinnung und Verteilung der Organe (§§ 9-12), zum Datenschutz (§§ 13 ff.) und schließlich zu Straf- und Bußgeldvorschriften (§§ 17 ff.).

A. Gesetzgebungsgeschichte

Die Diskussion Ende der 70er Jahre in Deutschland war eine andere als die aktuelle; es gab im Prinzip keinen Streit um den Hirntod. Der Todesbegriff wurde nicht angezweifelt. Das damalige Gesetzgebungsverfahren scheiterte daran, dass man sich nicht zwischen Widerspruchsregelung und erweiterter Zustimmungslösung einigen konnte. Probleme bereitete auch die vorgesehene Festschreibung einer Erklärung zur Organspende im Personalausweis.
Die gesamte geschichtliche Entwicklung des Transplantationsgesetzes war immer beherrscht von dem Konflikt verschiedener Lösungsmodelle der Zustim-

---

5 Gesetz über die Spende, Entnahme und Übertragung von Organen (Transplantationsgesetz - TPG), BGBl. 1997 I, 2631-2639

6 vgl. zu den Regelungen im europäischen Ausland: Wolfslast, Transplantationsrecht im europäischen Vergleich, ZTxMed 1/1989, 43 ff.; Heuer/Schreiber, Auswirkungen der gesetzlichen Neuregelungen der Transplantation auf die Klinik, in: Chirurgische Operationslehre, S. 100-104

7 Deutscher Bundestag, Plenarprotokoll 13/183 vom 25.06.1997, 16401 ff. (16479, 16503); Klinkhammer, DÄBl. 1997, A-1833

mung zur Explantation.[8] Bei der Vielzahl von Entwürfen auf unterschiedlichen Ebenen wurde die sog. Widerspruchs- und Informationslösung genauso vertreten wie die enge und erweiterte Zustimmungslösung.
Im Herbst 1978 legte die damalige sozial-liberale Bundesregierung den „Entwurf eines Gesetzes über Eingriffe an Verstorbenen zu Transplantationszwecken (Transplantationsgesetz)“ vor.[9] Dieser ging zurück auf den Mehrheitsentwurf einer durch Beschluss der 42. Konferenz der Justizminister und -senatoren vom 30.10.1973 gebildeten Bund-Länder-Arbeitsgruppe, deren Aufgabe es sein sollte, Vorschläge für eine gesetzliche Regelung der Transplantationsproblematik zu unterbreiten.[10] Um die Berücksichtigung aller medizinischen und rechtlichen Aspekte zu gewährleisten, nahmen neben Ministerialbeamten aus Rechts- und Gesundheitsressorts auch Ärzte und Juristen an der interdisziplinären Arbeitsgruppe teil. Hauptanliegen war schon damals, den Interessenkonflikt zwischen lebensrettender bzw. gesundheitserhaltender Transplantation und dem Selbstbestimmungsrecht des Einzelnen über die körperliche Integrität der Leiche zu lösen.
Der lediglich sieben Paragraphen umfassende Gesetzentwurf sah für die postmortale Organentnahme die sog. Widerspruchslösung vor, nach der immer dann Organe entnommen werden dürfen, wenn der Verstorbene zu Lebzeiten nicht widersprochen hat.[11] Diese Lösung stellt die wohl größtmögliche Zahl von Transplantaten zur Verfügung und ist in Österreich, Portugal und Belgien geltendes Recht.[12] Dabei ließ man sich damals vor allem von der Erwägung leiten, dass jeder, dem die Unverletzlichkeit seiner Leiche ein wirkliches Anliegen ist, selbst für die Beachtung seines Willens Sorge tragen würde. Der Arzt sollte grundsätzlich nur verpflichtet sein, sich vor Beginn der Organentnahme zu vergewissern, dass in den Ausweispapieren des Verstorbenen keine Widerspruchserklärung eingetragen war.
Eine breit angelegte Information der Bevölkerung bei Erlass des Gesetzes und bei jeder Ausstellung eines Personalausweises sollte die erforderlichen Kennt-

---

[8] zur geschichtlichen Entwicklung umfassend: Kühn, Die Motivationslösung, S. 59ff.; Nickel, Die Entnahme von Organen, S. 59ff.

[9] BT-Drs. 8/2681 vom 16. März 1979

[10] Bund-Länder-Arbeitsgruppe, Bund zur Vorbereitung einer gesetzlichen Regelung der Transplantation und Sektion, Bonn 1976, S. 5 ff.; ausführlich zur Entwicklung: Schreiber/Wolfslast, Rechtsfragen der Transplantation, in: Dietrich, Organspende - Organtransplantation, 1985, 33 ff.; Hirsch/Schmidt-Didczuhn, Transplantation und Sektion, S. 8 ff.; Carstens, ZRP 1979, 282 ff.

[11] vgl. Sturm, Zum Regierungsentwurf eines Transplantationsgesetzes, JZ 1979, 697ff.

[12] vgl. dazu: Kühn, Die Motivationslösung, S. 32 f., 37 f.; Wolfslast, Transplantationsrecht im europäischen Vergleich, ZTxMed 1/1989, 43 ff.; Heuer/Schreiber, Auswirkungen der gesetzlichen Neuregelungen der Transplantation auf die Klinik, in: Chirurgische Operationslehre, S. 100-104

nisse bzw. eine Entscheidungsgrundlage schaffen. Um die Respektierung der Todesgrenze zu gewährleisten, wurde ein förmliches Todesfeststellungsverfahren für alle Explantationen vorgeschrieben.

Die Widerspruchslösung wurde bereits im Gesetzgebungsverfahren, das am 10.11.1978 mit der ersten Beratung im Bundesrat begann, und wird bis heute von der Öffentlichkeit aber auch von der Mehrheit der Wissenschaftler als zu verpflichtend angesehen. Dies sei ein Trick, mit dem die Trägheit der Menschen ausgenutzt werde. Das Selbstbestimmungsrecht werde missachtet; jeder hätte das Recht, sich zu bestimmten Themen nicht zu äußern, ohne dass solche schwerwiegenden Folgen daran geknüpft würden. Man sprach zugespitzt von der Sozialisierung oder Sozialpflichtigkeit der Leiche.[13]

Richtig ist, dass bei dem allgemeinen Persönlichkeitsrecht aus Art. 2 I i.V.m. Art. 1 I GG - wie bei vielen anderen Grundrechten - auch die negative Komponente geschützt ist, d.h. das Recht, sich mit derartigen Fragen nicht befassen und keine Entscheidung treffen zu müssen, ohne gleichzeitig Konsequenzen seiner Passivität fürchten zu müssen.[14] Da Schweigen als Zustimmung gedeutet wird, geht die Erklärungslast auf denjenigen über, der gerade solche Eingriffe nicht gestatten will.[15] Es wird in sein negatives Selbstbestimmungsrecht eingegriffen, und ein Zwang zur Beschäftigung mit dem eigenen Tod entsteht.[16]

Richtig ist auch, dass bei fehlender bzw. unzureichender Information der Bevölkerung über die Möglichkeiten eines Widerspruchs der potentielle Spender faktisch seine Entscheidungsbefugnis hinsichtlich des Umgangs mit seinem Leichnam verliert.[17]

In der politischen Diskussion der letzten Jahre hat die Widerspruchslösung daher keine Rolle mehr gespielt, wenn sie auch nach wie vor von einigen Autoren vertreten oder zumindest zu Recht nicht als verfassungswidrig angesehen

---

[13] vgl. dazu: Schreiber/Wolfslast, Rechtsfragen der Transplantation, in: Dietrich, Organspende - Organtransplantation, 1985, 33 (43); Sasse, Zivil- und strafrechtliche Aspekte, S. 45

[14] Jarass, in: Jarass/Pieroth, GG, Art. 2 Rn. 30a; Kloth, Rechtsprobleme der Todesbestimmung und der Organentnahme von Verstorbenen, 1994, 121, 158 f.; Nickel, MedR 1995, 139 (141); Schmidt-Didczuhn, ZRP 1991, 264 (266); Weber/Lejeune, NJW 1994, 2392 (2395)

[15] Hirsch/Schmidt-Didczuhn, Transplantation und Sektion, 1992, 55; Kloth, Todesbestimmung und postmortale Organentnahme, 158; Nickel, MedR 1995, 139 (141); Deutsch, ZRP 1982, 174 (175); Carstens, Recht der Organtransplantation 1978, S. 123; vgl. auch Uhlenbruck, in: Laufs/Uhlenbruck, Handbuch des Arztrechts, § 131 Rn. 8, der auf die Unredlichkeit der Widerspruchslösung verweist

Die Rechtsordnung sieht nur in Ausnahmefällen vor, dass an das Schweigen solche Rechtsfolgen geknüpft werden, z. B. in §§ 108 II 2, 415 II 2, 416 I 2 BGB.

[16] Kühn, Die Motivationslösung, 1998, 126, 130; Bottke, in: Rechtsstaat in der Bewährung, Band 30, 1995, S. 35 (92)

[17] Kühn, Die Motivationslösung, 1998, 125; vgl. auch Kloth, Todesbestimmung und postmortale Organentnahme, 156 f., der den Spender als in menschenwürdewidriger Weise zum Objekt der Gesellschaft degradiert sieht

wird.[18] Es erscheint für den Einzelnen durchaus tragbar, sich nach ausreichender Information mit seiner Organspendebereitschaft und der Behandlung seines Körpers nach dem Tod zu beschäftigen; diese Entscheidungsfindungspflicht entspricht dem Art. 1 GG zugrundeliegenden Bild des selbstbestimmten mündigen Menschen.
Diese Freiheit versteht das Grundgesetz nämlich nicht als diejenige eines isolierten und selbstherrlichen, sondern als die eines gemeinschaftsbezogenen und gemeinschaftsgebundenen Individuums.[19] Neben dem Erfolg der Heilung als solcher bringt eine hohe Transplantationsrate einen großen gesellschaftlichen Nutzen mit sich, da die geheilten Transplantierten in das Gemeinwesen zurückkehren und so Aufwendungen für längerfristige Pflege und Behandlungen gespart werden.[20] Der Rahmen des Zumutbaren scheint also nicht überschritten, wenn dem Einzelnen in Ausprägung der vom Grundgesetz postulierten Solidarität auferlegt würde, sich bei Ablehnung der Organspende entsprechend zu erklären. Die Widerspruchslösung verpflichte den Einzelnen im Übrigen zu keiner Entscheidung, sondern hoffe eher auf dessen Passivität[21] - wer aber passiv bleibt, dem kann sein postmortales Persönlichkeitsrecht nicht dermaßen wichtig sein.
Der Bundesrat und damit die damalige CDU-Opposition vertrat gegenüber dem Regierungsentwurf die sog. erweiterte Zustimmungslösung, wie sie heute in § 4

---

[18] Kern, MedR 1994, 389 (392); Heun, Der Hirntod als Kriterium des Todes des Menschen, JZ 1996, 213 (219); Kluth/Sander, DVBl. 1996, 1285 (1291); Bauer, Ausschussdrs. 598/13, 2 (4); Sundmacher, Ausschussdrs. 579/13, 44 (44); Wesslau, Ausschussdrs. 594/13, 24 (27); Schreiber, FS für Klug, 1983, S. 341 (355); Hirsch/Schmidt-Didczuhn, Transplantation und Sektion, 1992, 55; Vogel, NJW 1980, 625 (628)
Mit dem Eingriff in das oben beschriebene negative Selbstbestimmungsrecht allein ist noch nichts über die Verfassungsmäßigkeit einer derartigen Lösung des Transplantationswesens ausgesagt. Das Selbstbestimmungsrecht unterliegt der Schrankentrias des Art. 2 Abs. 1 GG, wie das Bundesverfassungsgericht in seinem Volkszählungsurteil (BVerfGE 65, 1 (44)) festgestellt hat. Eine Beschränkung dieses Rechts ist danach möglich, wenn hinreichende Gründe des Gemeinwohls sie rechtfertigen und eine Gesamtabwägung zwischen der Eingriffsintensität und der rechtfertigenden Gründe die Grenze der Zumutbarkeit nicht überschreitet. Es besteht auch insoweit kein Zweifel, dass die Widerspruchslösung ein geeignetes und erforderliches Mittel wäre, durch die effizientere Beschaffung von einer ausreichenden Anzahl an Organen das Leben Schwerstkranker zu retten.
[19] BVerfGE 45, 187 (227); Alexy, Theorie der Grundrechte, 1996, S. 323
[20] Nagel/Schmidt, Transplantation, 1996, S. 111 f.; vgl. auch Kühn, Die Motivationslösung, S. 131, 132, der sich an dieser Stelle mit der neueren Lehre der Reformierung des Gesellschaftsvertrages auseinandersetzt, letztlich aber doch zu einer Ablehnung der Widerspruchslösung kommt.
[21] So Kühn, Die Motivationslösung, S. 132, der auf die American Medical Association verweist, die in Erwägung zieht, eine Regelung zu schaffen, die den Bürger zu einer Stellungnahme zwingt.

TPG zu finden ist.[22] Nach der ersten Lesung im Bundestag am 26.04.1979 und einer Anhörung von Sachverständigen im Rechtsausschuss im September 1979 wurde das Gesetzgebungsverfahren von der Regierung zunächst nicht weiter verfolgt.

Auf Grund der heftigen Diskussionen hatte die Bundesärztekammer im Januar 1981 empfohlen, eine gesetzliche Regelung der Transplantation zurückzustellen. Die Mediziner waren sich schnell einig, dass man auch ohne ein Gesetz transplantieren konnte.[23] Die wissenschaftliche Literatur setzte sich weiterhin mit den umstrittenen Fragen der Organtransplantation auseinander.[24]

Die Gesetzgebungskompetenz des Bundes stellte dabei immer ein diskutiertes Thema dar, wurde aber zumindest im Gesetzgebungsverfahren 1978 nicht ernsthaft angezweifelt, da man sich einig war, dass die Transplantationsmedizin wichtige Fragen der zivil- und strafrechtlich geschützten Integrität des menschlichen Körpers berühre. Nach anderer Ansicht wurde eine gesundheits- und verwaltungsrechtliche Gesetzgebungskompetenz der Länder gem. Art. 70 GG angenommen, da die Materie dem Gesundheitsrecht zuzuordnen sei.[25]

Die im November 1989 nach langer Pause von der Konferenz der Minister für Gesundheit der Bundesländer (GMK) beauftragte Arbeitsgemeinschaft der Leitenden Medizinalbeamten, die die Notwendigkeit einer gesetzlichen Regelung der Transplantationsmedizin zu prüfen hatte, empfahl die Schaffung eines solchen Gesetzes und wurde später 1991 zur Vorbereitung eines Entwurfes aufge-

---

22 Stellungnahme zum Gesetzentwurf, BR-Drs. 395/78; BT-Drs. 8/2681, 13 ff.

23 vgl. Pichlmayr, Chirurg 51 (1980), 344; Land, Organtransplantation: Entwicklung, Möglichkeiten, sozioökonomische Aspekte, Versicherungsmedizin 1/1989, 7 ff., der u. a. auf die erfreuliche Entwicklung der Organtransplantation unter Anwendung des Immunsuppressivums Cyclosporin A hinweist; vgl. auch: Gründel, Ist ein Transplantationsgesetz noch unbedingt erforderlich?, Theologie der Gegenwart, 24 (1981), 234ff.; vgl. auch: Vogel, NJW 1980, 625 (629), der als damaliger Justizminister eine „Besinnungs- und Überlegungspause“ empfahl

24 Angstwurm, Medizinische Aspekte der Organtransplantation - Wann spricht man vom Hirntod?, Der Arzt im Krankenhaus 1982, Beilage: Organtransplantation heute, 17-19; Böckle, Ethische Aspekte der Organspende und -transplantation: Entscheidung zwischen Pflicht und Pietät, Der Arzt im Krankenhaus 1982, Beilage: Organtransplantation heute, 14-16; Deutsch, Die rechtliche Seite der Transplantation, ZRP 1982, 174-177; Schreiber, Vorüberlegungen für ein künftiges Transplantationsgesetz, in: Festschrift für Klug, Köln 1983, 341-358; Schreiber / Wolfslast, Rechtsfragen der Transplantation, in: Dietrich, Organspende - Organtransplantation, 1985, 33-63; Wolfslast, Transplantation ohne Gesetz? Zur rechtlichen Situation der Organspende, MMW 124 (1982), 105-109

25 vgl. Linck, JZ 1973, 759 ff; Land/Baur, Organisation der postmortalen Organspende: Eine öffentliche Aufgabe, DÄBl. 1991, A-4256 ff.

fordert. Unterstützung fand diese Empfehlung durch die beiden großen Kirchen Deutschlands, die dem Gesetzgeber ebenfalls nahe legten, tätig zu werden.[26]
Noch 1990 folgte ein Entwurf einer beim damaligen Niedersächsischen Ministerium für Wissenschaft und Kunst tätigen Arbeitsgruppe aus Mitgliedern der Arbeitsgemeinschaft der Deutschen Transplantationszentren e.V. und der Deutschen Stiftung Organtransplantation (DSO).[27]
Auf der Grundlage des Musterentwurfes der Arbeitsgemeinschaft der Leitenden Medizinalbeamten brachten die Länder Bremen und Hessen Ende Juni 1994 gemeinsam beim Bundesrat den „Entwurf eines Gesetzes zur Entnahme und Übertragung von Organen (Transplantationsgesetz)" ein.[28] Am 23.06.1994 beschloss der Landtag von Rheinland-Pfalz ein auf der Widerspruchslösung basierendes Transplantationsgesetz für Rheinland-Pfalz, welches nach heftigen Widerständen in der Öffentlichkeit schließlich am 25.08.1994 durch einstimmigen Beschluss des Landtages wieder aufgehoben wurde.[29]
Mit der Wiedervereinigung 1990 war für die Transplantationsmedizin in Deutschland eine neue Situation entstanden. Es war mit dem Recht der ehemaligen DDR eine eigene Gesetzesgrundlage hinzugekommen.[30] Die DDR hatte am 04.07.1975 die sog. „Verordnung über die Durchführung von Organtransplantationen" erlassen, in der eine konsequente Widerspruchslösung ohne eigene Entscheidungskompetenzen der Angehörigen vorgesehen war.[31] Mangels eines bundesdeutschen Transplantationsgesetzes galten diese Vorschriften laut Art. 9 Absatz 1 Satz 1 des Einigungsvertrages zunächst in den fünf neuen Bundesländern als Landesrecht weiter, wurden aber auf Grund verfassungsrechtlicher Bedenken nach der Wiedervereinigung praktisch nicht mehr angewendet.[32]
Mit Gesetz vom 27.10.1994 wurde dem Bund schließlich im Zuge der Verfassungsreform durch die dem Art. 74 I GG neu hinzugefügte Nr. 26 die konkur-

---

26 Erklärung der Deutschen Bischofskonferenz und des Rates der Evangelischen Kirche in Deutschland, Sonderdruck des Arbeitskreises Organspende, hrsg. vom Sekretariat der Deutschen Bischofskonferenz und vom Kirchenamt der Evangelischen Kirche in Deutschland, Bonn / Hannover 1990

27 Entwurf eines Transplantationsgesetzes, hrsg. v. Kuratorium für Dialyse und Nierentransplantation e.V. (KfH), abgedruckt bei Schreiber / Wolfslast, Ein Entwurf für ein Transplantationsgesetz, MedR 1992, 189-195

28 BR-Drs. 682/94; vgl. dazu: Nagel, Ethik in der Medizin 1993, 203 ff.

29 Landtag Rheinland-Pfalz, Drucks. 12/2094/5037; vgl. Weber/Lejeune, NJW 1994, 2392 ff.; Nickel, MedR 1995, 139 ff.

30 vgl. Hirsch/Schmidt-Didczuhn, Transplantation und Sektion, 30 ff.

31 § 4 der Transplantations-VO der DDR, DDR-GBl. I 1975, 597 ff.; Durchführungsbestimmung vom 29.03.1977, DDR-GBl. 1977, 141 ff.; Verordnung über die Durchführung von Organtransplantationen vom 05.08.1987, DDR-GBl. 1987, 199;

32 Vgl. Hirsch/Schmidt-Didczuhn, Transplantation und Sektion, 30 ff.; Schreiber, Langenbecks Archiv für Chirurgie 1992, 234 ff. (235); Nickel, MedR 1995, 139 (139)

rierende Gesetzgebungskompetenz zur Regelung der Transplantation von Organen und Geweben zugewiesen.[33]
Zu Hauptstreitpunkten im Verfahren wurden nicht Widerspruchs- oder Zustimmungslösung wie in den 70er Jahren sondern in erster Linie der Todesbegriff, die erweiterte oder enge Zustimmungslösung zur Explantation sowie die Regeln zur Ausgestaltung der Lebendspende und zur Verteilung der Organe.
Grundlage des vorliegenden Transplantationsgesetzes war der Entwurf der Fraktionen der CDU/CSU, SPD und F.D.P.[34], der lange Zeit regelungsbedürftige, bewusst zunächst offen gelassene Felder enthielt, die in vier öffentlichen Anhörungen im Juni 1995, September und Oktober 1996 und Januar 1997 im Gesundheits- und Rechtsausschuss des Bundestages mit Sachverständigen diskutiert worden sind.[35]
Es lagen ein Gegenentwurf von Bündnis 90/Die Grünen[36] und diverse Entschließungsanträge von Teilen der CDU und der SPD[37] vor. Diese wandten sich in erster Linie gegen den Hirntod als Todeskriterium des Menschen und gegen eine Befragung der Angehörigen, sollte der Tote selbst sich vorher nicht geäußert haben. Auf die Entwürfe wird im Folgenden bei den verschiedenen Problemschwerpunkten des Transplantationsgesetzes noch im Einzelnen einzugehen sein.

I. Rechtslage ohne Transplantationsgesetz

Für die Zeit bis 1997 bedeutet dies jedoch nicht, dass Transplantationen im rechtsfreien Raum stattgefunden haben. Eine Zusammenfassung wichtiger medizinischer, ethischer und juristischer Grundsätze für Organtransplantationen

---

[33] BGBl. 1994 I, 3146

[34] Gesetzentwurf der Fraktionen der CDU/CSU, SPD und F.D.P.; Entwurf eines Gesetzes über die Spende, Entnahme und Übertragung von Organen (Transplantationsgesetz - TPG), BT-Drs. 13/4355; im Folgenden: Entwurf-TPG; mit dem Entschließungsantrag der Abgeordneten Rudolf Dreßler, Rudolf Scharping, Klaus Kirschner u.a.; Spende, Entnahme und Übertragung von Organen, BT-Drs. 13/4368

[35] vgl. Protokolle Nr. 17, 64, 67 der Anhörungen vom 28.06.1995, 25.09.1996 und 09.10.1996 im Gesundheitsausschuss des Deutschen Bundestages; Protokoll Nr. 72 der Anhörung vom 15.01.1997 im Rechtsausschuss des Deutschen Bundestages; zur Auswertung der Sachverständigengutachten vgl. Heuer/Conrads, MedR 1997, 195 ff.

[36] Gesetzentwurf der Abgeordneten Monika Knoche, Gerald Häfner und der Fraktion BÜNDNIS 90/DIE GRÜNEN; Entwurf eines Gesetzes über die Spende, Entnahme und Übertragung von Organen (Transplantationsgesetz - TPG), BT-Drs. 13/2926

[37] Antrag der Abgeordneten Dr. Wolfgang Wodarg, Dr. Herta Däubler-Gmelin, Horst Schmidbauer u. a.; Kriterien für die Spende, Entnahme und Übertragung von menschlichen Organen, BT-Drs. 13/4114

enthielt der Transplantationskodex, den sich die deutschen Zentren 1987 gegeben und zu dessen Einhaltung sie sich selbst verpflichtet hatten.[38]
Als Anknüpfungspunkt fungierte das durch die Rechtsprechung entwickelte Institut des den Tod überdauernden Persönlichkeitsrechtes, welches aus Art. 1 I i.V.m. Art. 2 I des Grundgesetzes abgeleitet wird.[39] Der Schutz der Lebenden gebietet es, dass auch nach dem Erlöschen des allgemeinen Persönlichkeitsrechtes mit dem Tod des Trägers der Leichnam in besonderem Maße geschützt wird.[40] Hatte der Verstorbene selbst keine Verfügung getroffen, war also kein Organspendeausweis vorhanden, wurde das fortwirkende Persönlichkeitsrecht durch die Angehörigen wahrgenommen.[41]
Strafrechtlicher Ausgangspunkt für die Behandlung von missbräuchlichem Umgang mit Organen Lebender waren die §§ 223, 226a, 240 StGB a. F..[42] Jede Lebendorganentnahme stellt eine Körperverletzung dar, die durch die Einwilligung des Spenders gerechtfertigt ist. Entscheidend war hier die Frage der Freiwilligkeit und damit der Wirksamkeit der Einwilligung. Eine Strafbarkeit des entnehmenden Arztes kam nur dann in Frage, wenn er um die Hintergründe einer unwirksamen Einwilligung wusste.[43]
Das erste und einzige Urteil eines deutschen Gerichts zur Transplantationsproblematik wurde auf zivilrechtlicher Ebene erlassen[44], weil das strafrechtliche Ermittlungsverfahren von der Staatsanwaltschaft Bonn eingestellt worden war.

---

[38] vgl. Transplantationskodex vom 13.11.1987, hrsg. von der Arbeitsgemeinschaft der Transplantationszentren in der Bundesrepublik Deutschland einschl. Berlin-West e.V. (Arbeitsgemeinschaft Organtransplantation), Hannover 1987; abgedruckt in: ZTxMed 7/1995, 154ff. in der 1992 überarbeiteten Fassung

[39] Der BGH, der im sog. Schachtbrief-Urteil (BGHZ 13, 334 (338)) das allgemeine Persönlichkeitsrecht als „sonstiges Recht" im Sinne des § 823 BGB anerkannt hatte, stellte in der kurz darauf ergehenden sog. Cosima-Wagner-Entscheidung (BGHZ 15, 249 (259)) fest, dass dieses Persönlichkeitsrecht auch über den Tod des ursprünglichen Rechtsträgers hinauswirkt. Der BGH verfestigte diese Grundsätze im sog. Mephisto-Urteil (BGHZ 50, 133 ff.) und wurde vom Bundesverfassungsgericht bestätigt (BVerfG JZ 1971, 544 ff.).

[40] ausführlich zum postmortalen Persönlichkeitsrecht: vgl. Buschmann, NJW 1970, 2081ff.; Zimmermann, NJW 1979, 569ff.; Kramer, Rechtsfragen der Organtransplantation, 1987, S. 65f.; Westermann, Das allgemeine Persönlichkeitsrecht nach dem Tode seines Trägers, FamRZ 1969, 561 (564); Bender, Das postmortale allgemeine Persönlichkeitsrecht, VersR 2001, 815 ff.; Sasse, Zivil- und strafrechtliche Aspekte der Veräußerung von Organen, S. 66 ff.; Ehmann, Zur Struktur des Allgemeinen Persönlichkeitsrechtes, JuS 1997, 193ff.

[41] vgl. Lilie, Zur Verbindlichkeit eines Organspenderausweises nach dem Tode des Organspenders, MedR 1983, 131

[42] Laufs, Arztrecht, vor Rn. 267; Lackner/Kühl, StGB, § 223 Rn. 10, § 226a Rn. 23; Bockelmann, Strafrecht des Arztes, S. 103; Kohlhaas, NJW 1971, 1870 (1871)

[43] vgl. ausführlich dazu: König, Strafbarer Organhandel, 1999, S. 43 ff.

[44] LG Bonn, Urteil vom 25.02.1970 (Gütgemann-Urteil), JZ 1971, 56 ff.

Für den Umgang mit Organen Verstorbener kam § 168 StGB in Betracht[45], der aber nach herrschender Meinung nur dann einschlägig sein kann, wenn Leichenteile durch nicht autorisierte Personen weggenommen werden.[46] Bei dem Regelfall des Versterbens in einer Klinik hat das Krankenhaus bzw. der entnehmende Arzt den Gewahrsam an der Leiche inne, so dass eventuell entnommene Organe nicht „unbefugt aus dem Gewahrsam des Berechtigten" entnommen werden.[47] Den totensorgeberechtigten Angehörigen wurde ein Recht auf Einräumung des tatsächlichen Gewahrsams zugestanden, wozu aber der Leichnam faktisch durch das Krankenhaus herausgegeben bzw. zur Bestattung freigegeben werden musste.[48] Gerade streitig ist allerdings, ob der Gewahrsamsbegriff in § 168 StGB zwingend eine tatsächliche Sachherrschaft wie im Bereich der §§ 242, 246 StGB erfordert oder ob nicht der Leichnam automatisch in die Obhut der Totensorgeberechtigten übergeht und das Krankenhaus diese nur für die Angehörigen ausübt.[49] Für diese Sicht des Gewahrsamsbegriffes spricht vor allem der Schutzzweck des § 168 StGB, der das Pietätsempfinden der Allgemeinheit und der Angehörigen schützen will,[50] und zwar unabhängig von einer tatsächlichen Sachherrschaft.[51]

[45] Die Entwicklung des Transplantationswesens hat der „bis dahin kaum praktisch gewordenen Vorschrift zu ungeahnter Publizität verholfen", so Rüping, GA 1977, 299f.

[46] Karl, Todesbegriff und Organtransplantation, 1995, S. 56/57; Geilen, Probleme der Organtransplantation, JZ 1971, 41 (43/44); Penning/Liebhardt, Entnahme von Leichenteilen zu Transplantationszwecken, in: FS für Spann, 1986, 440 (447)

[47] OLG Zweibrücken, JR 1992, 212 f.; Lackner/Kühl, StGB, § 168 Rn. 4; Sasse, Zivil- und strafrechtliche Aspekte der Veräußerung von Organen..., S. 156

[48] vgl. OLG München NJW 1976, 1805; OLG Stuttgart, Die Justiz 1977, 313; Roxin, Jus 1976, 505 (506); Sch/Sch/Lenckner, StGB, § 168 Rn. 6

[49] Tröndle/Fischer, StGB, § 168 Rn. 3; Kühn, Die Motivationslösung, S. 109; Sternberg-Lieben, Strafrechtlicher Schutz der toten Leibesfrucht, NJW 1987, 2062 ff.; Kallmann, Rechtsprobleme bei der Organtransplantation, FamRZ 1969, 572 (575), der auf die Zufälligkeit des tatsächlichen Herrschaftsbereiches im Augenblick des Todes hinweist

[50] vgl. Steffen, Zur Strafbarkeit der klinischen Sektion gem. § 168 StGB, 1996, S. 69 ff.; Tröndle/Fischer, StGB, § 168 Rn. 1; Rüping, GA 1977, 299 (302); OLG Frankfurt NJW 1975, 271 (272); v. Bubnoff, Rechtsfragen zur homologen Organtransplantation aus der Sicht des Strafrechts, GA 1968, 65 (72); Kallmann, FamRZ 1969, 572 (574); Sternberg-Lieben, NJW 1987, 2062 ff.
Teilweise wird auf den Willen des historischen Gesetzgebers verwiesen, der in § 137 StGB des Preußischen Strafgesetzbuches vom 14. April 1851 gerade die Wegnahme von Leichenteilen durch Ärzte und „Anatomen" habe erfassen wollen.

[51] Tröndle/Fischer, StGB, § 168 Rn. 3; Kühn, Die Motivationslösung, S. 109; Sternberg-Lieben, Strafrechtlicher Schutz der toten Leibesfrucht, NJW 1987, 2062 ff.; Kallmann, Rechtsprobleme bei der Organtransplantation, FamRZ 1969, 572 (575)

Eine derartig weite Auslegung lässt sich allerdings schwer mit dem Wortlaut des § 168 StGB vereinbaren und würde gegen das Analogieverbot verstoßen.[52] Der Gesetzgeber spricht eindeutig vom „Gewahrsam des Berechtigten", sieht also den Gewahrsam nicht schon als in der Berechtigung enthalten, sondern als zu ihr hinzutretend an.[53] Bedenkenswert erscheint auch, dass sich die Angehörigen oft gar nicht in der Position befinden werden, die geforderte Obhut auch auszuüben, so dass in diesen Fällen gar kein Gewahrsamsbruch vorliegen könnte.[54] Bisher konnte der weiten Ansicht teleologische Manipulation vorgeworfen werden, um der bedenklichen Schutzlosigkeit der Angehörigen gegenüber einer Organentnahme zu entgehen.[55] Dies scheint nun nach Erlass des Transplantationsgesetzes nicht mehr nötig zu sein – die Streitfragen sind für das Transplantationswesen durch §§ 3, 4 TPG weitgehend obsolet geworden. Der Straftatbestand des § 19 Abs. 1 TPG dürfte auf Grund seiner Spezialität den § 168 StGB in seinem Anwendungsbereich verdrängen.[56] Interessant wird es sein, wie sich der § 168 StGB nunmehr entwickelt, wenn er seines Hauptanwendungsgebietes beraubt ist.
Eigentumsdelikte scheiden grundsätzlich aus, weil sowohl der Leichnam als auch einzelne seiner Teile zwar als Sachen im Sinne des § 90 BGB[57] aber zugleich als herrenlos angesehen werden und somit nicht den Schutz der §§ 242, 246, 303 StGB genießen.[58]

---

[52] Schreiber/Wolfslast, Rechtsfragen der Transplantation, in: Dietrich (Hrsg.), S. 33 (36); Geilen, Probleme der Organtransplantation, JZ 1971, 41 (43); Roxin, Zur Tatbestandsmäßigkeit und Rechtswidrigkeit der Entfernung von Leichenteilen (§ 168 StGB), JuS 1976, 505 (507); OLG Koblenz NJW 1989, 2950 (2953)

[53] so die herrschende Meinung: Bockelmann, StrafR des Arztes, S. 105 ff.; Geilen, JZ 1971, 41 (43); ders., JZ 1975, 380 (381); Sch/Sch/Lenckner, § 168 Rn. 6; Penning/Liebhart, in: FS für Spann, S. 440 (447); Roxin, Jus 1976, 505 (507); Samson, NJW 1974, 2030 (2031); OLG Zweibrücken MDR 1992, 503 (504); OLG München NJW 1976, 1805 (1806)

[54] Karl, Todesbegriff und Organtransplantation, 1995, S. 56; Penning/Liebhardt, Entnahme von Leichenteilen zu Transplantationszwecken, in: FS für Spann, 1986, 440 (446), die darauf hinweisen, dass die Angehörigen den oft so betitelten Zufallsgewahrsam zumindest im Bereich der Gerichtsmedizin nicht sofort beenden können.

[55] Geilen, Probleme der Organtransplantation, JZ 1971, 41 (44); Schreiber, Diskussionsbeitrag, in: Hirsch/Hiersche/Graf-Baumann, Rechtliche Fragen der Organtransplantation, 1990, S. 99
Der Gesetzgeber hat sich im Rahmen des 24. Strafrechtsänderungsgesetzes vom 13.01.1987 mit § 168 StGB befasst und festgestellt, dass der Leiter des Krankenhauses, in welchem sich der Leichnam befindet, Gewahrsam begründet, vgl. BT-Drucks. 10/3758, Anlage 2

[56] So Schroth, JZ 1997, 1149 (1152); Heger, JZ 1998, 506 (506)

[57] Tag, Zum Umgang mit der Leiche, MedR 1998, 387 (388/389); a.A. aus Pietätserwägungen: Forkel, JZ 1974, 593 ff.

[58] Sch/Sch/Eser, StGB, § 242 Rn. 21; Roxin, JuS 1976, 505 ff.; Rüping, GA 1978, 129 ff.; Kramer, Rechtsfragen der Organtransplantation, 1987, S. 72; Kohlhaas, DMW 1969, 290 ff.

II. Vorteile der spezialgesetzlichen Regelung

Es stellt sich die Frage, warum wir in Deutschland eine gesetzliche Regelung benötigten, wenn es jahrelang auch ohne eine solche funktioniert hat?[59]
Der wesentliche Grund für die Notwendigkeit eines Gesetzes lag darin, dass bei der Transplantation im Gegensatz zu sonstigen ärztlichen Behandlungen nicht nur die Interessen und Rechte des Patienten und des behandelnden Arztes sondern auch die des Spenders zu berücksichtigen sind. Dieser muss besonders geschützt werden.
Um erfolgreich transplantieren zu können, bedarf es klarer Festlegungen, damit die Explantation unmittelbar nach Eintritt des Todes des Spenders durchgeführt werden kann. Das Vertrauen der Bevölkerung[60] in die Rechtmäßigkeit der Transplantationsmedizin allgemein und die damit zusammenhängenden Verfahren sollte durch ein Gesetz entscheidend gestärkt und weiterentwickelt werden.[61] Spürbar war auch eine zunehmende Verunsicherung der Öffentlichkeit über die Frage des Hirntodes und der Verfahren seiner Feststellung.[62]
Die relative Stagnation der Transplantationsfrequenz zumindest im Bereich der Nierentransplantation seit 1991, gepaart mit einer deutlich höheren Zahl von Neuanmeldungen nach der Wiedervereinigung, verschärfte und verschärft nach wie vor die Diskrepanz zwischen der dadurch kontinuierlich steigenden Summe von Patienten auf der Warteliste und den realisierten Transplantationen.[63]

---

59 zur Notwendigkeit einer gesetzlichen Regelung: Rüping, Für ein Transplantationsgesetz, MMG 7 (1982), 77ff.; Schreiber/Wolfslast, Ein Entwurf für ein Transplantationsgesetz, MedR 1992, 189 (190); Deutsch, ZRP 1994, 179 (181); von Bülow, Aufgaben des Gesetzgebers, in: Hiersche/Hirsch/Graf-Baumann 1990, S. 79ff.; Pichlmayr/Nagel, Warum ein Transplantationsgesetz?, in: Schlaudraff (Hrsg.) 1995, 53ff.; Schreiber, Für ein Transplantationsgesetz, in: Toellner, Medizin-Ethik Bd. 3, 1991, S. 97ff.; Wolfslast, Notwendigkeit eines Transplantationsgesetzes in Deutschland, in: Hauss/Vogt (Hrsg.), Organspende: Organisation, Kooperation und Verteilung 1996, 159ff.
dagegen: Laufs, NJW 1995, 2398f., der ein deutsches Transplantationsgesetz nicht für notwendig hielt, da die meisten Bereiche des Medizinrechts nicht gesetzlich geregelt seien und dennoch eine vernünftige rechtliche Situation bestehe.

60 fraglich scheint mir allerdings, wo das Vertrauen der Bevölkerung herkommen soll, wenn selbst die Ärzte untereinander misstrauisch sind: vgl. „Organspende: Ärzte misstrauen Kollegen“, Süddeutsche Zeitung vom 01. Dezember 1998, S. V2/11

61 Eigler, „Bereitschaft zur Hilfe in der Bevölkerung und der Ärzteschaft kann wachsen“, in: Sonderdruck der Deutschen Stiftung Organtransplantation zum Transplantationsgesetz, S. 8 (9); Schockenhoff, „Angstfreie und verantwortliche Entscheidung für die Organspende“, in: Sonderdruck der Deutschen Stiftung Organtransplantation zum Transplantationsgesetz, S. 16

62 Wolfslast, DÄBl. 1995, A-39 ff.

63 Smit/Sasse/Molzahn/Schulin, Organspende und Transplantation in Deutschland 1998, S. 21

Gerade in den letzten Jahren sind die Einwilligungsquoten infolge der emotional geführten öffentlichen Diskussion und der durch Medien sensationell aufgemachten Skandalfälle über zweifelhafte Explantationsmethoden und Organhandel zurückgegangen.[64] Auch den Ärzten gibt das Gesetz sicherlich Hilfestellungen, es zeigt ihnen beim Umgang mit den Angehörigen einen Handlungsrahmen auf und sichert sie in ihren Entscheidungen ab.[65] Gefordert war Rechtssicherheit[66], die vorher trotz ähnlicher Handhabung der Dinge nicht bestand.[67] Wie oben beschrieben, war die Auslegung des § 168 StGB keineswegs klar - eventuell angeklagte Ärzte wären letztlich von der Meinung ihres Richters abhängig gewesen.[68]

Vorrangige Aufgabe eines Transplantationsgesetzes konnte zwar nicht die Erhöhung des Organaufkommens sein sondern die mit einer gesetzlichen Regelung einhergehende Rechtssicherheit.[69] Erfahrungen aus einigen Nachbarländern mit vergleichbarer medizinischer Versorgungsqualität zeigen aber, dass mit der Einführung einer gesetzlichen Regelung die Zahlen der zur Verfügung stehenden Organe angestiegen sind,[70] so dass man auf längere Sicht hoffen kann, den Organmangel in Deutschland zumindest ein wenig einzudämmen.[71] Verbessert werden sollte unter anderem die „Meldetätigkeit hinsichtlich potentieller, hirntoter Spender“ der anderen Krankenhäuser an die Transplantations-

---

[64] Bauer, Ausschussdrs. 598/13, 2 (2)

[65] Zickgraf, „Das Transplantationsgesetz tritt in Kraft“, in: Sonderdruck der Deutschen Stiftung Organtransplantation zum Transplantationsgesetz, S. 5; Verband Forschender Arzneimittelhersteller e.V., Ausschussdrs. 594/13, 19 (20,21); Land/Baur, Organisation der postmortalen Organspende: Eine öffentliche Aufgabe, DÄBl. 1991, A-4256 ff.

[66] Bauer, „Klare Rechtsgrundlage für die notwendige Zusammenarbeit zwischen Transplantationszentren und anderen Krankenhäusern“, in: Sonderdruck der Deutschen Stiftung Organtransplantation zum Transplantationsgesetz, S. 12

[67] vgl. die Ausführungen zu § 168 StGB

[68] Penning/Liebhardt, Entnahme von Leichenteilen zu Transplantationszwecken, in: FS für Spann, 1986, 440 (447); vgl. auch: Schreiber, Der Internist 1974, 551 ff., der darauf hinweist, dass – zumindest damals – zwei gängige Strafrechtskommentare die Anwendbarkeit des § 168 StGB bejahen und somit eine Bestrafung des jeweiligen Arztes nicht ausgeschlossen werden kann.

[69] Bauer, Ausschussdrs. 598/13, 2 (3)

[70] Hirsch/Schmidt-Didczuhn, Transplantation und Sektion, 1992, 3 ff.

[71] Eigler, „Bereitschaft zur Hilfe in der Bevölkerung und der Ärzteschaft kann wachsen“, in: Sonderdruck der Deutschen Stiftung Organtransplantation zum Transplantationsgesetz, S. 8; vgl. auch: „Neues Transplantationsgesetz - Fördert Organspenden“, Medical Tribune vom 07.05.1999, unter Hinweis darauf, dass 1998 schon 13% mehr potentielle Organspender aus den Krankenhäusern gemeldet wurden. Vgl. aber auch: Flöhl, „Lange Wartelisten – zu wenig Organe“, FAZ vom 28.11.2001, N1-N2

zentren und damit deren regionale Zusammenarbeit sowie die Aufklärungsarbeit der öffentlichen Einrichtungen und Krankenhäuser.[72]
In einem vereinigten Europa wäre Deutschland dann tatsächlich eines der letzten Länder ohne ein Transplantationsgesetz gewesen. Deutschland erweist sich dabei seit langem als ein sog. Organimportland und transplantiert mehr Organe aus Belgien, Spanien und Österreich, als von uns dorthin über Eurotransplant vermittelt werden können. Die anderen europäischen Länder waren nicht länger bereit, diese ungerechte Regelung mitzutragen.[73]
Letztendlich sind auch Strafbarkeitslücken im Zusammenhang mit dem Organhandel hervorgetreten, die mit Hilfe eines Gesetzes geschlossen werden sollten.[74] Ein Verbot war insofern immer gewollt - es bestand nur Uneinigkeit über die genauere Ausformung. Auch hier gab es immer wieder Berichte über aus dem Ausland gekaufte Organe (Indien, China, Irak, Ägypten) und über gut verdienende Deutsche, die sich im Ausland ein Organ einpflanzen ließen.[75] So gründete der Immobilienmakler Rainer Scherer in Singapur die sog. „Asiatransplant", über die er 1988 in der Bundesrepublik Nierentransplantationen anbot; im Preis von 100.000 DM waren neben der Operation und der medizinischen Betreuung in Neu-Dehli, Karachi oder Manila Flug- und Aufenthaltskosten sowie ein gewisser Betrag für den Spender enthalten.[76] Eine Zusammenfassung solcher Vorgänge enthält die kleine Anfrage der Abgeordneten Schmidt-

[72] Eigler, „Bereitschaft zur Hilfe in der Bevölkerung und der Ärzteschaft kann wachsen", in: Sonderdruck der Deutschen Stiftung Organtransplantation zum Transplantationsgesetz, S. 8, 9; Bauer, „Klare Rechtsgrundlage für die notwendige Zusammenarbeit zwischen Transplantationszentren und anderen Krankenhäusern", in: Sonderdruck der Deutschen Stiftung Organtransplantation zum Transplantationsgesetz, S. 12 (13)
[73] Verband Forschender Arzneimittelhersteller e.V., Ausschussdrs. 594/13, 19 (20,21); Bauer, Ausschussdrs. 598/13, 2 (2)
[74] Sasse, Zivil- und Strafrechtliche Aspekte der Veräußerung von Organen..., S. 171; Verband Forschender Arzneimittelhersteller e.V., Ausschussdrs. 594/13, 19 (20,21)
[75] statt vieler: Thielbeer, Chinesischer Handel mit Leichenteilen?, FAZ vom 2. März 1998, S. 5; Berndt, Organe eines Handlungsreisenden, Süddeutsche Zeitung Nr. 133 vom 12. Juni 2001, S. V2/13; Der Stern, Hingerichtet und ausgeschlachtet, Ausgabe vom 05.03.1998, S. 174 ff.; Seidel, Todesstrafe in China - Organspender wider Willen?, DÄBl. 1997, Heft 41, S. B-2150, der berichtet, dass nach Quellen von Human Rights Watch und amnesty international vielen Exekutierten im Anschluss an die Vollstreckung Organe zur Transplantation entnommen werden - vor allem Reiche aus benachbarten asiatischen Staaten gehörten zu den „Organ-Kunden" Chinas. Die chinesische Regierung hat die Vorwürfe selbstverständlich bestritten.
vgl. auch: Klausmann/Özgenc/Sieverdingbeck, Unmoralisches Angebot, FOCUS 47/2000, 56 ff. - Bericht über die Firma *Transpla-cent* aus Prag, die Dialysepatienten in Werbebriefen Spendernieren von Fremd-Lebendspendern als Soforthilfe anbietet
[76] vgl. Pater/Raman, Organhandel, S. 78

Bott und der Fraktion Die Grünen aus dem Jahr 1989.[77] Die Käufer solcher Nieren stammen auch aus Deutschland, wobei die Rechtsprechung bereits insofern reagiert hat, als sie die Kostenübernahme durch die Krankenkassen in diesen Fällen unter dem Aspekt der Menschenwürdeverletzung abgelehnt hat.[78]
Auf ein daneben bestehendes Dunkelfeld wird immer wieder hingewiesen,[79] ohne dass konkrete Angaben gemacht werden, die nachprüfbar wären.
Auf Grund dieser Sachlage folgte wohl auch aus verfassungsrechtlicher Sicht die Erforderlichkeit einer gesetzlichen Regelung auf Grund der Schutzpflicht des Staates, gegen Grundrechtsverletzungen vorzugehen.[80] Außerdem hat der Staat auch die Aufgabe, für eine gerechte Verteilung der Gesundheitschancen zu sorgen[81], was bei einem mehr oder weniger stillschweigend geduldeten Organhandel schwierig wäre.
Nach alledem war eine gesetzliche Regelung in jedem Fall sinnvoll. Ob sie im Ergebnis das hält, was sie verspricht, bleibt abzuwarten.

B. Voraussetzungen der postmortalen Organspende

Es sollen im Folgenden die wesentlichen Punkte des neuen Transplantationsgesetzes zusammengefasst werden.
Der Anwendungsbereich ist in § 1 TPG definiert und soll für die Spende und Entnahme aller menschlichen Organe, Organteile oder Gewebe zum Zwecke der Übertragung auf andere Menschen gelten.[82] Zur Transplantation in Betracht

---

[77] BT-Drs. 11/3795, Fragen 26, 37, 38, 40, 44: darin wird der Verdacht z. B. hinsichtlich bangladeshischer Frauen geäußert, die in Indien ermordet und mit entsprechenden Operationsnarben aufgefunden worden waren; weiter wird von Kinderleichen in Honduras berichtet, denen Organe entnommen worden waren; es seien guatemalische und paraguayische Kinder zum Zwecke des Organhandels in die USA verkauft worden.
Laut Antwort der Bundesregierung (BT-Drs. 11/3993, S. 10ff.) ließ sich in keinem der Fälle der Verdacht erhärten; wobei die Möglichkeiten der Aufklärung solcher Fälle durch die Bundesregierung als denkbar gering anzusehen sind.
[78] Sozialgericht Lüneburg, NJW 1994, 1614 (1616) bzw. BSG NJW 1997, 3114 (3115)
Das SG Lüneburg hatte darüber zu entscheiden, ob die Krankenkasse die Kosten für eine entgeltliche – wohl dringend indizierte – Nierenspende in Indien zu übernehmen habe, wobei davon ausgegangen wurde, dass diese Transplantation der Krankenkasse die Erstattung erheblicher Dialysekosten erspart hatte (vgl. König, Strafbarer Organhandel, S. 30).
[79] vgl. Schroeder, ZRP 1997, 265 (267), der auf „Kenner der Szene" verweist, die versichern, dass auch in Deutschland heute gegen eine entsprechende Honorierung Organe jederzeit zu erhalten seien.
[80] Sasse, Zivil- und Strafrechtliche Aspekte der Veräußerung von Organen..., S. 171
[81] Kübler, Verfassungsrechtliche Aspekte der Organentnahme, S. 130
[82] Zur Interpretation des Organ- und Gewebebegriffs wird man die in der Medizin gebräuchlichen Definitionen heranziehen können, wonach unter Organen „aus Zellen und Geweben

kommen heute Niere, Leber, Bauchspeicheldrüse, Herz, Lunge, Haut und Dünndarm sowie nicht durchblutete Gewebeteile wie z. B. Augenhornhaut, Hirnhaut und Gehörknöchelchen, die denselben Voraussetzungen des Transplantationsgesetzes unterliegen.
Nicht gelten soll es gem. Satz 2 ausdrücklich für Blut, Knochenmark, embryonale und fetale Gewebe. Diese Substanzen werden wegen der für ihre Entnahme geltenden besonderen Bedingungen nicht von der Regelung des Gesetzes umfasst, sondern werden durch Richtlinien der Bundesärztekammer oder Spezialgesetze abgedeckt.[83]
Keine menschlichen Organe sind bzw. wären durch gentechnische Manipulation hergestellte, transgene tierische Organe, deren klinische Verwendung sich in der Zukunft nach dem Arzneimittel- oder Tierschutzgesetz richten müsste.[84]

Organe können sowohl vom Lebenden als auch vom Verstorbenen entnommen werden. Die Entnahme vom Verstorbenen spielt in der Praxis – zumindest derzeit noch[85] – die wesentlich größere Rolle; deshalb sind zunächst deren Voraussetzungen zu nennen.

I. Tod des Spenders

Erste Voraussetzung der Entnahme ist der eingetretene Tod, womit auch einer der Hauptstreitpunkte des Gesetzes benannt ist. Es fehlte bislang an einer gesetzlichen Todesdefinition in Deutschland, obwohl sich einige unserer Rechtsvorschriften auf den Tod beziehen.[86] Früher erschien eine gesetzliche Definition

---

zusammengesetzte Teile des Körpers“ zu verstehen sind, „die eine Einheit mit bestimmten Funktionen bilden“ (Pschyrembel, Klinisches Wörterbuch, Stichwort „Organ“), und unter Gewebe “die einzelnen Arten der Zellverbände, die gemeinsame Funktionen besitzen und die den Körper aufbauen“ (Pschyrembel, Klinisches Wörterbuch, Stichwort „Gewebe“). Nicht differenziert wird nach der Vitalität oder der Durchblutung des Organs (kritisch: Deutsch, NJW 1998, 777 (778)).

[83] vgl. z. B. das am 07.07.1998 in Kraft getretene Transfusionsgesetz (BGBl. I S. 1752; BR-Drs. 851/97)

[84] zur sog. Xenotransplantation vgl.: Schlitt/Manns, DÄBl. 96, 1999, C-1335 ff.; Stellungnahme des Wissenschaftlichen Beirates der Bundesärztekammer zur Xenotransplantation, DÄBl. 96, 1999, C-1402 ff.; Nagel/Schmidt, Transplantation, S. 13ff.

[85] vgl. Flöhl, Lebendspende setzt sich durch, Frankfurter Allgemeine Zeitung vom 11.12.1996, S. N2

[86] Auch der Gesetzgeber des BGB verzichtete auf eine Todesdefinition und verließ sich auf die medizinische Wissenschaft: vgl. Geilen, in: FS für Heinitz, 373 (378); ders., Legislative Erwägungen zum Todeszeitpunkt, in: Eser, Suizid und Euthanasie, 301ff.; umfassend zum Todesbegriff: Klinge, Todesbegriff, Totenschutz und Verfassung, 1996

überflüssig. Seit Menschengedenken war es eine für jedermann unmittelbar erfahrbare, eindeutige Tatsache, dass mit dem Stillstand von Herz und Kreislauf der Betroffene tot war.[87]

Der erfolgreichen Weiterentwicklung der Notfall- und Intensivmedizin ist es zu verdanken, dass der sogenannte klassische oder klinische Todesbegriff heute kein definitives Todeszeichen mehr ist, da Atmung und Kreislauf künstlich aufrechterhalten werden können. Somit ist er als Abgrenzungskriterium untauglich geworden.[88]

1) Die Diskussion um den Hirntod[89]

Entsprechend den Erkenntnissen der medizinischen Wissenschaft ist der Hirntod als die entscheidende Zäsur in einem längeren Prozess des Sterbens anzusehen.[90] Wie in allen anderen Ländern[91] hat die Bundesärztekammer den irrever-

---

[87] Schreiber, Ausschussdrs. 598/13, 10 (12)

[88] Link, Ausschussdrs. 588/13, 7 (9); Schreiber, Ausschussdrs. 598/13, 10 (12); Beckmann, Ausschussdrs. 591/13, 4 (5); Klinge, Todesbegriff, Totenschutz und Verfassung, 1996, S. 88 ff. zur Geschichte des Hirntodkriteriums

[89] Textsammlungen zu dieser Debatte sowie generell zur Hirntod-Diskussion: Ach/Quante (Hrsg.), Hirntod und Organverpflanzung, Stuttgart 1997; Ach/Anderheiden/Quante, Ethik der Organtransplantation, Erlangen 2000; Hoff/in der Schmitten, Wann ist der Mensch tot?, Reinbek 1994; Breuer, Wann ist der Mensch tot?, ZmedEthik 42 (1996), 91ff.; Gründel, Theological Aspects of Brain Death with Regard to the Death of a Person, in: Land/Dossetor, 1991, 245ff.; Gubernatis, Tod als Verabredung – eine Provokation oder ein möglicher Weg zum gesellschaftlichen Konsens in der Hirntoddiskussion, Medizinische Klinik 91 (1996), 47ff.; Haupt, Hirntod, MedKlinik 91 (1996), 46f.; Lehmann, „Hirntod" - Reales Zeichen des Todes, ZmedEthik 43 (1997), 77f.; Merkel, Hirntod und kein Ende – Zur notwendigen Fortsetzung einer unerledigten Debatte, Jura 1999, 113ff.; Römelt, Hirntod und Organspende – Ethische Probleme der Transplantationsmedizin, ZmedEthik 43 (1997), 3ff.; Sass, Hirntod und Hirnleben, in: Medizin und Ethik, 1989, 160ff.; ders., Philosophical Arguments in Accepting Brain Death Criteria, in: Land/Dossetor, Organ Replacement Therapy 1991, 249ff.; Schreiber, Wann ist der Mensch tot?, Frankfurter Allgemeine Zeitung Nr. 46 vom 24.02.1997, S. 8; Truog, Is it time to abandon brain death? Hastings Center Report 27, 1997, 29ff.; Türk, Der Hirntod in philosophischer Sicht, ZmedEthik 43 (1997), 17ff.

[90] Angstwurm, Brain Death as Death of a Human Being, in: Land/Dossetor, Organ Replacement Therapy: Ethics, Justice, Commerce, Berlin 1991, 241 ff.; ders., in: Hoff/in der Schmitten (Hrsg.), Wann ist der Mensch tot?, 1995, 41 ff.; Birnbacher, in: Hoff/in der Schmitten (Hrsg.), Wann ist der Mensch tot?, 1995, 28 ff.; Klinge/Schlette, Jura 1997, 642 (644); Kluth/Sander, Verfassungsrechtliche Aspekte, DVBl. 1996, 1285 (1288); Kommissariat der deutschen Bischöfe, Ausschussdrs. 586/13, 11 (11); Link, Ausschussdrs. 588/13, 7 (10); Nickel, Verfassungsrechtliche Probleme, MedR 1995, 139 (144); Schreiber, Der Hirntod als Grenze des Lebensschutzes, in FS für Remmers, 1995, 593 ff.; ders., Die Todesgrenze als juristisches Problem, in: Hinrichsen/Sass/Viefhues, Med. Materialien, Heft 101, 1995, 1ff.;

siblen und vollständigen Zusammenbruch der gesamten Funktionen des Gehirns als endgültigen Todeszeitpunkt definiert.[92] Sie folgte dabei der sog. Harvard-Deklaration aus dem Jahre 1968.[93] Der Hirntod ist nicht durch Wiederbelebung überwindbar; er ist definitiv, weit definitiver als das Ende von Kreislauf und Atmung.[94]

Ausgegangen wird dabei vom Gesamthirntod - jede sich zur Todesdefinition lediglich am Ausfall des für das Bewusstsein zuständigen Großhirns orientierende Teilhirntodkonzeption wird abgelehnt.[95] Beim Nachweis der Irreversibilität des Zustands „Hirntod“ ist eine Sicherheit in der Diagnose geschaffen, die kaum bei einer anderen medizinischen Diagnose erreicht wird.[96]

Können beim Hirntoten durch Beatmung noch partielle Lebensfunktionen eine Weile aufrechterhalten werden, so hat er doch jede Möglichkeit zu irgendeinem Verhalten und Handeln, zu irgendeiner Empfindung und Wahrnehmung, zu jeglicher Umweltbeziehung und jeglichem Denken unwiederbringbar verloren.[97]

Das einheitliche Leben des höher entwickelten Lebewesens Mensch ist mit dem

---

Schreiber, Ausschussdrs. 598/13, 10 (12); Seewald, Ein Organtransplantationsgesetz, VerwArch 88 (1997), 199 (209); Spittler, Der menschliche Körper im Hirntod, JZ 1997, 747 (751); Sternberg-Lieben, Tod und Strafrecht, JA 1997, 80 (87); Taupitz, Um Leben und Tod, JuS 1997, 203 (207)

91 Der Hirntod ist in allen anderen europäischen Ländern sowie in den USA und Kanada seit langer Zeit anerkannt und gehört seit 25 Jahren zur deutschen Transplantationspraxis. Selbst Japan hat in seinem Transplantationsgesetz vom 17.06.1997 den Hirntod für den Fall einer Organentnahme als sicheres Todeszeichen anerkannt.

92 Stellungnahme des Wissenschaftlichen Beirates der Bundesärztekammer, Kriterien des Hirntodes, Deutsches Ärzteblatt 19/1997, A-1296-1303, B-1032-1039, C-957-964 unter Fortschreibung der Kriterien des Hirntodes, DÄBl. 14/1982, 45 ff.; DÄBl. 1986, 2940 ff.; DÄBl. 1991, B-2855 ff.; DÄBl. 1993, B-2177 ff.

93 Ad Hoc Committee of the Harvard Medical School, A Definition of Irreversible Coma, JAMA 205 (1968), 337 ff.; die wohl bekannteste Kritik stammt von Hans Jonas, Gehirntod und Menschliche Organbank, in: ders., Technik, Medizin und Ethik, 1985, 219 ff.

94 Beckmann, Ausschussdrs. 591/13, 4 (5); Schreiber, Ausschussdrs. 598/13, 10 (12); Link, Ausschussdrs. 588/13, 7 (11)

95 Link, Ausschussdrs. 588/13, 7 (11/12); Bundesministerium für Gesundheit, Ausschussdrs. 584/13, 1 (13); Bundesärztekammer, Ausschussdrs. 585/13, 4 (6)

96 Deutsche Gesellschaft für Anästhesiologie und Intensivmedizin, 598/13, 22 (24); Link, Ausschussdrs. 588/13, 7 (11); Roosen/Klein, Kriterien und Diagnostik des Hirntodes, in: Gesellschaft Gesundheit und Forschung e.V., 1989, 29ff.

97 Schockenhoff, „Angstfreie und verantwortliche Entscheidung für die Organspende“, in: Sonderdruck der Deutschen Stiftung Organtransplantation zum Transplantationsgesetz, S. 16 (18); Heun, Ausschussdrs. 585/13, 19 (24); Angstwurm, Ausschussdrs. 579/13, 2 (11); Bundesministerium für Gesundheit, Ausschussdrs. 584/13, 1 (9)

Hirntod beendet.[98] Der Sterbeprozess dauert sicher länger, ist eigentlich erst mit dem Absterben der letzten Zelle zu Ende gebracht.
Der Entwurf der Fraktionen Bündnis 90/Die Grünen und der Antrag Dr. Wodarg u.a.[99] ging davon aus, dass Hirntote noch lebende Sterbende seien[100], in deren Sterbeprozess willkürlich eingegriffen werde. Diese Menschen müssten als Lebende geschützt werden.[101] Dabei erkennen die Vertreter dieser Ansicht den Hirntod als eine Zäsur an, nach der nicht mehr behandelt werden muss bzw. darf.[102] Aber den Menschen auf sein abgestorbenes Gehirn zu reduzieren, sei verfassungswidrig.[103] Das Gehirn stehe nicht endgültig und mit völliger Gewissheit als alleiniger Sitz des Bewusstseins fest; Tod und Sterben seien wissenschaftlich noch nicht völlig erforscht, deshalb: in dubio pro vita.[104] Es sei ein Grundprinzip, dass der Mensch lebe, solange er als lebendig erfahren wird.[105] In Anlehnung an die phänomenologisch orientierte Anthropologie des französischen Philosophen Levinas wird davon ausgegangen, dass der Mensch lebe, solange er als Anderer, als Antlitz gegenübertritt.[106]
Es soll nicht verschwiegen werden, dass es schwierig ist, beim Hinsehen einen Hirntoten, der rosig und durchblutet aussieht, als Toten zu begreifen.[107] Es ist

---

[98] Schreiber, Ausschussdrs. 598/13, 10 (13); Kluth, Ausschussdrs. 586/13, 7 (9); Deutsche Stiftung Organtransplantation, Ausschussdrs. 588/13, 43 (45); Spittler, Ausschussdrs. 589/13, 38 (39)

[99] Gesetzentwurf der Abgeordneten Monika Knoche, Gerald Häfner und der Fraktion BÜNDNIS 90/DIE GRÜNEN; Entwurf eines Gesetzes über die Spende, Entnahme und Übertragung von Organen (Transplantationsgesetz - TPG), BT-Drs. 13/2926; Antrag der Abgeordneten Dr. Wolfgang Wodarg, Dr. Herta Däubler-Gmelin, Horst Schmidbauer u. a.; Kriterien für die Spende, Entnahme und Übertragung von menschlichen Organen, BT-Drs. 13/4114

[100] Höfling, Um Leben und Tod, JZ 1995, 26 (32); Rixen, Ausschussdrs. 603/13, 2 (3); Geisler, Ausschussdrs. 582/13, 6 (8); Grewel, Zwischen Lebensrettung und Euthanasie, ZRP 1995, 217 (218)

[101] Beckmann, Ist der hirntote Mensch eine „Leiche"?, ZRP 1996, 219 ff.; Däubler-Gmelin, in: Hoff/in der Schmitten (Hrsg.), Wann ist der Mensch tot?, 1995, 409; Höfling, Um Leben und Tod, JZ 1995, 26 (31); Höfling/Rixen, Verfassungsfragen der Transplantationsmedizin, 1996, 48 ff. (75); Rixen, Todesbegriff, Lebensgrundrecht und Transplantationsgesetz, ZRP 1995, 461 (464)

[102] Grewel, Zwischen Lebensrettung und Euthanasie, ZRP 1995, 217 (218); Klein, Ausschussdrs. 579/13, 24 (24); Höfling, Ausschussdrs. 586/13, 1 (5)

[103] Geisler, Ausschussdrs. 582/13, 6 (9); Höfling, Ausschussdrs. 586/13, 1 (3); vgl. auch: Knoche, Der andere Tod, Mabuse 97 (1995), 32ff.

[104] Hoff/in der Schmitten, Kritik der Hirntod-Konzeption, in: dies., Wann ist der Mensch tot?, 153 ff. (200 ff.), Jonas, Gehirntod und Menschliche Organbank, in: ders., Technik, Medizin und Ethik, 1985, 219 (222); Höfling/Rixen, Verfassungsfragen, 1996, S. 74

[105] Geisler, Ausschussdrs. 582/13, 6 (8); Dörner, Ausschussdrs. 574/13, 11 (12)

[106] Dörner, Ausschussdrs. 574/13, 11 (12); vgl. zum phänomenalen Lebensbegriff, freilich mit anderem Ergebnis: Stoecker: An den Grenzen des Todes, EthikMed 1997, 194 (201)

[107] Schreiber, Ausschussdrs. 598/13, 10 (14)

aber nicht richtig, den äußeren Anschein oder ein subjektives Gefühl maßgeblich sein zu lassen.[108] Man würde umgekehrt auch nicht einen nur ohnmächtigen, als tot erscheinenden Menschen in lebensweltlicher Perspektive für tot erklären.[109] Eine völlige Loslösung von medizinischen Erkenntnissen kann nicht ernsthaft in Betracht kommen. Der hier geforderte Lebensschutz entspricht eher einem weiten allgemein-biologischen Begriffsverständnis von „Leben“, das dem anthropologischen Erfordernis von Leben, vielleicht eher im Sinne von Erleben, aber nicht genügen kann.[110]
Auch die wiederholten Hinweise auf noch in der Hirnanhangdrüse vorhandene Hormone, etwaige Reflexbewegungen (sog. Lazarus-Syndrom) und Blutdruckveränderungen des Hirntoten[111] vermögen an dem eindeutig nachweisbaren Todesbefund des ganzheitlichen Lebewesens Mensch nichts zu ändern.[112] Diese tatsächlich wahrnehmbaren Bewegungen gehen auf die Reizleitungsbahnen des noch intakten Rückenmarkes zurück und kommen ohne Steuerung durch das abgestorbene Gehirn zustande.[113] Das Gehirn bleibt ein Organ, welches nicht durch Apparate zu ersetzen ist, wohl aber einzelne seiner Funktionen, wie z. B. das Atemzentrum.
Das Hirntodkriterium sei - so wurde gesagt - unvereinbar mit Art. 2 II in Verbindung mit Art. 2 I des Grundgesetzes, da der Staat die freie Entfaltung auch der sterbenden Persönlichkeit in ihrer biologisch-physischen Existenz unabhängig von ihrer qualitativ zu bestimmenden Selbststeuerung bestmöglich gewährleisten müsse.[114] Es wurde vorgeschlagen, der Gesetzgeber solle sich einer Le-

---

108 Angstwurm, Ausschussdrs. 579/13, 2 (19); Link, Ausschussdrs. 588/13, 7 (12, 17); Klinge/Schlette, Jura 1997, 642 (644)

109 Schreiber, Ausschussdrs. 598/13, 10 (15); Stoecker: An den Grenzen des Todes, EthikMed 1997, 194 (201) unter Hinweis auf den Zustand des Scheintodes

110 vgl. dazu: Spittler, Der menschliche Körper im Hirntod, ein dritter Zustand zwischen lebendem Menschen und Leichnam?, JZ 1997, 747 (751); Stoecker, An den Grenzen des Todes, EthikMed 1997, 194 (199)

111 Beckmann, Ist der hirntote Mensch eine „Leiche“, ZRP 1996, 219 (224); Höfling, Über die Definitionsmacht medizinischer Praxis, JZ 1996, 615 (617)
Trotz Nachweis des eingetretenen Hirntodes seien Fälle bekannt, in denen eine Schwangerschaft bei einer hirntoten Mutter sogar bis zur Entbindung eines lebensfähigen Kindes aufrechterhalten werden konnte, so Geisler, Ausschussdrs. 13/114, 36 (38)

112 Angstwurm, Ausschussdrs. 579/13, 2 (19); ders., Ausschussdrs. 13/114, 1 (3); Bundesärztekammer, Ausschussdrs. 13/137, 43f.; Gubernatis, Ausschussdrs. 13/137, 3f.

113 Angstwurm, Ausschussdrs. 579/13, 2 (19)

114 vgl. Höfling, Ausschussdrs. 13/136, 14 (16); Rixen, Todesbegriff, Lebensgrundrecht und Transplantationsgesetz, ZRP 1995, 461 (463); ders., Der hirntote Mensch: Leiche oder Rechtssubjekt?, in: Hoff/in der Schmitten, Wann ist der Mensch tot?, 434 ff. - im Rahmen von Art. 2 Abs. 2 GG sollen Bewertungen nach Maßstäben sozialer Lebensäußerungen und spezifischen kognitiven oder psychischen Leistungskriterien unmöglich sein.

galdefinition enthalten.[115] Der Begriff sei unmittelbar durch die Verfassung festgelegt mit der praktischen Folge, dass das Bundesverfassungsgericht entscheide, was Leben ist, wann es beginnt und wann es aufhört.[116]
Andere Verfassungsrechtler vertraten die Ansicht, der Gesetzgeber könne beide Lösungen wählen und bestimmen: Die Phase zwischen Hirntod und Herz-Kreislauf-Tod gehöre entweder noch zum Leben oder sie gehöre nicht mehr zum Leben.[117] Diese vielbeschriebene Phase existiert doch aber nur durch Apparate. Der Herztod, der von den Kritikern immer noch als der einzig wahre Tod des Menschen angesehen wird, folgt dem Hirntod ohne intensiv-medizinische Maßnahmen sofort nach, kann sogar vor ihm eintreten.[118]
Das Hirntodkonzept erkläre - so wurde behauptet - Sterbende für tot. Die grundrechtlichen Schutz- und Abwehrrechte würden auf definitorischem Wege eliminiert. Der Hirntote ist aber wie jeder Tote nicht völlig schutzlos gestellt[119], sondern hat das postmortale Persönlichkeitsrecht zur Seite, welches seit langem anerkannt ist und ausreichenden Schutz gewährleistet.[120]
Trotzdem soll nach dieser Ansicht eine Organentnahme von Hirntoten zulässig sein, wenn er zuvor persönlich eingewilligt hat.[121] Auf Grund seiner persönlich getroffenen Entscheidung dürfe auf diese Art und Weise in den Sterbeprozess des Hirntoten eingegriffen werden, bzw. es liege schon gar kein Eingriff in sein Grundrecht auf Leben vor, wenn er selbst und nicht die Angehörigen die Zustimmung zur „Explantation nach Hirntod“ gegeben habe.[122] Der Hirntod wäre dann nicht der Tod des Menschen, wohl aber zulässiges Entnahmekriterium, ab welchem einem lebenden Menschen Organe zur Transplantation entnommen werden dürften.
Dieses ist nun völlig inkonsequent und widersprüchlich. Lebte der Hirntote noch, dürfte man auch mit seiner Einwilligung nicht explantieren - dieses ver-

---

[115] vgl. Höfling, Ausschussdrs. 13/136, 14ff.; vgl. auch Tröndle/Fischer, StGB, § 168 Rn. 4d: es könne nicht Aufgabe des Gesetzgebers sein, eine wissenschaftliche Streitfrage von Gesetzes wegen zu entscheiden.
[116] vgl. Höfling, Ausschussdrs. 13/136, 14ff.
[117] vgl. Gallwas, Ausschussdrs. 13/114, 29ff.
[118] vgl. Spittler, JZ 1997, 747 (749): Der Stillstand von Herz und Kreislauf und damit auch die Unterbrechung der Durchblutung des Gehirns führt in der Regel nach vier bis zehn Minuten zur Schädigung des Gehirns.
[119] Heun, Der Hirntod als Kriterium des Todes des Menschen, JZ 1996, 213 (214)
[120] vgl. nur: Westermann, Das allgemeine Persönlichkeitsrecht nach dem Tode seines Trägers, FamRZ 1969, 561 (564); BVerfGE 30, 173 (194)
[121] Grewel, Zwischen Lebensrettung und Euthanasie, ZRP 1995, 217 (218); Höfling, Ausschussdrs. 586/13, 1 (6); Arbeitsgemeinschaft für biologische Arzneimittel e.V., Ausschussdrs. 588/13, 1 (1); Klein, Ausschussdrs. 579/13, 24 (24); Gesellschaft Anthroposophischer Ärzte in Deutschland, Ausschussdrs. 579/13, 30 (31, 32)
[122] Vgl. etwa die Begründung des Antrags der Abgeordneten von Klaeden, Dr. Götzer u. a., „Eckpunkte für die Spende, Entnahme und Übertragung von Organen“, BT-Drs. 13/6591

stieße gegen § 216 StGB, der die Tötung auch bei ernstlichem Verlangen unter Strafe stellt.[123] Ärzte wären gezwungen, durch den Akt der Organentnahme aktiv zu töten.[124] Außerdem wäre diese Lösung verfassungswidrig, da das Bundesverfassungsgericht das Leben nicht nur unter den Schutz des einschränkbaren Art. 2 II GG sondern auch unter den Schutz des uneinschränkbaren Art. 1 I GG - das Menschenwürdeprinzip - gestellt hat.[125] Der Verzicht per vorheriger Einwilligung auf Menschenwürde und Recht auf Leben ist verfassungsrechtlich unzulässig;[126] insbesondere wenn es sich dabei um eine gezielte Beendigung des Lebens im Fremdinteresse handelt. Einen derartigen Grundrechtsverzicht auf Leben durch eine höchstpersönliche Einwilligungserklärung zur Explantation hielt man daher zu Recht für verfassungswidrig.

Die Hirntodgegner teilen das menschliche Leben in verschiedene Kategorien ein – in die des Lebenden und in die des schon Hirntoten.[127] Dies sind genau die Gefahren, die einen Dammbruch bei der aktiven Euthanasie befürchten lassen;[128] die Rechtsprechung des Bundesgerichtshofes ist insofern eindeutig hinsichtlich des Verbots der aktiven Sterbehilfe[129] - ebenso die Richtlinien der Bundesärztekammer zur Sterbebegleitung.[130] Die Eindeutigkeit des Hirntodes verhindert fließende Übergänge zur Sterbehilfe.[131] Auch andere Patienten, deren Sterbeprozess unaufhaltsam geworden ist, müssten dann in eine Tötung einwil-

---

[123] Wolbert, Zur neueren Diskussion über den Gehirntod, Ethik in der Medizin 1996, 6 (16); Schreiber, Ausschussdrs. 598/13, 10 (17); ders. Ausschussdrs. 13/136, 39ff.; Heun, Ausschussdrs. 585/13, 19 (31); Heun, Der Hirntod als Kriterium des Todes des Menschen, JZ1996, 213 (218); Klinge/Schlette, Jura 1997, 642 (645)

[124] Bundesärztekammer, Ausschussdrs. 585/13, 4 (7); Bauer, Ausschussdrs. 598/13, 2 (3); Kommissariat der deutschen Bischöfe, Ausschussdrs. 586/13, 11 (12); Bundesverband der Organtransplantierten e.V., Ausschussdrs. 586/13, 20 (22); Heun, Der Hirntod als Kriterium des Todes des Menschen JZ 1996, 213 (218); Kluth/Sander, DVBl. 1996, 1285 (1286); Wagner/Brocker, ZRP 1996, 226 (229)

[125] BVerfGE 88, 203 ff.; Heun, Ausschussdrs. 585/13, 19 (30); Heun, Der Hirntod als Kriterium des Todes des Menschen, JZ 1996, 213 (218); Seewald, VerwArch 88 (1997), 199 (215); umfassend auch: Nickel, Die Entnahme von Organen; S. 126f.

[126] Heun, Ausschussdrs. 585/13, 19 (31/32); Bundesministerium für Gesundheit, Ausschussdrs. 584/13, 1 (15); Heun, Der Hirntod als Kriterium des Todes des Menschen, JZ1996, 213 (218); Wagner/Brocker, ZRP 1996, 226 (230); Sengler/Schmidt, MedR 1997, 241 (242f.)

[127] so etwa Rixen, Todesbegriff, Lebensgrundrecht und Transplantationsgesetz, ZRP 1995, 461 (464), der den Hirntod möglicherweise als kein echtes, vollgültiges Leben, aber als Rand- oder Übergangsbereich des Sterbens, der dem Lebensschutz zuzuordnen sei, betrachtet; siehe dazu: Kommissariat der deutschen Bischöfe, Ausschussdrs. 586/13, 11 (12); Schreiber, Ausschussdrs. 598/13, 10 (16); Link, Ausschussdrs. 588/13, 7 (26)

[128] Kommissariat der deutschen Bischöfe, Ausschussdrs. 586/13, 11 (12); Bundesministerium für Gesundheit, Ausschussdrs. 584/13, 1 (15)

[129] zuletzt: BGH St 40, 257 ff.

[130] Bundesärztekammer, Grundsätze zur ärztlichen Sterbebegleitung, NJW 1998, 3406

[131] Kluth, Ausschussdrs. 586/13, 7 (10);

ligen dürfen - wo ist der Unterschied, wenn Hirntote noch als Lebende gelten sollen?[132] Es sei denn, das Gehirn ist eben doch kein Organ wie jedes andere. Dann sollte aber auch das Hirntodkriterium akzeptiert werden.
Dann wurde versucht, die Explantation als bloße Unterlassung, als Abbruch einer nicht mehr gebotenen Lebensverlängerung zu qualifizieren.[133] Dies erscheint aber auch nicht redlich. Durch eine Organentnahme wird dem Körper in aktiver Art und Weise dermaßen viel angetan, dass er – wäre er nicht schon tot – sicher an diesem Akt sterben würde.[134] Bevor mit Beginn der Perfusion des zu entnehmenden Organs das Beatmungsgerät abgestellt wird, wird eine sog. venöse Entlastung vorgenommen, die zu einem ganz erheblichen Blutverlust führt. Alle Versuche, erst das spätere Abstellen der Maschinen nach Explantation als Tod zu benennen, sind künstlich und untauglich.[135]
Die Explantation des alten Herzes bei demjenigen, der das frisch entnommene Organ erhalten soll, stelle schließlich auch keine Tötung dar, so die Kritiker. Die Situation ist aber auch im Ergebnis eine ganz andere; derjenige Organempfänger wird an eine Herz-Lungen-Maschine angeschlossen, um dann mit dem gespendeten Organ weiterleben zu können. Hier geht es niemals um einen zu bestimmenden Todeszeitpunkt sondern um die Zielsetzung der Lebensrettung mit Hilfe eines neuen Organs.
Zu Recht haben die Abgeordneten des Deutschen Bundestages eine Ablehnung des Hirntodes bei gleichzeitiger enger Zustimmungslösung als rechtlich nicht zulässig angesehen.[136] Das Problem der Lebens- bzw. Todesgrenze musste im Interesse des Lebensschutzes auf der Grundlage naturwissenschaftlicher Er-

---

[132] Stoecker: An den Grenzen des Todes, EthikMed 1997, 194 (206); Schreiber, Ausschussdrs. 598/13, 10 (16); Link, Ausschussdrs. 588/13, 7 (26); Sengler/Schmidt, MedR 1997, 241 (242)
Wenn es zulässig wäre, einen hirntoten Menschen auf dessen Wunsch zu Gunsten eines Organempfängers zu töten, warum soll es dann nicht auch zulässig sein, dasselbe mit Apallikern, Alzheimer-Patienten und Krebskranken im Endstadium zu tun, wenn diese es zuvor ausdrücklich gewünscht haben?

[133] Vgl. etwa die Begründung des Antrags der Abgeordneten von Klaeden, Dr. Götzer u. a., „Eckpunkte für die Spende, Entnahme und Übertragung von Organen", BT-Drs. 13/6591; Höfling, Ausschussdrs. 13/136, 19ff.; Höfling/Rixen, Verfassungsfragen, S. 99f.; Tröndle, Stellungnahme im Rechtsausschuss am 15.01.1997, 51 (57)

[134] Sengler/Schmidt, MedR 1997, 241 (241); Seewald, VerwArch 1997, 199 (208); vgl. auch Grewel, Zwischen Lebensrettung und Euthanasie, ZRP 1995, 217 (218), der freilich davon ausgeht, dass Hirntote noch leben und während des Eingriffs der Explantation sterben, wenn mit einer Kochsalzlösung das Blut aus den Adern gespült wird

[135] Sengler/Schmidt, MedR 1997, 241 (241); Heuer/Schreiber, Krankenhaus Arzt 1/98, 41 (43)

[136] Zu den genaueren Abstimmungsergebnissen s.o. S. 3

kenntnisse entschieden werden.[137] Der Hirntod wurde als Tod des Menschen anerkannt und ist somit zulässige Entnahmevoraussetzung. Er existiert im Übrigen schon viel länger, als Organe transplantiert werden. Es wird immer wieder behauptet, der Hirntod sei nur für die Transplantationsmedizin erfunden worden.[138] Diskutiert wurde über ihn aber schon früher - z. B. im Rahmen von Therapiebegrenzung bzw. Behandlungseinschränkung; er wurde nicht interessengeleitet als neues Todeskonzept erfunden.[139]

2) Komplette Hirntoddiagnostik durch zwei unabhängige Ärzte auch für nicht durchblutete Organe?

Die etwas umständlich erscheinende Regelung des § 3 Abs. 1, 2 TPG wird im Zusammenhang mit den Besonderheiten des Todesbegriffs und der Umstrittenheit seiner Grenzen im Gesetzgebungsverfahren deutlich. Zunächst stellt das Gesetz in § 3 Abs. 1 Zulässigkeitsvoraussetzungen auf, nämlich der durch einen Arzt vorgenommene Eingriff der Explantation, der festgestellte Tod des Spenders und dessen Einwilligung. Für den Tod wird an dieser Stelle auf den Stand der Erkenntnisse der medizinischen Wissenschaft abgestellt. Im Anschluss daran nennt § 3 Abs. 2 TPG Gründe der Unzulässigkeit der Organentnahme; nämlich einen erklärten Widerspruch des Verstorbenen und den nicht vorher ordnungsgemäß festgestellten Hirntod in § 3 Abs. 2 Nr. 2 TPG, der bei endgültigem Ausfall aller Gehirnfunktionen vorliegt.
Nach der soeben ausführlich dargestellten Auffassung der Hirntodgegner ist der endgültige, nicht behebbare Ausfall der gesamten Hirnfunktionen lediglich ein Zeichen für die Irreversibilität des Sterbeprozesses, nicht aber für den eingetretenen Tod des Menschen. Trotzdem stellt er aber den zulässigen Entnahmezeitpunkt im Rahmen einer Transplantation dar.
Die Formulierung des § 3 Abs. 1, 2 TPG entstammt insofern einem Kompromiss, als man den Hirntod nicht mehr als den einzigen Tod des Menschen festgeschrieben hat, sondern eine relativ offene Formulierung in § 3 I Nr. 2 TPG

---

[137] Bundesministerium für Gesundheit, Ausschussdrs. 584/13, 1 (10); Schreiber, Ausschussdrs. 598/13, 10 (15); Angstwurm, Der Tod als sicheres Todeszeichen des Menschen, Politische Studien Bd. 39, 1995, 60ff.

[138] Klein, Ausschussdrs. 579/13, 24 (24), der von einer künstlichen Neudefinition spricht; vgl. auch Feuerstein, Das Transplantationssystem, 1995, S. 367

[139] vgl. Angstwurm, Ausschussdrs. 579/13, 2 (23); Link, Ausschussdrs. 588/13, 7 (9); Bundesministerium für Gesundheit, Ausschussdrs. 584/13, 1 (12); Schreiber, JZ 1983, 593ff.; Stoecker, An den Grenzen des Todes, EthikMed 1997, 194 (195); Stratenwerth, in: FS für Engisch, 1969, 528ff.; vgl. auch: Pia, Hirntod, DÄBl. 1986, Heft 31/32, 2153 ff., der darauf hinweist, dass moderne Intensivtherapie und vor allem künstliche Beatmung zum Syndrom des Hirntodes führten, beginnend mit der Mitteilung von Mollaret und Goulon 1959.

gefunden hat, die den Tod am Stand der Erkenntnisse der medizinischen Wissenschaften festmacht.[140] Der Hirntod ist dann als Mindestanforderung in § 3 II Nr. 2 doch noch mit in das Gesetz gelangt, um Weiterentwicklungen in der Intensivmedizin und damit möglicherweise einhergehenden Teilhirntoddefinitionen vorzubeugen.[141]

Im Bereich der Transplantationsmedizin bestand bis zum Inkrafttreten des Gesetzes ein großer Unterschied zwischen den durchbluteten Organen, die auf Grund der kurzen Ischämiezeiten möglichst schnell auf den Empfänger übertragen werden müssen, und den nicht durchbluteten Gewebeteilen, wie z.B. Hirnhaut und Knochenmaterial, welche noch eine längere Zeit explantationsfähig bleiben. Teilweise wurde die Entnahme kleinerer Mengen nicht durchbluteten Gewebes, etwa der Gehörknöchelchen, unter dem Gesichtspunkt der Sozialadäquanz als gerechtfertigt angesehen.[142] Sozialadäquat ist ein Eingriff, der auf Grund der geschichtlich gewachsenen Sozialordnung hingenommen wird. Es wird daher vertreten, dass das Transplantationsgesetz, indem es in § 1 jedes Gewebe des Verstorbenen mit Ausnahme von Blut und Knochenmark als Organ behandelt und den strengen Vorschriften der Organtransplantation unterwirft, zu weit gegangen sei.[143]

In der Begründung zu § 1 des Gesetzentwurfes[144] findet sich keine Erklärung für die Gleichstellung von durchbluteten und nicht durchbluteten Organen. Im Gesetzgebungsverfahren wurde auch die Deutsche Ophthalmologische Gesellschaft gehört, die sich vom Streit um das Hirntodkriterium zu Recht als wenig betroffen ansah, da die Entnahme der Hornhäute in den allermeisten Fällen von Leichen „normal“, d.h. schon länger Verstorbener erfolgt.[145] Auch die erweiterte Zustimmungslösung wollte man mittragen.[146] Hornhäute sollten ausdrücklich wie die anderen Organe behandelt werden.[147]

Zu diesem Zeitpunkt aber sah der Gesetzentwurf in § 5 Abs. 1 Satz 2 vor, dass für alle vermittlungspflichtigen Organe (§ 8 Satz 2 Entwurf-TPG) vor der Entnahme stets der endgültige, nicht behebbare Ausfall der gesamten Hirnfunktion nachzuweisen sei. § 5 Abs. 1 Satz 3 Entwurf-TPG ließ für den „Rest“ den endgültigen, nicht behebbaren Stillstand von Herz und Kreislauf genügen. Die vermittlungspflichtigen Organe nannte § 8 Satz 1, 2 Entwurf-TPG, nämlich

---

140 Vgl. Lilie, Transplantationsgesetz - was nun?, in: Orsi/Seelmann/Smid/Steinvorth (Hrsg.), Medizin-Recht-Ethik VIII, 1998, 89 (92, 93)

141 vgl. dazu: Nickel, Die Entnahme von Organen, S. 96f. (102)

142 Deutsch, Medizinrecht, 3. Aufl. 1997, Rn. 507, 519; Laufs, Arztrecht, Rn. 279

143 Deutsch, Medizinrecht, 3. Aufl. 1997, Rn. 507

144 BT-Drs. 13/4355, S. 16

145 vgl. Sundmacher, Gesundheitsausschussdrs. 579/13, 44 (44)

146 vgl. Sundmacher, Gesundheitsausschussdrs. 579/13, 44 (45)

147 vgl. Sundmacher, Gesundheitsausschussdrs. 579/13, 44 (46); Bio Implant Services (BIS), Gesundheitsausschussdrs. 618/13, 15 ff.

Herz, Niere, Leber, Lunge, Bauchspeicheldrüse und Darm. Insofern hatte man der Tatsache Rechnung getragen, dass Hornhäute und andere nicht durchblutete Organe bei Leichen später entnommen werden können, bei denen selbstverständlich nicht in jedem Fall eine Hirntoddiagnostik erfolgen musste.

Genau diese Regelung vermisst man nun in § 5 des Transplantationsgesetzes, der lediglich das Nachweisverfahren für die Todesfeststellung regelt. Er sieht in Absatz 1 Satz 1 vor, dass die Feststellungen nach § 3 Abs. 1 Nr. 2 TPG und nach § 3 Abs. 2 Nr. 2 TPG jeweils durch zwei dafür qualifizierte Ärzte zu treffen sind, die den Organspender unabhängig voneinander untersucht haben müssen. Abweichend von Satz 1 genügt zur Feststellung nach § 3 Abs. 1 Nr. 2 TPG die Untersuchung und Feststellung durch einen Arzt, wenn der endgültige, nicht behebbare Stillstand von Herz und Kreislauf eingetreten ist und seitdem mehr als drei Stunden vergangen sind. § 5 Abs. 1 TPG klingt also so, als wolle man die Hirntodfeststellung nach § 3 Abs. 2 Nr. 2 TPG immer von zwei Ärzten vornehmen lassen, denn sie ist ja nicht als Ausnahme von § 5 Abs. 1 Satz 2 TPG genannt. Der Tod in § 3 Abs. 1 Nr. 2 TPG nach Regeln, die dem Stand der Erkenntnisse der medizinischen Wissenschaften entsprechen, kann aber nach mindestens 3 Stunden von nur einem Arzt festgestellt werden. Da aber jede Organentnahme gem. § 3 Abs. 2 Nr. 2 TPG unzulässig ist, bei der nicht zuvor der Hirntod festgestellt wurde, und hiervon auch keine Ausnahme in § 5 Abs. 1 TPG gemacht wird, bedeutet das für die unter die Organe fallenden Hornhäute, Gehörknöchelchen etc., dass vor ihrer Entnahme bei jeder Leiche eine komplette Hirntoddiagnostik durch zwei unabhängige Ärzte vorgenommen werden muss, wenn man den Gesetzestext wörtlich nehmen will. Eine Ausnahme für nicht vermittlungspflichtige Organe (jetzt definiert in § 9 Satz 1, 2 TPG) wird nicht vorgenommen.

Dies scheint ein Fehler zu sein, der sich durch die noch zuletzt vorgenommenen Änderungen eingeschlichen hat. Niemand, der sich in den Anhörungen für eine Gleichbehandlung der nicht durchbluteten mit den durchbluteten Organen eingesetzt hatte, würde dies getan haben unter den jetzt vorliegenden Voraussetzungen. Wie oben schon beschrieben, fühlte man sich von dem Streit um den Todesbegriff nicht betroffen, da ja ein Ausnahmetatbestand hinsichtlich der Todesfeststellung bestand. In der momentanen rechtlichen Situation kommen auf die Betroffenen Mühen und vor allem Kosten zu, die eine Entnahme kleinster Gewebeteile eigentlich nicht mehr gerechtfertigt erscheinen lassen. Jeder noch so lange liegende Leichnam muss von zwei unabhängigen Ärzten untersucht werden, die weder mit der Entnahme noch mit der Übertragung der Organe (§ 5 Abs. 2 TPG) zu tun haben.

Ein möglicher Ausweg, diesen redaktionellen Fehler auszugleichen, besteht in der Aussage, dass die Unterscheidung der Todesbegriffe in § 3 Abs. 1 Nr. 2 und § 3 Abs. 2 Nr. 2 TPG im Moment keine Rolle spielt, weil man davon ausgehen kann, dass der Hirntod der Tod ist, der dem Stand der Erkenntnisse der medizinischen Wissenschaften entspricht.[148] Solange dies der Fall ist, können und müssen die §§ 3, 5 TPG einheitlich ausgelegt werden, so dass die Hirntodfeststellung von nur einem Arzt vorgenommen werden muss, wenn drei Stunden nach dem endgültigem Herz-/Kreislaufstillstand vergangen sind. Damit wäre die Entnahme der nicht durchbluteten Organe so gesichert, wie es auch der Entwurf zum Transplantationsgesetz vorgesehen hatte und wie es in Deutschland gängige Praxis war bzw. ist. Die oben beschriebenen Probleme treten dann nur noch auf, falls sich die Todesbegriffe auseinander entwickeln, wovon aber nicht auszugehen ist. Insbesondere die Bundesärztekammer kann in ihren Richtlinien zur Todesfeststellung auf eine dementsprechende Auslegung des Gesetzestextes hinwirken. Jedes andere Verständnis des Gesetzestextes würde zu weitreichenden Folgen für den Bereich führen, in dem schon seit langer Zeit mit großem Erfolg für eine Vielzahl von Menschen transplantiert wird.

II. Einwilligung

Der Hirntod ist notwendige, aber nicht hinreichende Bedingung der Organentnahme. Es bedarf noch der Zustimmung des Verstorbenen. Als nächster Streitpunkt im Gesetzgebungsverfahren stellte sich also die Frage, ob nur der Betroffene selbst zu Lebzeiten oder ob auch seine Angehörigen einwilligen dürfen, d.h. die Entscheidung zwischen der sog. engen und der erweiterten Zustimmungslösung.[149]

Das Transplantationsgesetz sieht in § 4 vor, dass bei Nichtvorliegen irgendeiner Äußerung des Verstorbenen die Angehörigen befragt werden sollen. Sie nehmen dann kein eigenes Recht wahr, sondern sollen helfen, den Willen des Verstorbenen zu ermitteln.[150] Diese Lösung entspricht auch der jahrelangen Praxis.[151]

Nach den Gegenentwürfen von SPD und Bündnis 90/Die Grünen sollte nur die vorherige eigene Äußerung des Verstorbenen anerkannt und in allen anderen Fällen keine Organentnahme zugelassen werden, vgl. §§ 15, 18 des Gesetzent-

---

[148] Stellungnahme des Wissenschaftlichen Beirates der Bundesärztekammer, Kriterien des Hirntodes, Deutsches Ärzteblatt 19/1997, A-1296-1303, B-1032-1039, C-957-964

[149] vgl. Pena/Pena/Gomes da Costa, Presumed consent and cadaver organ donation: Is there a place for family involvement?, in: Land/Dossetor, S. 276ff.; Wolfslast/Smit, Argumente für die Zustimmungslösung zur Regelung von Organentnahmen, EthikMed 4/1992, 191ff.

[150] Kommissariat der deutschen Bischöfe, 586/13, 11 (12)

[151] Akademie für Ethik in der Medizin e.V., Ausschussdrs. 585/13, 2 (3); Bauer, Ausschussdrs. 598/13, 2 (4); Bundesärztekammer, Ausschussdrs. 585/13, 4 (7)

wurfes.[152] Denn die „fremdbestimmte Entscheidung“ durch die nächsten Angehörigen sei ein unverhältnismäßiger Eingriff in das postmortale Persönlichkeitsrecht des Verstorbenen aus Art. 1 Abs. 1 i. V. m. Art. 2 Abs. GG.[153]
Es erscheint nicht einsichtig, weshalb nur die persönliche Einwilligung eine Organentnahme rechtfertigen können soll. In keinem deutschen Gesetz steht ein grundsätzliches Verbot der Vertretung in persönlichen Angelegenheiten.[154] Die Ausnahme bilden die Eheschließung, die immer noch persönlich vollzogen werden muss, § 1311 BGB, und das Testament, welches nur persönlich erstellt werden darf, § 2064 BGB.
Im Gegenteil sieht das Betreuungsrecht in § 1904 BGB eine Vertretung einwilligungsunfähiger Patienten bei bestimmten ärztlichen Behandlungen vor. Auch die vormundschaftsgerichtliche Genehmigungspflicht ändert an der grundsätzlich eingeräumten Möglichkeit nichts; zumal darauf verzichtet werden darf, wenn die Einholung der gerichtlichen Genehmigung die Gefahr für den Betroffenen vergrößert. Dabei ist die Bestellung eines Betreuers stets nachrangig gegenüber dem selbst organisierten Beistand durch die Familie oder durch Bekannte gem. § 1896 II 2 BGB. So kann eine sog. Vorsorge- oder Altersvollmacht auch für die gesundheitlichen Angelegenheiten erteilt werden, solange der Betroffene selbst eine Vertrauensperson ermächtigt hat.[155] Diese Arten der Stellvertretung in Gesundheitsangelegenheiten werden zur Zeit im Rahmen von Therapiebegrenzung und Patiententestamenten diskutiert.[156] Das Gesetz sieht also grundsätzlich vor, dass Angehörige in bestimmten Situationen für einen Kranken oder Sterbenden entscheiden dürfen. Der Bundesgerichtshof hat diese Möglichkeiten in einem seiner letzten Sterbehilfe-Urteile, dem sog. Kemptener Fall, zum Behandlungsabbruch ausdrücklich anerkannt.[157]
Angehörige und bestellte Betreuer müssen ständig Entscheidungen treffen, sei es beim ärztlichen Heileingriff, sei es als Hinterbliebene, wenn es um die Art der Bestattung oder eine Obduktion geht.[158]
Es gibt also keinen Grund, weshalb die Angehörigen nicht einen ihnen bekannten Willen des Verstorbenen hinsichtlich einer Transplantation zum Ausdruck bringen dürfen.

---

[152] Gesetzentwurf der Abgeordneten Monika Knoche, Gerald Häfner und der Fraktion BÜNDNIS 90/DIE GRÜNEN; Entwurf eines Gesetzes über die Spende, Entnahme und Übertragung von Organen (Transplantationsgesetz - TPG), BT-Drs. 13/2926
[153] Gallwas, Ausschussdrs. 13/114, 32 (33)
[154] Schreiber, Ausschussdrs. 598/13, 10 (18)
[155] Schreiber, Sterbehilfe und Behandlungsbeschränkung, Kirche und Recht (KuR) 1999, 227 (231)
[156] vgl. dazu ausführlich: Eisenbart, Patienten-„testament“ und Stellvertretung in Gesundheitsangelegenheiten, Diss. Göttingen 1998
[157] BGH St 40, 257 ff.
[158] vgl. Sengler/Schmidt, MedR 1997, 241 (245)

Das Zustimmungsrecht der Angehörigen findet weiter eine rechtliche Grundlage in ihrem verfassungsrechtlich anerkannten Totensorgerecht[159], welches ihnen zwar kein selbstständiges Entscheidungsrecht einräumen kann, ihnen aber ein Informationsrecht und auch das Recht gibt, den Willen des Verstorbenen kundzutun.[160] Die Bindung an den mutmaßlichen Willen des Verstorbenen ist dabei teilweise als Leerformel bezeichnet worden, da absichtlich oder versehentlich eine Entscheidung gegen den Willen des möglichen Organspenders getroffen werden könne, ohne dass mit einer Sanktion gerechnet werden müsse.

Es soll an dieser Stelle nicht verschwiegen werden, dass die Transplantationsmedizin, hätten wir in Deutschland tatsächlich die enge Zustimmungslösung bekommen, zu einem nahezu vollständigen Stillstand gekommen wäre. Kaum jemand denkt über seinen Tod nach; jeder verdrängt ihn. Die Anzahl der vorgefundenen Organspenderausweise liegt konstant bei unter 5% aller in Betracht kommenden Spender.[161] Eine eigene ausdrückliche Entscheidung bleibt immer die wünschenswerteste Lösung, da dies am wenigsten belastend für die Angehörigen ist.[162]
Das Thema Organspende wird noch viel zu wenig (z.B. in der Schule) besprochen. § 2 TPG weist die nach Landesrecht zuständigen Stellen, die Bundesbehörden im Rahmen ihrer Zuständigkeit, insbesondere die Bundeszentrale für gesundheitliche Aufklärung sowie die Krankenkassen an, auf der Grundlage dieses Gesetzes die Bevölkerung über die Möglichkeiten der Organspende, die Voraussetzungen der Organentnahme und die Bedeutung der Organübertragung aufzuklären. Diese Stellen sollen auch Ausweise für die Erklärung zur Organspende zusammen mit geeigneten Aufklärungsunterlagen bereithalten. Von einer Aufklärung der Bevölkerung – wie vom Gesetz gewollt – kann allerdings bis heute keine Rede sein.
Die Beteiligung der Angehörigen hat aber auch noch einen weiteren, nicht zu unterschätzenden Vorteil: Sie stellen eine gewisse Instanz außerhalb der Klinik dar; der Gesamtvorgang der Hirntodfeststellung und der späteren Organentnahme wird bzw. muss auf diese Weise nach außen, nämlich gegenüber den Angehörigen, bekanntgegeben werden.

---

159 Heun, Ausschussdrs. 585/13, 19 (30); Bundesverband der Organtransplantierten e.V., Ausschussdrs. 586/13, 20 (22); Trockel, MDR 1969, 811 ff.; Geilen, JZ 1971, 45 ff.; Samson, NJW 1974, 2030 ff.; Forkel, JZ 1974, 593 ff.; LG Bonn, JZ 1971, 58 ff.

160 Schreiber, Ausschussdrs. 598/13, 10 (18); vgl. dazu: Carstens, Das Recht der Organtransplantation, 1978, S. 100 ff.; gebundenes Recht im Sinne des Verstorbenen wahrzunehmen: Taupitz, JuS 1997, 203 (205); Heun, JZ 1996, 213 (218)

161 Smit/Sasse/Molzahn/Schulin, Organspende und Transplantation in Deutschland 1998, S. 7 Abb.10 (4% der Zustimmungen zur Organspende 1998 durch Spenderausweise)

162 Bauer, Ausschussdrs. 598/13, 2 (4); Kommissariat der deutschen Bischöfe, Ausschussdrs. 586/13, 11 (12); Deutsche Stiftung Organtransplantation, Ausschussdrs. 588/13, 43 (45)

Die Beteiligung der Angehörigen dient damit – in der Mehrzahl der Fälle – nicht nur der besseren Willensermittlung[163] des Spenders sondern auch der Kontrolle und der Transparenz[164] und war meines Erachtens die einzig gangbare Entscheidung für das Transplantationsgesetz.
Sofern der mögliche Organspender eine schriftliche Einwilligung erteilt oder schriftlich widersprochen hat und dem Arzt diese Erklärung zur Organspende vorliegt, verleiht das Transplantationsgesetz Angehörigen konsequenterweise keinerlei Befugnisse. Nur wenn dem Arzt eine solche schriftliche Erklärung nicht vorliegt, trifft den gesetzlich bestimmten nächsten Angehörigen die Pflicht, dem Arzt darüber Auskunft zu geben, ob und gegebenenfalls wie sich der mögliche Spender zur Zulässigkeit einer Organentnahme geäußert hat.[165] Unter dem nächsten Angehörigen versteht das Transplantationsgesetz den innerhalb der vorgegebenen Rangfolge jeweils nächsterreichbaren Angehörigen (§ 4 Abs. 2 Satz 5 TPG), wobei es bei mehreren gleichrangigen genügt, einen von ihnen zu beteiligen (§ 4 Abs. 2 Satz 4 TPG).
Es wurde die Frage aufgeworfen, wonach sich der Arzt zu richten habe, wenn mehrere gleichrangige nächste Angehörige beteiligt sind und diese unterschiedliche Angaben zu ehemaligen Erklärungen des Organspenders machen.[166] § 4 Abs. 2 Satz 4 TPG legt fest, dass der Widerspruch eines jeden zur Entscheidung berufenen Angehörigen beachtlich sein soll, d. h. eine Organentnahme ist unzulässig, sobald einer der nächsten Angehörigen mitteilt, der mögliche Organspender habe widersprochen. Ungeklärt bleibt allerdings der Fall, dass ein dem potentiellen Organspender nicht nahestehender Mensch (z. B. der Rettungssanitäter) Auskunft über den letzten Wunsch des Verstorbenen geben könnte, während alle Angehörigen insofern ahnungslos sind, weil vielleicht auch kein Kontakt in den letzten zwei Jahren bestand (§ 4 Abs. 2 Satz 2 TPG). Für die Rechtsposition des Verstorbenen, dessen über seinen Tod hinaus fortwirkender Wille

---

163 Wesslau, Ausschussdrs. 594/13, 24 (27); Beckmann, Ausschussdrs. 591/13, 4 (9); Wolfslast/Smit, EthikMed 4/1992, 191 (192): „Durch die Einbeziehung der Familie in den Entscheidungsprozess, in der Regel also der Menschen, die dem Verstorbenen am nächsten gestanden haben, wird gewährleistet, dass der Wille des Verstorbenen wirklich erforscht und wirklich beachtet wird."

a.A.: Schünemann, Rechte am menschlichen Körper, S. 271 f., der darauf hinweist, dass enterbte Angehörige nicht gerade besonders geeignet seien, den Willen des Verstorbenen umzusetzen.

164 Holznagel/Holznagel, Rechtslage in der Transplantationsmedizin – Sicherheit, Transparenz und Kontrolle, DÄBl. 1998, A-1718ff.; Schreiber, Ausschussdrs. 598/13, 10 (18)

165 vgl. Walter, Organentnahme nach dem Transplantationsgesetz: Befugnisse der Angehörigen, FamRZ 1998, 201 (210)

166 vgl. Walter, Organentnahme nach dem Transplantationsgesetz: Befugnisse der Angehörigen, FamRZ 1998, 201 (206)

besonderen Schutz genießt, ist das Ergebnis von einiger Bedeutung, und zwar unabhängig von Zustimmung oder Widerspruch zur Explantation.

Nach der Gesetzesbegründung fungiert der auskunftsgebende nächste Angehörige als Sachwalter des über den Tod hinaus fortwirkenden Persönlichkeitsrechtes des möglichen Organspenders, damit seinem Willen entsprochen werden kann.[167] Nun kann man sagen, das postmortale Persönlichkeitsrecht sei schlecht geschützt, wenn es nur durch nächste Angehörige zur Geltung gebracht werden dürfe, anstatt auch andere Zeugen zu hören.[168] Das Gesetz vertraut aber darauf, dass mit einer gewissen Wahrscheinlichkeit das Wissen der Angehörigen dem Willen des Verstorbenen gerecht wird und vor allem Missbrauch von außen vorgebeugt wird.

Die rechtliche Qualifikation der Einwilligung des möglichen Organspenders lässt das Transplantationsgesetz dahinstehen. Zweifelhaft ist weiterhin die Rechtsnatur dieser „Einwilligung".[169] Einig scheint man sich nur insoweit zu sein, dass sie ähnlich wie die höchstpersönlichen Rechtsgeschäfte behandelt werden sollte.[170] Darüber hinaus wird diskutiert, ob eventuell die für die Rechtsnatur der Einwilligung in die Heilbehandlung gefundenen Ergebnisse ohne Weiteres auf die Einwilligung in die Organspende übertragen werden können. Nach der Rechtsprechung handelt es sich dort um einen Akt tatsächlicher Gestattung[171]; in der Literatur werden sämtliche denkbaren Einordnungen vertreten: Rechtsgeschäft, rechtsgeschäftsähnliche Handlung in Form einer Willensäußerung, bloße Rechtshandlung oder Akt sui generis.

Das Transplantationsgesetz spricht in § 3 von der *Einwilligung* des Verstorbenen und in § 4 von der *Zustimmung* der Angehörigen – die unterschiedliche Begriffswahl scheint aber keinen tieferen Hintergrund zu haben, zumindest findet sich in der Begründung keine Angabe dazu. Es sind meines Erachtens in jedem Fall Ähnlichkeiten zum ärztlichen Heileingriff vorhanden, denn auch dort wird eine tatbestandlich vorliegende Körperverletzung erst durch die rechtfertigende Einwilligung straflos. Bei der postmortalen Organspende liegt nur der Sache nach keine Körperverletzung vor sondern ein Eingriff in das postmortale Persönlichkeitsrecht des Verstorbenen bzw. in das Totensorgerecht der Angehörigen. Denkbar wäre es auch, diese sog. Einwilligung in § 3 TPG eher im Sinne eines Einverständnisses zu werten, denn wenn ein Organspenderausweis vorliegt, hat derjenige im Voraus auf sein postmortales Persönlichkeitsrecht verzichtet, welches dann durch die Entnahme auch gar nicht mehr betroffen

---

[167] Gesetzesbegründung, BT-Drucks. 13/8027, 9

[168] vgl. Walter, Organentnahme nach dem Transplantationsgesetz: Befugnisse der Angehörigen, FamRZ 1998, 201 (206)

[169] vgl. Walter, Organentnahme nach dem Transplantationsgesetz: Befugnisse der Angehörigen, FamRZ 1998, 201 (205 Fn. 31)

[170] AG Mölln, FamRZ 1995, 188; Weber/Lejeune, NJW 1994, 2392 (3296)

[171] BGHZ 29, 33 (36)

wird, da ja im Sinne des Spenders gehandelt wird; anders als bei dem Heileingriff, der phänotypisch immer eine Körperverletzung bleibt, die lediglich gerechtfertigt werden kann.
Für die in dieser Arbeit interessierenden Fälle wird es der Sache nach darum gehen zu klären, was passiert, wenn eben keine Einwilligung oder Zustimmung vorliegt. Deshalb kann die genaue Einordnung offen bleiben.
Damit sind nun zunächst die beiden Hauptvoraussetzungen einer postmortalen Organentnahme gem. §§ 3, 4 TPG genannt, nämlich der eingetretene Hirntod des Spenders und dessen eigene Zustimmung oder die seiner Angehörigen.

C. Organgewinnung und –verteilung

Das Transplantationsgesetz enthält detaillierte Vorgaben hinsichtlich der Organisation der Organbeschaffung und der Organallokation, auf die im folgenden Abschnitt kurz eingegangen werden soll.

I. Organgewinnung

Die Organgewinnung wird zur gemeinsamen Aufgabe der Transplantationszentren und der anderen Krankenhäuser in regionaler Zusammenarbeit erklärt. Die vermittlungspflichtigen Organe, wie Herz, Leber, Niere, Lunge und Bauchspeicheldrüse dürfen nur in einem von einer einzurichtenden Koordinierungsstelle geordneten Verfahren entnommen und von einer einzurichtenden Vermittlungsstelle vermittelt werden.
§ 10 TPG sieht vor, dass nur an bestimmten Krankenhäusern Transplantationszentren errichtet werden. Diese haben unter anderem die Aufgabe, eine Warteliste für potentielle Organempfänger zu führen und über die Aufnahme in diese Warteliste zu entscheiden. Die Zusammenarbeit der umliegenden Krankenhäuser mit den eingerichteten Transplantationszentren soll durch die Pflicht verbessert werden, jeden hirntoten Patienten, der potentiell für eine Explantation in Betracht kommt, an das zuständige Zentrum zu melden, § 11 Abs. 4 Satz 2 TPG. Das Transplantationszentrum seinerseits ist dann verpflichtet, diesen potentiellen Spender an die Koordinierungsstelle weiterzuleiten, § 11 Abs. 4 Satz 2 TPG.
Um die regionale Zusammenarbeit zu organisieren und zu kontrollieren, wird diese Koordinierungsstelle von den Spitzenverbänden der Krankenkassen, der Bundesärztekammer und der Deutschen Krankenhausgesellschaft oder den Bundesverbänden der Krankenhausträger gemeinsam errichtet oder beauftragt. Ihre Aufgaben werden in diesem Vertrag geregelt, insbesondere die Maßnah-

men zum Schutz der Organempfänger, Rahmenregelungen für die Zusammenarbeit der Beteiligten und für die Zusammenarbeit mit der Vermittlungsstelle, Maßnahmen zur Qualitätssicherung, Aufwendungsersatz für die Stelle selbst, § 11 Abs. 2 TPG.

Dass sich durch entsprechende organisatorische Maßnahmen mit einem breit gefächerten externen Dienstleistungsangebot der Koordinierungsstelle gegenüber den kooperierenden Krankenhäusern und der Schaffung infrastruktureller Voraussetzungen Verbesserungen erreichen lassen, wurde schon bisher durch besondere Initiativen auf regionaler Ebene bewiesen.[172]

Außerdem hat die Koordinierungsstelle gem. § 11 Abs. 5 TPG umfangreiche Berichtspflichten, u. a. in Bezug auf Zahl und Art der durchgeführten Organübertragungen, Entwicklungen der Warteliste sowie Aufnahme- und Ablehnungsgründe in die Warteliste.

II. Warteliste

Insbesondere der letzte Punkt war dringend erforderlich, da der Zugang zur Warteliste ein offenes, nicht befriedigend gelöstes Problem im Transplantationswesen darstellte. Die Wartelisten sind nun bei der Verteilung der Organe gem. § 12 Abs. 3 TPG zwar als einheitliche Warteliste für jedes Organ zu behandeln, wer sich jedoch in welchem Krankheitsstadium, mit welcher Indikation oder Dringlichkeit darauf befindet, blieb zumindest bisher autonome Entscheidung der einzelnen Transplantationszentren, die ganz unterschiedliche Aufnahmekriterien haben konnten.

Dadurch konnten die Chancen, in kleinen oder großen Transplantationszentren eher oder später ein Organ zu bekommen, beeinflusst werden. Um so wichtiger erscheint es, dass das Transplantationsgesetz die entscheidende Bedeutung der Chancengleichheit der Patienten festgelegt und die Frage der sog. Zentrumsgerechtigkeit damit als nachrangig eingeordnet hat.[173]

Die Aufnahmeentscheidung in die Warteliste erfolgt demzufolge nicht nach Belieben des Transplantationszentrums sondern anhand bestimmter vorgegebener Kriterien, die dem Stand der Erkenntnisse der medizinischen Wissenschaften entsprechen, insbesondere nach Notwendigkeit und Erfolgsaussicht einer Transplantation (§ 10 Abs. 2 Nr. 1, 2 TPG).[174] Der Vorstand der Bundesärzte-

---

[172] Bauer, Klare Rechtsgrundlage für die notwendige Zusammenarbeit zwischen Transplantationszentren und anderen Krankenhäusern, in: DSO (Hrsg.) Transplantationsgesetz, 12 (13)

[173] Heuer/Conrads, Aktueller Stand der Transplantationsgesetzgebung, MedR 1997, 195 (200)

[174] vgl. Schreiber/Haverich, Richtlinien für die Warteliste und für die Organvermittlung, DÄBl. 2000, Heft 7, A-385

kammer hat nach Vorbereitung durch ihre unter Berücksichtigung von § 16 Abs. 2 TPG zusammengesetzte ständige Kommission Organtransplantation am 13. November 1999 drei Richtlinien für die Wartelisten beschlossen.[175] Als Gründe für die Aufnahme in die Warteliste werden jeweils Indikationen für die Transplantation genannt, also bestimmte Krankheitsbilder bzw. -stadien, die eine Transplantation erforderlich machen. Alle Patienten auf der Warteliste sind in regelmäßigen Abständen auf ihre Transplantationseignung und -notwendigkeit zu überprüfen.[176]

Als Gründe für die Ablehnung der Aufnahme in die Warteliste werden Krankheiten genannt, die einen Erfolg der Transplantation kurz- oder längerfristig gefährden, so zum Beispiel nicht behandelbare Malignome, HIV-Infektionen, schwerwiegende Erkrankungen anderer Organe, schwere Nikotin-, Alkohol- oder sonstige Drogenabhängigkeiten. Gerade durch die Aufnahme letzterer vermeidbarer gesundheitlicher Risikofaktoren wird auch die Verantwortung des potentiellen Organempfängers für einen möglichst langfristigen Transplantationserfolg verdeutlicht.[177]

Zuletzt hatte sich der 14. Senat des Hessischen Landessozialgerichts mit der Kostenübernahme einer Nierentransplantation in den USA zu befassen. Es stellte fest, dass sich eine Verpflichtung der Krankenkasse zur Übernahme der Kosten einer solchen Auslandsbehandlung nach § 18 Abs. 1 SGB V nicht allein damit begründen ließe, dass die durchschnittliche Wartezeit auf eine Transplantation im Ausland erheblich kürzer sei als im Inland.[178] Eine sog. Versorgungslücke im Inland läge nur dann vor, wenn die frühzeitigere Auslandsbehandlung aus medizinischen Gründen unbedingt erforderlich ist.

Das bedeutet im Ergebnis nur, dass die deutsche Warteliste und ein frühestmögliches Erscheinen auf derselben immer wichtiger wird, da ein Ausweichen auf das Ausland zumindest Kassenpatienten nicht möglich ist.

---

[175] Bundesärztekammer, Richtlinien für die Warteliste zur Nieren- und zur (Nieren-) Pankreas-Transplantation, Richtlinien für die Warteliste zur Lebertransplantation, Richtlinien für die Warteliste zur Herz-, Herz-Lungen- und Lungentransplantation (thorakale Organtransplantation), DÄBl. 2000, Heft 7, A-397-A-402

[176] Schreiber/Haverich, Richtlinien für die Warteliste und für die Organvermittlung, DÄBl. 2000, Heft 7, A-385

[177] Schreiber/Haverich, Richtlinien für die Warteliste und für die Organvermittlung, DÄBl. 2000, Heft 7, A-385 (A-386) - die gleiche Verantwortung gilt selbstverständlich auch für die Zuverlässigkeit bei der Einhaltung von Behandlungsrichtlinien, Arztbesuchen und Medikamenteneinnahmen, der sog. Compliance

[178] Urteil vom 06.12.2001 (Az: L 14 KR 556/00), KH 2002, 481 f.

III. Kompetenzen der Bundesärztekammer

Die Bundesärztekammer hat gem. § 16 TPG weitreichende Befugnisse. Sie erstellt Richtlinien für alle wesentlichen Fragen im Zusammenhang mit der Organtransplantation, wie z. B. Todesfeststellung, Aufnahme in die Warteliste oder welcher Hirntote überhaupt als Spender in Betracht kommt.[179] Aus verfassungsrechtlicher Sicht bestehen Bedenken gegen eine derart weitreichende Übertragung von Richtlinienkompetenzen auf die Bundesärztekammer, da nach der Wesentlichkeitsrechtsprechung des Bundesverfassungsgerichtes der unmittelbar demokratisch legitimierte Gesetzgeber grundrechtswesentliche Entscheidungen selbst treffen muss und nicht delegieren darf.[180] Die Konsequenzen einer Verteilungsentscheidung für das Leben bzw. die Gesundheit des Betroffenen sind erheblich.[181] Der Verfassungsrang der Rechtsgüter und die Intensität ihrer möglichen Rechtsverletzung auch im Hinblick auf die Umstrittenheit der Hirntodkriterien sprechen eher für die Notwendigkeit eines förmlichen Gesetzes in diesem Bereich.[182] Denn je intensiver der Grundrechtseingriff sein kann, desto genauer müssen die Voraussetzungen in einem ermächtigenden Gesetz niedergelegt werden.[183]
Im Gegensatz zu den Landesärztekammern, die als Körperschaften des öffentlichen Rechts ihre Rechtsgrundlage in den entsprechenden Kammergesetzen für die Heilberufe der Länder haben, existiert die Bundesärztekammer schlicht als Arbeitsgemeinschaft der deutschen Ärztekammern in der Rechtsform eines nicht eingetragenen Vereins[184] und soll gleichwohl weitreichende Entscheidungen in Richtlinien treffen.

---

[179] vgl.: Gutmann/Fateh-Moghadam, NJW 2002, 3365 ff., die einen Verstoß der §§ 12 Abs. 3, 16 Abs. 1 Satz 1 Nr. 5 TPG gegen Vorgaben des Verfassungsrechts, namentlich gegen das Prinzip des Parlamentsvorbehalts konstatieren. Die Allokationskriterien werden durch Richtlinien der Bundesärztekammer näher konkretisiert, wobei die BÄK auf die „Einbecker Empfehlungen zur Allokation von Spenderorganen" der Deutschen Gesellschaft für Medizinrecht zurückgegriffen hat. Damit habe die Bundesärztekammer die durch das TPG abgesteckten Grenzen überschritten.

[180] BVerfGE 58, 257 (268); 47, 46 (78); 45, 400 (417); 41, 251 (259); 34, 165 (192); Manssen, in: v.Mangoldt/Klein/Starck, Bonner Grundgesetz I, Art. 12 Rn. 112, Art. 7 Rn. 25; vgl. dazu auch: BVerwGE 73, 280 (295) - Festlegung von Notarstellen; BVerwGE 80, 1 (20) - Anforderungen in der ärztlichen Vorprüfung

[181] Deutsch, NJW 1998, 777 (780)

[182] Kühn, Das neue deutsche Transplantationsgesetz, MedR 1998, 455 (459)

[183] BVerfGE 49, 89 (127); Manssen, in: v.Mangoldt/Klein/Starck, Bonner Grundgesetz I, Art. 12 Rn. 113

[184] Laufs, in: Laufs/Uhlenbruck (Hrsg.), Handbuch des Arztrechts, § 13 Rn. 13; Lilie, Transplantationsgesetz - was nun?, in: Orsi/Seelmann/Smid/Steinvorth (Hrsg.), Medizin-Recht-Ethik VIII, 1998, 89 (99)

Art. 2 Abs. 2 GG bildet anerkanntermaßen nicht nur ein Abwehrrecht gegen staatliche Angriffe in das Lebensrecht, sondern enthält auch eine staatliche Verpflichtung, das menschliche Leben vor Gefährdungen zu schützen.[185] Fraglich ist, ob der Transplantationsgesetzgeber dieser Pflicht in ausreichendem Maße nachgekommen ist, um sicherzustellen, dass tatsächlich nur Hirntoten Organe entnommen werden. Schutz kann in jedem Fall auch durch entsprechende gesetzliche Verfahrensregelungen gewährt werden.[186] Das Transplantationsgesetz definiert in § 3 Abs. 2 Nr. 2 den Hirntod als den endgültigen, nicht behebbaren Ausfall der Gesamtfunktion des Großhirns, des Kleinhirns und des Hirnstammes. Es bestimmt selbst in § 5, dass zwei Ärzte unabhängig voneinander und von der späteren Explantation den potentiellen Organspender untersuchen müssen, und hat damit bestmöglich Fehldiagnosen und Interessenkonflikten vorgebeugt. Nur die nähere Ausgestaltung der klinischen Anzeichen, nach denen der Hirntod festgestellt wird, ist dem Stand der Erkenntnisse der medizinischen Wissenschaften und damit der Bundesärztekammer überlassen.

Praktikabilität und Sachnähe sind dabei starke Argumente für die Richtlinienkompetenz der Bundesärztekammer. Neue Methoden und Techniken der Hirntodfeststellung und Forschungsergebnisse hinsichtlich Indikationen und Kontraindikationen für bestimmte Organtransplantationen können auf diese Art und Weise schneller umgesetzt werden; der Gesetzgeber muss nicht jedes Mal tätig werden.

Außerdem bietet die Zusammensetzung der jeweiligen Kommissionen bei der Bundesärztekammer aus Medizinern, Juristen, Ethikern, Theologen etc. eine Gewähr für ein gewisses Maß an Unabhängigkeit und Objektivität, so dass keine Bedenken hinsichtlich einer interessengeleiteten Ärzteschaft bestehen müssen.

Entscheidend für den verantwortlichen Arzt, der nach den so entstandenen Richtlinien handelt, ist, dass vom Gesetz - wohl widerlegbar[187]- vermutet wird, er habe entsprechend dem Stand der medizinischen Wissenschaften gehandelt, § 16 Abs. 1 Satz 2 TPG.

Das Grundgesetz selbst steht in Art. 87 Abs. 3 einer Errichtung der Bundesärztekammer als Körperschaft des öffentlichen Rechts entgegen, da dem Bund für den Bereich der ärztlichen Berufsausübung die Gesetzgebungskompetenz fehlt.

[185] Jarass, in: Jarass/Pieroth, GG, Art. 2 Rn. 50; Kunig, in: v. Münch/Kunig, GG, Band 1, Art. 2 Rn. 54 ff.

[186] Alexy, Theorie der Grundrechte, S. 410

[187] Deutsch, NJW 1998, 777 (780)

IV. Organvermittlung und –verteilung

Die zentrale Vermittlung der Spendeorgane soll durch eine Vermittlungsstelle gewährleistet werden, die von den Spitzenverbänden durch Vertrag zu gründen oder zu beauftragen ist, § 12 Abs. 1 TPG. Dieser Vertrag ist vom Bundesgesundheitsministerium genehmigt worden. Mit dieser Aufgabe kann auch gem. § 12 Abs. 2 TPG eine geeignete ausländische Einrichtung beauftragt werden, womit die Stiftung Eurotransplant in Leiden/Holland angesprochen ist, die auch bisher schon die Vermittlung der Organe für die Verbundländer Niederlande, Belgien, Luxemburg, Deutschland und Österreich übernommen hatte.

Damit ist die Allokation des knappen Gutes *Organe* angesprochen, die in manchem sehr viel wichtiger und schwieriger erscheint als die Regelung der Entnahmevoraussetzungen.[188]

Das Gesetz beschränkt sich in § 12 Abs. 3 Satz 1 TPG auf Verteilungskriterien, die dem Stand der medizinischen Wissenschaft entsprechen; insbesondere Erfolgsaussicht und Dringlichkeit sollen berücksichtigt werden. Wertungswidersprüche sind diesen beiden Begriffen immanent. Derjenige, der das Organ am dringendsten benötigt, wird häufig schlechtere Erfolgsaussichten haben, da sein Krankheitszustand schon weiter fortgeschritten ist als der des vergleichbar gesünderen Patienten, der aber noch nicht unter Eiligkeitsgesichtspunkten ein Organ zugeteilt bekommt.[189]

Eurotransplant hat für die verschiedenen Organe ganz unterschiedliche Verteilungsregeln festgelegt[190], die sich im Wesentlichen danach richten, ob es für das kranke Organ Überbrückungstherapien gibt oder nicht. Die Nierenverteilung verläuft auf Grund der bestehenden Dialysemöglichkeit nach einem mehrstufigen Modell, welches in erster Linie die Gewebeverträglichkeit, aber auch Wartezeiten, schwervermittelbare Patienten, räumliche Distanz zum Transplantationszentrum und die Austauschbilanz der Länder berücksichtigt. Bei der Leberverteilung steht mangels Ersatztherapie die Dringlichkeit im Vordergrund; daneben spielen die Blutgruppenübereinstimmung, die Größe und das Gewicht des Organs eine entscheidende Rolle.

---

188 vgl. dazu ausführlich: Conrads, Rechtliche Grundsätze der Organallokation, Diss. Göttingen 2000; Junghanns, Verteilungsgerechtigkeit in der Transplantationsmedizin, Diss. Frankfurt a.M. 2001; Ach, „Von Natur aus knapp“, ZmedEthik 43 (1997), 31ff.; Gutmann/Land, Ethische und rechtliche Fragen der Organverteilung, in: Albert/Schmidt, Praxis der Nierentransplantation IV, 1997, S. 1ff.

189 Schreiber/Haverich, Richtlinien für die Warteliste und für die Organvermittlung, DÄBl. 2000, Heft 7, A-385 (A-386)

190 vgl. dazu: Conrads, MedR 1996, 300 ff., auch zum Vergleich der Verteilungsgrundsätze von Eurotransplant und dem amerikanischen Pendant UNOS

Das Hauptproblem der Gesetz gewordenen Regeln wurde bzw. wird teilweise in dem Fehlen non-medizinischer Allokationskriterien gesehen. Die Verteilung unter ständiger Organknappheit sei ein ethisch-moralisches bzw. ökonomisches Problem.[191] Der Begriff der medizinischen Wissenschaft lässt aber bei nicht zu enger Auslegung auch nicht rein medizinische Regeln der Verteilung zu, die sehr wohl geeignet sind, dieses Problem zu lösen.
Das Abstellen auf medizinische Kriterien wurde insbesondere in der sozialwissenschaftlichen Literatur lebhaft bestritten.[192] Vorgeschlagen werden sog. Club- oder Solidarmodelle, nach denen nur derjenige ein Organ bekommt bzw. bei der Verteilung in dem Punktesystem bevorzugt wird, der sich zuvor selbst zur Organspende bereit erklärt hat. [193] Es müsse für jeden einen eigenen Nutzen bringen, der sich dazu entschließt auch anderen Menschen zu helfen.[194] Die Wahrung der Chancengleichheit gebietet es aber solche Ideen abzulehnen.[195] Es erscheint verfassungsrechtlich bedenklich, wenn für die Zuteilung gesundheitlicher Ressourcen nicht die medizinische Notwendigkeit sondern ein Vorverhalten des Betroffenen maßgeblich sein soll.[196] Der Gefahr anderer möglicher Kriterien, wie z.B. der sozialen Bedeutung eines Menschen, seiner Leistungsfähigkeit für die Gesellschaft oder seines Vermögens, die nichts mehr mit dem Gesundheitszustand des Betroffenen zu tun haben, ist durch die Festlegung auf medizinische Verteilungsregeln entgegengewirkt worden.
Auch anderweitige Versuche, non-medizinische Kriterien in eine angeblich gerechtere Verteilung miteinzubeziehen, helfen bei einer solchen Abwägung im

---

[191] vgl. Feuerstein, Das Transplantationssystem, 1995; Kliemt, in: Ach/Quante (Hrsg.), 271ff.;

[192] vgl. dazu umfassend: Schmidt, Politik der Organverteilung, 1996; ders., Neues zur Organverteilung – Das Transplantationsgesetz und die Folgen, ZfGWiss 2002, 252ff.

[193] vgl. dazu: Kühn, Die Motivationslösung, 1998, S. 142 ff.; Kliemt, „Gerechtigkeitskriterien“ in der Transplantationsmedizin, in: Fuchs/Nagel, Soziale Gerechtigkeit im Gesundheitswesen, 1993, 262 ff.; Gubernatis/Kliemt, Solidarität und Rationierung in der Organtransplantation, Transplantationsmedizin 1999, 4 ff., die darauf hinweisen, dass Besonderheiten bestimmter Gruppen, wie High-Urgency-Patienten oder Kinder, unangetastet bleiben könnten - das Solidarmodell soll lediglich eine neue Kategorie im bestehenden Verteilungssystem werden. Ein nicht von der Hand zu weisender Vorteil dieser Idee besteht meines Erachtens in der Motivation der Bürger, sich selbst zu Lebzeiten für oder gegen eine Zustimmung zur Organentnahme zu entscheiden.

[194] Kühn, Die Motivationslösung, S. 142ff.

[195] Conrads, Rechtliche Aspekte der Organallokation, in: Lachmann/Meuter, Medizinische Gerechtigkeit, Patientenauswahl in der Transplantationsmedizin, 1997, S. 69 (76), der zu Recht die Verfassungskonformität solcher Modelle bezweifelt, da das postmortale Persönlichkeitsrecht des Spenders alleinige Geltung gegenüber dem Recht auf Leben oder Gesundheit der Transplantationskandidaten beanspruchen würde.

[196] Schreiber, Ausschussdrs. 603/13, 17 (24)

Lebensschutz nicht weiter. Hier haben gesellschaftliche oder ökonomische Leistungskriterien nichts zu suchen.
Andererseits darf aber der Begriff der medizinischen Regeln auch nicht zu eng ausgelegt werden, so dass z.B. die Wartezeit, die damit einhergehende Verschlechterung des Gesundheitszustandes und die erheblichen psychischen Belastungen sicher darunter fallen müssen.
Eurotransplant bemüht sich jedoch stets, die Verteilungsrichtlinien für die einzelnen Organe den Umständen anzupassen. So wurde von Verbundländern, wie z.B. Österreich oder Belgien, die eine Widerspruchsregelung in ihren Gesetzen haben, gefordert, eine Austauschbilanz der Länder als ein Kriterium in dem differenzierten Punktesystem vorzusehen, da von diesen Ländern viel mehr Organe zur Verfügung gestellt werden können als von den Ländern mit einer Zustimmungslösung. Wie schon beschrieben, ist dies bei den Nierenverteilungskriterien aufgenommen worden - freilich handelt es sich dabei auch nicht um ein rein medizinisches sondern eher um ein gesellschaftspolitisches Kriterium.
Das Transplantationsgesetz bleibt in diesem Punkt, wie beschrieben, recht offen. Konkrete Verteilungsregeln hat die Bundesärztekammer am 13. November 1999 gem. § 16 Abs. 1 Nr. 5 TPG in ihren fünf Richtlinien zur Organvermittlung beschlossen.[197] Laut § 5 des Vertrages mit Eurotransplant sind diese Verteilungsrichtlinien nun von Eurotransplant zu beachten bzw. zu übernehmen.
Früher gab es den sog. Selbstbehalt, wonach zum Beispiel ein bestimmter Anteil von Lebern immer im eigenen Zentrum übertragen werden durfte. Dieser Selbstbehalt ist abgeschafft worden, findet sich aber in dem Kriterium der sog. Ischämiezeit wieder[198], wonach 20% der jeweiligen Organe im regionalen Raum bleiben. Die Ischämiezeit ist sicherlich ein rein medizinisches Kriterium; der gewünschte Nebeneffekt besteht allerdings in der Anreizwirkung für die kleineren Krankenhäuser in der Region, möglichst viele potentielle Spender zu melden; für die kleineren Transplantationszentren bedeutet die Aufnahme dieses Kriteriums eine Steigerung ihrer eigenen Transplantationsfrequenz, da sie nun nicht mehr wie vorher gegenüber den großen Zentren mit langen Wartelisten und dementsprechend hoher Zuteilungsrate zurückstecken müssen.[199]

---

[197] Bundesärztekammer, Richtlinien für die Organvermittlung zur Nierentransplantation, Richtlinien für die Organvermittlung zur Lebertransplantation, Richtlinien für die Organvermittlung thorakaler Spenderorgane (Herz), Richtlinien für die Organvermittlung thorakaler Spenderorgane (Herz-Lungen und Lungen), Richtlinien für die Organvermittlung zur Pankreastransplantation, DÄBl. 2000, Heft 7, A-402-A-411

[198] Die Ischämiezeit ist die Zeit, die ein Organ außerhalb des Spenderkörpers haltbar ist, bevor es wieder eingesetzt werden muss - je kürzer die Zeit, desto besser lässt sich ein Organ verwenden - für jedes Organ gibt es sehr unterschiedliche Ischämiezeiten - länger bei der Niere, kürzer beim Herzen

[199] vgl. auch Lilie, Transplantationsgesetz - was nun?, in: Orsi/Seelmann/Smid/Steinvorth (Hrsg.), Medizin-Recht-Ethik VIII, 1998, 89 (95, 96)

Ein genaueres Eingehen auf die Organgewinnung und vor allem auf die Organverteilung würde an dieser Stelle den Rahmen der Arbeit sprengen.[200]

D. Lebendspende

Die Lebendspende bildete als die andere Alternative der Transplantation den nächsten Streitpunkt in dem lange andauernden Gesetzgebungsverfahren. In Deutschland wächst der Anteil dieser Form der Organtransplantation stetig. 1996 kamen 129 der 2016 (6,4%) übertragenen Nieren vom lebenden Spender, 1997 waren es schon 279 der 2249 (12,4%), und 1998 wurden 343 der 2340 (14,7%) transplantierten Nieren lebenden Spendern entnommen.[201] Bei der Leberteilspende liegt die Zuwachsrate wohl noch höher, was aber unter anderem auf das niedrige Ausgangsniveau dieses bisher noch selten durchgeführten Eingriffs zurückgeführt wird.[202]
Die Lebendspende kann nur zulässig sein, wenn trotz der Organentnahme das Überleben des Spenders möglich ist, also bei paarigen Organen wie der Niere oder - wie es heute schon häufiger geschieht - bei der Entnahme von Teilen der Leber, der Lunge oder der Bauchspeicheldrüse. Der Spender selbst darf dabei nicht über das Operationsrisiko hinaus gefährdet werden.[203]
Der rechtliche Ausgangspunkt wird klar dadurch bestimmt, dass die Organspende für den Spender selbst keinen therapeutischen Wert hat. Da die Explantation beim Lebendspender für diesen keinen Heileingriff darstellt, sondern grundsätzlich eine Körperverletzung gem. § 223 StGB ist, sind an seine Aufklärung über Art, Umfang und Folgen des Eingriffs und die daraufhin erfolgende Einwilligung höchste Anforderungen zu stellen (vgl. § 8 II 1 TPG). Nur nach umfassender Information kann er sich bewusst für den nicht indizierten Eingriff der Organtransplantation entscheiden.

---

[200] Ein völlig benachteiligt behandeltes Feld in der gesamten Diskussion um das Transplantationsgesetz sind die Rechtsschutzfragen, d.h. in welcher Form und in welchem Umfang Rechtsschutzmöglichkeiten gegenüber den Entscheidungen der einzelnen am Transplantationswesen beteiligten Institutionen bestehen und welcher Rechtsweg mit welcher Klageart einzuschlagen wäre, wenn etwa die Wartelisteneinstufung durch die Transplantationszentren oder die Vermittlungsentscheidung von Eurotransplant überprüft werden soll. Vgl. dazu: Schmidt-Aßmann, Rechtsschutzfragen des Transplantationsgesetzes, NVwZ 2001, Sonderheft 59ff.

[201] Smit/Sasse/Molzahn/Schulin, Organspende und Transplantation in Deutschland 1998, S. 25; Presse-Information der Deutschen Stiftung Organtransplantation v. 19.01.1998

[202] Seidenath, MedR 1998, 253f.

[203] vgl. ausführlich zur Lebendspende: Lilie, Juristische Aspekte der Lebend-Organspende, in: Albert, Praxis der Nierentransplantation III, S. 89ff.; Gutmann, Rechtliche und philosophische Aspekte der Lebendspende von Organen, Politische Studien Bd. 39, 1995, S. 100ff.

In Deutschland wird diese Form der Organtransplantation zumindest im Vergleich zu Skandinavien, der Schweiz und den USA eher restriktiv gehandhabt.[204] In den Vereinigten Staaten stammen 25% der Organspenden von Lebenden, in Großbritannien 20%, in Norwegen sind es sogar 50%.[205] Die Überlebensrate liegt bei der Lebendspende deutlich höher als bei der Leichenspende, da sie besser planbar ist, kürzere bzw. kalkulierbare Wartezeiten bewirkt, kurze Ischämiezeiten und eine überprüfte gute Qualität des Spenderorgans mit sich bringt.[206]

Gespendet werden kann nur unter Verwandten bzw. unter anderen nahestehenden Personen (vgl. § 8 Abs. 1 Satz 2 TPG). Diese Beschränkungen bzw. die Entscheidung in Deutschland für eine engere Lösung geschehen im Hinblick auf die erheblichen gesundheitlichen Gefährdungen des Spenders, auf die zu wahrende Freiwilligkeit der Spende und wegen der Gefahren einer Kommerzialisierung zur Verhinderung eines Organhandels.[207]

Ein Gesetz aber, welches einsichtsfähigen Menschen verbieten würde, aus einer höchstpersönlichen Entscheidung heraus ein Organ für eine nahestehende, geliebte, aber nicht verwandte Person zu spenden, griffe in das durch Art. 2 I i.V.m. Art. 1 I GG garantierte Selbstbestimmungsrecht des Betroffenen ein.[208] Es gibt insbesondere bei der Nierentransplantation keine relevanten medizinischen Gründe mehr, die für die verwandte und gegen die nichtverwandte Lebendspende sprechen.[209] Die Erfolgsaussichten werden also durch eine Beschränkung auf verwandte Spender nicht verbessert. Auch die immer wieder angeführte Freiwilligkeit der Spenderentscheidung hängt nicht an dem Verwandtschaftskriterium; denn wer kann bewerten, ob eine innerfamiliäre Spende nicht von viel höherem Druck oder viel stärkeren Abhängigkeiten begleitet wird als eine altruistische Spende an einen Unbekannten.[210] Um allerdings den Gefahren des Organhandels wirksam begegnen zu können, machen gewisse Res-

---

204 Bauer, Ausschussdrs. 598/13, 2 (7); Kühn, Das neue deutsche Transplantationsgesetz, MedR 1998, 455 (458)

205 Eigler, Organquellen, in: Albert/Land/Zwierlein (Hrsg.), Transplantationsmedizin und Ethik, 1995, 47 ff.; Kirste, Ausschussdrs. 593/13, 38 (39); Deutsche Stiftung Organtransplantation, Ausschussdrs. 588/13, 43 (50)

206 Smit/Sasse/Molzahn/Schulin, Organspende und Transplantation in Deutschland 1998, S. 26, die auf die signifikant besseren Ergebnisse der Lebendspende anhand der Funktionsraten nach bis zu fünf Jahren hinweisen (Abb. 44) - so liegt die Funktionsrate nach fünf Jahren bei einer Niere vom Lebenden bei 79%, bei einer postmortal entnommenen Niere bei ca. 68%. Vgl. auch Pichlmayr, Transplantationschirurgie, S. 475, der auch auf die niedrigere Dosierung von Immunsuppressiva bei der Lebendspende hinweist.

207 Schreiber, Ausschussdrs. 603/13, 17 (19)

208 Kühl, Ausschussdrs. 626/13, 2 (3); Gutmann, Ausschussdrs. 591/13, 32 (33, 34)

209 Gutmann, Ausschussdrs. 591/13, 32 (34)

210 Maier, Der Verkauf von Körperorganen, 1991, S. 29; Evangelische Kirche in Deutschland, Ausschussdrs. 594/13, 16 (17); Gutmann, Ausschussdrs. 591/13, 32 (34)

triktionen der Lebendspende zwischen einander fremden Personen sowie Verfahrensregelungen und eventuell sogar strafbewehrte Verbote Sinn. Darauf wird später noch ausführlich einzugehen sein.
Die in § 8 Abs. 1 Satz 2 TPG festgeschriebene Formulierung, nach der die Lebendspende auch erlaubt sein soll für „Personen, die dem Spender in besonderer persönlicher Verbundenheit offenkundig nahe stehen“[211], erscheint sinnvoll, um emotional miteinander verbundenen Menschen nicht die oftmals einzige Form der Lebensrettung vorzuenthalten. Die Vorstellung über ein gelungenes Leben kann sehr abhängig vom Weiterleben des Partners sein.
Die Regelung des § 8 Abs. 1 Satz 2 TPG hatte dabei in erster Linie die nichteheliche Lebensgemeinschaft im Auge, ist aber nicht auf sie beschränkt.[212] Anhaltspunkte für die Erfüllung der Voraussetzungen sind die „gemeinsame Lebensplanung mit innerer Bindung“, an deren Annahme auch eine räumliche Trennung nichts ändert, wenn „die Bindung über einen längeren Zeitraum gewachsen ist“, was sich „anhand anderer offenkundiger Tatsachen, wie z. B. einem engen Freundschaftsverhältnis mit häufigen engen persönlichen Kontakten über einen längeren Zeitraum“ erweisen kann.[213] Einen unbestimmteren Rechtsbegriff kann man sich nach diesen Ausführungen kaum vorstellen; ein Vorteil ist jedoch, dass der Gesetzgeber, der eine enge Regelung getroffen hat, mit diesen Angaben in den Motiven viel Raum für eine weite Auslegung gelassen hat.[214] Fraglich ist an dieser Stelle, wer tatsächlich die Nähe der Beziehungen oder die Häufigkeit der Kontakte in einer Studenten-Wohngemeinschaft überprüfen oder bewerten soll.
Oft wird angeführt, es gäbe noch die Möglichkeit, eine anonyme Spende an die Vermittlungsstelle zuzulassen, da auf diese Art eine Kommunikation zwischen Spender und Empfänger und damit verbundene wirtschaftliche Druckmittel vermieden werden könnten.[215] Bei der geringen Anzahl von Menschen, die ein Organ für eine ihnen unbekannte Person spenden würden, und den bereits erwähnten Gefahren einer Kommerzialisierung des Organhandels scheint aber die Lösung des Gesetzgebers ein gelungener Kompromiss zu sein.

---

211 vgl. zur Interpretation: Bickeböller/Gosmann/Kramer/Scheuermann, ZmedEthik 44 (1998), 325ff.

212 Seidenath, MedR 1998, 253 (255); König, Strafbarer Organhandel, 1999, S. 231

213 Begründung des Entwurfes, BT-Drs. 13/4355, 10 (20f.) – als Negativabgrenzung dienen „Beziehungen, die durch vermögenswerte Vorteile bestimmt sind, z. B. bloß ökonomisch motivierte Zweckwohngemeinschaften“.

214 König, Strafbarer Organhandel, 1999, S. 232

215 Rittner/Besold/Wandel, Die anonymisierte Lebendspende nach § 9 Satz 1 TPG geeigneter Organe..., MedR 2001, 118ff.; Maier, Der Verkauf von Körperorganen, 1991, S. 28 ff., der es für denkbar hält, Spendewillige einheitlich aus Mitteln der Krankenversicherungen für ihr persönliches Opfer zu entschädigen und das so gewonnene Organ im normalen Verteilungsverfahren dem nächsten Empfänger zuzuteilen.

Das Transplantationsgesetz verlangt in § 8 I 1 neben der selbstverständlichen Einwilligungsfähigkeit auch die Volljährigkeit des Lebendspenders, was unter Rechtssicherheitsaspekten richtig erscheint. Damit bleibt die Lebendspende für Minderjährige ausgeschlossen. Außerdem bestimmt § 8 III TPG als zusätzliche verfahrensrechtliche Sicherheit, dass die inzwischen eingerichteten Gutachterkommissionen bei den Landesärztekammern jede Lebendspende auf die Freiwilligkeit der Einwilligung und auf eventuelle Anhaltspunkte für verbotenen Organhandel überprüfen sollen.[216] Diese Stellungnahme hat allerdings lediglich empfehlenden Charakter und entbindet den behandelnden Arzt nicht von seiner eigenen Prüfung der rechtswirksamen Einwilligung und der nichtkommerziellen Spendermotivation.[217]

Eine Alternative bzw. eine Ausweitung der Möglichkeiten wäre zum Beispiel die sog. Crossover- oder Überkreuz-Spende, bei der sich jeweils zwei unbekannte Ehepaare finden, bei denen jeweils einer der Partner dringend eine neue Niere benötigt, in der eigenen Familie oder bei dem eigenen Partner aber keine ausreichende Gewebeübereinstimmung oder sonstige medizinische Inkompatibilitäten bestehen.[218] Die Behandlung dieser Fälle nach dem Transplantationsgesetz ist sehr streitig. Auch hier werden Missbrauchsgefahren und andere psychologisch problematische Situationen gesehen, wenn zum Beispiel Komplikationen bei einem der Partner der Überkreuz-Transplantation auftreten, die dann dazu führen, dass vielleicht der zweite Teil der „Abmachung" nicht erfüllt wird.[219]

Grundsätzlich würde eine solche Crossover-Spende an dem nicht vorhandenen Verwandtschaftskriterium bzw. an der fehlenden besonderen persönlichen Verbundenheit im Sinne von § 8 Abs. 1 Satz 2 TPG scheitern. Allerdings gibt es auch hier schon Ansätze für einen Ausweg: Die notwendige Verbundenheit solcher Ehepaare liege nach allgemeiner Lebenserfahrung deshalb vor, weil „sich zwei Menschen mit dem gleichen elementaren, den täglichen Lebensrhythmus

---

216 Schreiber, Ausschussdrs. 603/13, 17 (20); Gutmann, Ausschussdrs. 591/13, 32 (36); Evangelische Kirche in Deutschland, Ausschussdrs. 594/13, 16 (17); vgl. Gutmann, ZRP 1994, 111 (113), der darauf hinweist, dass eine unabhängige Gutachterkommission als Kontrolle der Freiwilligkeit und des Fehlens finanzieller Motive durchaus ausreicht; ein genereller Ausschluss Nichtverwandter von der Lebendspende sei nicht nötig.

217 Gutmann, Ausschussdrs. 591/13, 32 (37)

218 Kühn, Das neue deutsche Transplantationsgesetz, MedR 1998, 455 (458), der größere Pools von Spendewilligen vorschlägt, die dann im „Ringtausch" zum jeweils richtigen Empfänger gelangen könnten.

219 Vgl. Schroth, JZ 1997, 1149 (1151), der im Zusammenhang mit dem Organhandel darauf hinweist, dass bei dieser Form der Lebendspende Besserstellungen im Sinne von immateriellen, teilweise sogar materiellen Vorteilen (Erhaltung der Arbeitskraft des Ehepartners) durchaus eine Rolle spielen können und leicht unter den Tatbestand des Handeltreibens der §§ 17 ff. TPG fallen können; vgl. auch Kühn, MedR 1998, 455 (458)

beherrschenden Leiden auf Anhieb einander verbunden fühlten", so dass schon nach kurzer Zeit ein inniges Verhältnis bestehen könne.[220]
Allerdings läuft diese Auslegung der vom Gesetzgeber gewollten Beschränkung des Spenderkreises komplett entgegen bzw. beschränkt sie doch erheblich, wenn schon auf Grund derselben Krankheit die geforderte enge, persönliche Verbundenheit angenommen wird. Wortsinn des § 8 Abs. 1 Satz 2 TPG und Motive des Gesetzgebers[221] stehen einer solchen weiten Auslegung im Prinzip entgegen, selbst wenn sie meines Erachtens einen wünschenswerten Zustand herbeiführen würde. Man kann spendewilligen Ehepaaren einer Crossover-Spende demzufolge nur raten, möglichst viele persönliche Kontakte zu pflegen, damit sie rechtzeitig vor der Transplantation in den Bereich des § 8 Abs. 1 Satz 2 TPG kommen.
Insgesamt kann festgehalten werden, dass die Regelungen zur Lebendspende im Transplantationsgesetz zunächst einmal nachvollziehbar sind. Diese Form der Organspende wird sicherlich zunehmend an Bedeutung gewinnen. Es wird noch ausführlich im Rahmen der Strafbarkeiten auf die Probleme zurückzukommen sein.

E. Regelungen im Ausland

Es soll an dieser Stelle ein kurzer Überblick über die ausländischen Regelungen gegeben werden, wobei einige Länder exemplarisch herausgegriffen werden, um die dortigen Vorschriften genauer darzustellen.[222]

---

[220] Seidenath, MedR 1998, 253 (256); zustimmend auch: König, Strafbarer Organhandel, 1999, S. 232 Fn. 1123

[221] Begründung des Entwurfes, BT-Drs. 13/4355, 10 (20f.)

[222] einen Überblick geben: Nagel/Schmidt, Transplantation, S. 53ff.; Wolfslast, Legal Aspects of Organ Transplantation: An Overview on European Law, The Journal of Heart and Lung Transplantation, July/August 1992, 160ff.; Schoeppe, Organisation der Organentnahme und Organtransplantation in Europa, in: Gesellschaft Gesundheit und Forschung e.V., 1989, 19ff.
Eine umfangreiche, tabellarische Übersicht findet sich bei: Nickel, Die Entnahme von Organen und Geweben bei Verstorbenen zum Zwecke der Transplantation, 1999, S. 31-34
Zu Regelungen außerhalb des westlichen Kulturkreises: vgl. Daar, Current practice and the legal, ethical and religious status of post mortem organ donation in the islamic world, in: Land/Dossetor, Organ Replacement Therapy: Ethics, Justice, Commerce, Berlin 1991, S. 291ff.

I. Österreich[223]

Die jetzige Regelung in Österreich geht zurück auf die Änderung des Krankenanstaltengesetzes (KAG) vom 1. Juni 1982[224]. Nach § 62a Abs. 1 Satz 1 KAG ist die Entnahme von Organen und Organteilen von Verstorbenen zulässig, „um durch deren Transplantation das Leben eines anderen Menschen zu retten oder dessen Gesundheit wiederherzustellen". Diese zunächst als reine Notstandslösung erscheinende Regelung wird durch § 62a Abs. 1 Satz 2 KAG eingeschränkt, der eine Entnahme dann als unzulässig festschreibt, wenn „den Ärzten eine Erklärung vorliegt, mit der der Verstorbene oder, vor dessen Tod, sein gesetzlicher Vertreter eine Organspende ausdrücklich abgelehnt hat". Damit gilt in Österreich die sogenannte Widerspruchslösung, die eine der weitestgehenden Lösungen im internationalen Vergleich darstellt.[225] Das Gesetz sieht keine Informationspflichten oder Wartezeiten vor, die der Arzt nutzen müsste, um eine etwaige Widerspruchserklärung überhaupt zur Kenntnis zu erhalten.[226] § 62a Abs. 1 KAG rechtfertigt eine Entnahme auch dann, wenn der Verstorbene seinen Widerspruch erklärt hat, die Erklärung dem Arzt aber unbekannt geblieben ist. Auf Grund dieses Problems wurde 1993 durch Ergänzung des § 10 Abs. 1 KAG angeordnet[227], dass Widerspruchserklärungen von Patienten gem. § 62a Abs. 1 KAG in deren Krankengeschichte zu dokumentieren sind, so dass die Sperrwirkung von § 62a Abs. 1 Satz 2 KAG in aller Regel gewährleistet ist. Seit 1995 wird durch das Österreichische Bundesinstitut für Gesundheitswesen ein sogenanntes Widerspruchsregister geführt. Die herrschende Meinung in Österreich geht davon aus, dass der entnehmende Arzt verpflichtet ist, sich vor der Explantation auf zumutbare Weise über das mögliche Vorliegen eines Widerspruchs zu informieren.[228]

Insgesamt kann man sagen, dass das österreichische Transplantationsrecht in erster Linie an den Bedürfnissen der Empfänger orientiert ist und den Menschen

---

223 zur Regelung in Österreich umfassend: Kopetzki, Organgewinnung zu Zwecken der Transplantation, 1988; Nickel, Die Entnahme von Organen, S. 22ff.; Kühn, Die Motivationslösung, 1998, S. 32 ff.; Wolfslast, Transplantationsrecht im europäischen Vergleich, ZTxMed 1/1989, 43 ff.; Heuer/Schreiber, Auswirkungen der gesetzlichen Neuregelungen der Transplantation auf die Klinik, in: Chirurgische Operationslehre, S. 100 ff.; Eder-Rieder, ÖJZ 1984, 289ff.; Gruber, MMG 13 (1988), 205ff.; Margreiter, Regelung und Regelungsbedarf im Transplantationswesen aus österreichischer Sicht, Politische Studien Bd. 339, 1995, 50ff.

224 ÖBGBl. Nr. 273/1982, S. 1161 ff.

225 vgl. Nickel, Die Entnahme von Organen, S. 26, 27: die strikte Widerspruchslösung ohne eine gesetzlich vorgesehene Beteiligung der Angehörigen findet sich ansonsten noch in Luxemburg, Polen, Portugal, Spanien, Tschechien und Ungarn.

226 Vgl. Eder-Rieder, ÖJZ 1984, 289 (290)

227 ÖBGBl. Nr. 801/1993, S. 6829 ff.

228 Kühn, Die Motivationslösung, 1998, S. 36

die Pflicht auferlegt, sich gegen eine Organentnahme zu äußern, wenn dies ihr Wille ist. Bei Gleichgültigkeit gegenüber Fragen der Transplantation bzw. des Umgangs mit der eigenen Leiche wird durch § 62a KAG zu Gunsten der für den Empfänger lebensrettenden Explantation entschieden.

II. Belgien[229]

Das belgische Gesetz vom 13.06.1986 führte in Art. 10 § 1 im Grundsatz ebenfalls eine Widerspruchslösung ein, die jedoch nur für eigene Staatsangehörige mit Wohnsitz in Belgien gilt[230] - anders als der österreichische § 62a Abs. 1 KAG, der für Ausländer, die Österreich nur bereisen, ebenso gilt wie für Inländer. Art. 10 § 2 des belgischen Gesetzes bestimmt, dass auch Minderjährige, wenn sie einsichtsfähig sind, einen Widerspruch äußern können, ebenso wie die Angehörigen.

Art. 10 § 4 räumt den Angehörigen das Recht ein, einen Widerspruch zu erklären, auch wenn der nun verstorbene Organspender keinen eigenen Widerspruch geäußert hatte. Diese Möglichkeit entfällt allerdings dann, wenn der Betroffene zu Lebzeiten ausdrücklich einer Organentnahme zugestimmt hat, sich also hat registrieren lassen. Diese Registrierung mit Hilfe von Standardformularen in den Gemeindeverwaltungen sichert sowohl die Erfassung von Widersprüchen als auch die von Spendeerklärungen, die Angehörige dann zu respektieren haben, und wird zentral im Ministerium für Volksgesundheit und Familie geführt. Im Mai 1995 waren 189.617 Widersprüche und 4745 Einwilligungen registriert.[231] Dieses nationale Entscheidungsregister wird allgemein als vorbildlich anerkannt und gewährleistet eine große Rechtssicherheit.

Eine solche erweiterte Widerspruchslösung wie in Belgien mit einem gesetzlich eingeräumten Einspruchsrecht der nächsten Angehörigen gilt ebenfalls in Finnland und Russland.[232]

---

[229] vgl. umfassend: Kerremans, Regelung und Regelungsbedarf im Transplantationswesen aus belgischer Sicht, Politische Studien Bd. 339, 1995, 55ff.; Wolfslast, Transplantationsrecht im europäischen Vergleich, ZTxMed 1/1989, 43 (45); Kühn, Die Motivationslösung, 1998, S. 37; Nickel, Die Entnahme von Organen, S. 27

[230] vgl. Wolfslast, Transplantationsrecht im europäischen Vergleich, ZTxMed 1/1989, 43 (45); Nickel, Die Entnahme von Organen, S. 27 Fn. 130

[231] vgl. Nickel, Die Entnahme von Organen, S. 29

[232] vgl. Nickel, Die Entnahme von Organen, S. 27: § 4 des Finnischen Gesetzes Nr. 355 vom 26.04.1985; Art. 8 des Russischen Transplantationsgesetzes vom 22.12.1992

III. Frankreich[233]

Das Gesetz in Frankreich stammt von 1976, wurde aber 1994 umfassend überarbeitet und ist nunmehr Bestandteil des 6. Buches des französischen Gesundheitsgesetzbuches (Code de Santé Publique). Das französische Transplantationsrecht regelt sowohl die postmortale als auch die Lebendspende. Letztere ist in wesentlichen Zügen mit der deutschen Regelung in § 8 TPG vergleichbar. Die Lebendspende muss freiwillig und unentgeltlich sein und ist nur unter nahen Verwandten und Angehörigen möglich. Bei Minderjährigen ist ausschließlich unter bestimmten Bedingungen die Entnahme von Knochenmark zur Übertragung auf Geschwister erlaubt.
Die postmortale Transplantation ist grundsätzlich auch im Rahmen einer Widerspruchslösung geregelt. Eine Organentnahme ist dann zulässig, wenn diese therapeutischen oder wissenschaftlichen Zwecken dient und der Verstorbene zu Lebzeiten seinen entgegenstehenden Willen nicht zum Ausdruck gebracht hat, Art. 671-7 al. 2 code sant. publ.. Bei Minderjährigen müssen die gesetzlichen Vertreter schriftlich zustimmen. Der Widerspruch kann sonst auf jede Weise erklärt werden; der Arzt darf dann nicht explantieren, wenn er auf Grund eines Schriftstückes oder durch Dritte Kenntnis eines entgegenstehenden Willens des Verstorbenen erlangt hat. Dabei ist gesetzlich vorgeschrieben, dass die Angehörigen informiert werden müssen.[234] Ihnen steht dann aber kein eigenes Widerspruchsrecht zu. Auch hier ist die Einrichtung eines automatisierten Widerspruchsregisters geplant.
Eine ähnliche Informationslösung mit der gesetzlich vorgesehenen Informationspflicht der nächsten Angehörigen findet sich ebenfalls in Italien, Lettland, Liechtenstein, Norwegen, Schweden und Zypern.[235]

IV. Großbritannien[236]

Der Human Tissue Act (HTA) von 1961 verbindet Elemente einer Widerspruchslösung mit denen einer Zustimmungslösung und sieht keine Regelung zur Lebendspende vor. Der Gewahrsamsinhaber der Leiche kann eine Explanta-

---

233 vgl. umfassend zur Regelung in Frankreich: Jung, Die französische Rechtslage auf dem Gebiet der Transplantationsmedizin, MedR 1996, 355 ff.; Kühn, Die Motivationslösung, 1998, S. 39 ff.; zur Rechtslage vor 1994: vgl. Wolfslast, Transplantationsrecht im europäischen Vergleich, ZTxMed 1/1989, 43 (45)

234 vgl. Nickel, Die Entnahme von Organen, S. 27

235 vgl. Nickel, Die Entnahme von Organen, S. 27 Fn. 135-141

236 vgl. Nickel, Die Entnahme von Organen, S. 28; Kühn, Die Motivationslösung, 1998, S. 42 ff.

tion gestatten, wenn der Verstorbene zu Lebzeiten seine Zustimmung zu einer bestimmten Verwendung seiner Organe gegeben hat. Der rechtmäßige Besitzer der Leiche (in der Regel der Krankenhausarzt) kann aber auch dann eine Organentnahme gestatten, wenn er, nachdem er diesbezüglich zumutbare Feststellungen unternommen hat, zum Ergebnis kommt, dass weder der Verstorbene selbst noch sein Partner oder andere nahe Verwandte sich gegen eine derartige Entnahme ausgesprochen haben bzw. aussprechen, Sec. 1 (1, 2) HTA. Damit gilt in Großbritannien für die Fälle, in denen sich der Betroffene nicht geäußert hatte, eher eine Widerspruchslösung. Das Gesetz bestimmt im Übrigen für Zuwiderhandlungen keine Sanktionen, so dass zumindest Zweifel an der Durchsetzbarkeit der Bestimmungen bestehen.
Die Bürger haben aber seit dem 01.04.1995 die Möglichkeit, ihre Bereitschaft zur postmortalen Organspende in einem bei der United Kingdom Transplant Support Service Authority geführten Register vormerken zu lassen.[237]

V. Niederlande[238]

Das niederländische Transplantationsgesetz vom 24. Mai 1996[239] beinhaltet die sog. erweiterte Zustimmungslösung für den Bereich der postmortalen Spende, Regelungen zur Lebendspende und legt den Hirntod als maßgebliches Todeskriterium fest. Registriert werden kann sowohl eine Zustimmung zur Organspende als auch ein Widerspruch, und zwar vom 12. Lebensjahr an, wenn der Minderjährige „zu einer vernünftigen Bewertung der Angelegenheit in der Lage ist". Die Entscheidung kann auch einer bestimmten Person übertragen werden. Die Gemeindeverwaltungen halten für jegliche Erklärungen standardisierte Formulare bereit. Dieses Formular wird jedem Einwohner mit Vollendung des 18. Lebensjahres zugesandt. Ist keine Erklärung des Betroffenen vorhanden, können die Angehörigen die Zustimmung erteilen. Ist niemand erreichbar, darf nicht transplantiert werden. Insgesamt erfasst das niederländische Transplantationsgesetz jeden für die Organtransplantation relevanten Bereich und stellt eine umfassende, konsequente Lösung dar.

---

[237] vgl. Nickel, Die Entnahme von Organen, S. 30

[238] Heuer/Schreiber, Auswirkungen der gesetzlichen Neuregelungen der Transplantation auf die Klinik, in: Chirurgische Operationslehre, S. 100 (103); Kühn, Die Motivationslösung, 1998, S. 45 ff.; zur Situation in den Niederlanden vor Einführung des Gesetzes: Akveld, Überlegungen zu einem Transplantationsgesetz, ZTxMed 3/1989, 36ff.

[239] Staatsblatt 1996, Nr. 370, Art. 11

Die erweiterte Zustimmungslösung des deutschen und niederländischen Gesetzes liegt ebenfalls den Regelungen in Dänemark, Griechenland, Irland, Island, Litauen, Malta, Rumänien, Türkei und den USA zu Grunde.[240]

VI. Schweiz[241]

Auf Bundesebene finden sich weder auf Verfassungs- noch auf Gesetzesstufe Bestimmungen, die sich ausdrücklich auf die Transplantationsmedizin beziehen. Doch auch in der Schweiz stehen die Betroffenen nicht ohne Rechtsschutz da. Zu erwähnen sind die Bestimmungen über den zivilrechtlichen Persönlichkeitsschutz (Art. 27, 28 ff. ZGB), über Körperverletzung (Art. 122 ff. StGB) oder Nötigung (Art. 181 StGB). Diese bundesrechtlichen Normen stecken den Rahmen für kantonale Regelungen ab. Fast alle der Schweizer Kantone haben in den jeweiligen Gesundheitsgesetzgebungen Bestimmungen über die Organtransplantation getroffen. Hauptsächlich befasst sich allerdings die Schweizerische Akademie der medizinischen Wissenschaften (SAMW) mit der Statuierung von Richtlinien zum Transplantationswesen[242], die keine direkten rechtlichen Wirkungen entfalten, aber doch berufsständische Sanktionen nach sich ziehen können.[243]

Dabei findet sich in den Kantonen vorwiegend eine Widerspruchslösung, die aber eher einer Informationslösung angenähert ist. Das bedeutet, dass derjenige selbst zu Lebzeiten oder seine Angehörigen nach seinem Tod auf die Widerspruchsmöglichkeit hingewiesen werden müssen, um eine Explantation zu rechtfertigen. Das Fehlen einer bundeseinheitlichen Regelung wird in der Schweiz vielfach beklagt; genannt sei hier nur das Problem der fehlenden Strafbarkeit des Organhandels. Effektive Strafvorschriften zur Unterbindung einer

---

[240] vgl. Nickel, Die Entnahme von Organen, S. 28 Fn. 142-155 mit genaueren Gesetzesfundstellen; vgl. Kloth, Todesbestimmung und postmortale Organentnahme, S. 205ff.:
In vielen Bundesstaaten der USA wird das sog. „required-request-model" praktiziert, wonach die Bürger in bestimmten Situationen, insbesondere bei der Führerscheinverlängerung oder bei einer Krankenhausaufnahme, nach ihren Wünschen hinsichtlich einer potentiellen Organentnahme befragt werden.

[241] vgl. umfassend zur Regelung in den Schweizer Kantonen: Schöning, Rechtliche Aspekte der Organtransplantation unter besonderer Berücksichtigung des Strafrechts, Zürich 1996; Butz, Organspende aus der Sicht des Juristen, SÄZ 1987, Heft 41, 1826ff.

[242] Zur Todesfeststellung genügt beispielsweise ein Arzt, der aber unabhängig vom Transplantationsteam sein muss (Richtlinien der Schweizerischen Akademie für medizinische Wissenschaften, abgedruckt in: SÄZ 35/1995, 1389 (1390)

[243] vgl. Heuer/Schreiber, in: Chirurgische Operationslehre, 100 (104)

Kommerzialisierung sind nicht vorhanden, da die Kantone in diesem Bereich nicht zur Gesetzgebung befugt sind.[244]
Auf dem Weg zu einer umfassenden Regelung auf Bundesebene ist am 7. Februar 1999 über den Verfassungsartikel 24 abgestimmt worden, der seitdem die Grundlage für ein detailliertes Transplantationsgesetz bildet. Die Verfassungsbestimmung verbietet den Handel mit Organen und verpflichtet den Bund, im Rahmen der Transplantationsmedizin für den Schutz der Menschenwürde, der Persönlichkeit und der Gesundheit sowie für eine Gleichbehandlung bei der Zuteilung der Spenderorgane zu sorgen.[245]
In der Schweiz ist derzeit die Debatte über die Transplantationsmedizin und ihre Zukunftsperspektiven in vollem Gange. Das Transplantationsgesetz soll 2004 in Kraft treten und wird voraussichtlich dann ebenfalls eine erweiterte Zustimmungslösung beinhalten; die Lebendspende soll nicht mehr zwingend an das Verwandtschaftskriterium gebunden sein.[246]

Als Ergebnis lässt sich zunächst nur so viel festhalten: alle erwähnten Länder haben zumindest die erweiterte Zustimmungslösung, wenn nicht sogar Informations- oder Widerspruchslösungen in ihren Gesetzen verankert. Hätten wir in Deutschland die enge Zustimmungslösung bekommen, wären wir in einer Außenseiterposition, in der sich zur Zeit nur noch Japan befindet.[247] Im Sinne einer europäischen Zusammenarbeit insbesondere im Bereich der Organverteilung zeigt sich die verabschiedete erweiterte Zustimmungslösung als der einzig gangbare Weg.

---

[244] zur aktuellen Situation vgl.: Dormann, Ja zum neuen Verfassungsartikel, Neue Zürcher Zeitung v. 19.01.1999, S. 25; Gonseth, Nein zur Xenotransplantation, Neue Zürcher Zeitung v. 19.01.1999, S. 25

[245] „Die Meinung der NZZ", Neue Zürcher Zeitung v. 19.01.1999, S. 25

[246] Richter, DÄBl. 2001, C 1922

[247] vgl. Nickel, Die Entnahme von Organen, S. 28: In Japan ist die Organentnahme nur zulässig, wenn der Organspender persönlich schriftlich eingewilligt hatte, Organe zu spenden und die ärztliche Hirntodfeststellung bei ihm durchzuführen. Zusätzlich haben die Angehörigen das Recht, trotz vorliegender Einwilligung des Verstorbenen einer Organentnahme oder einer Hirntodfeststellung zu widersprechen (Art. 6 Abs. 1, 3 Gesetz Nr. 104 vom 16.07.1997)

2. Kapitel: Rechtfertigung der Organentnahme durch Notstand

Bevor es um eine Rechtfertigung des Organentnahme durch § 34 StGB gehen kann, ist zunächst festzustellen, welche Straftatbestände durch den Arzt erfüllt werden, der ohne Zustimmung ein Organ bei einem Hirntoten entnimmt.
Auch für die andere Alternative, die Lebendspende, sollen die Strafvorschriften geprüft werden. Hier ist z. B. der Fall denkbar, dass ein Arzt etwa mit Zustimmung der Person, die dem Empfänger aber nicht nahe steht im Sinne von § 8 Abs. 1 Satz 2 TPG, eine Niere entnimmt, um diese dem Empfänger zur Lebensrettung zu implantieren.
Notstandssituationen kann man sich dann schließlich noch auf der Verteilungsseite vorstellen, wenn etwa ein Arzt ein zur Verfügung stehendes Organ nicht bei Eurotransplant anmeldet und so nicht der nächste Patient auf der Warteliste berücksichtigt wird, sondern ein unmittelbar Sterbenskranker auf der Station des betreffenden Arztes.

A. Strafbarkeiten

Im sechsten und siebten Abschnitt des Transplantationsgesetzes findet sich neben Melde-, Datenschutz- und Aufbewahrungsbestimmungen noch ein detaillierter Straf- und Bußgeldvorschriftenkatalog, der erstmals ein Nichteinhalten der genannten Vorschriften unter Strafe stellt. Das strafbewehrte Verbot des Organhandels in § 17 TPG wird einhellig für richtig erachtet.[248] Die Ausnutzung gesundheitlicher Notlagen von potentiellen Empfängern und wirtschaftlicher Notlagen von potentiellen Spendern ist kriminelles Unrecht und soll unterbunden werden.[249]
Zunächst sei kurz der Wortlaut der in Frage kommenden Verbotsvorschriften, die für oben bereits genanntes Verhalten einschlägig sein könnten, wiedergegeben:

---

[248] vgl. dazu umfassend: Sasse, Zivil- und strafrechtliche Aspekte der Veräußerung von Organen Verstorbener und Lebender, 1996; König, Strafbarer Organhandel, 1999; Kühl, Ausschussdrs. 618/13, 1 (4)
[249] Kühl, Ausschussdrs. 618/13, 1 (4)

Sechster Abschnitt
Verbotsvorschriften

§ 17 Verbot des Organhandels

(1) Es ist verboten, mit Organen, die einer Heilbehandlung zu dienen bestimmt sind, Handel zu treiben. Satz 1 gilt nicht für

1. die Gewährung oder Annahme eines angemessenen Entgelts für die zur Erreichung des Ziels der Heilbehandlung gebotenen Maßnahmen, insbesondere für die Entnahme, die Konservierung, die weitere Aufbereitung einschließlich der Maßnahmen zum Infektionsschutz, die Aufbewahrung und die Beförderung der Organe, sowie
2. Arzneimittel, die aus oder unter Verwendung von Organen hergestellt sind und den Vorschriften des Arzneimittelgesetzes über die Zulassung oder Registrierung unterliegen oder durch Rechtsverordnung von der Zulassung oder Registrierung freigestellt sind.

(2) Ebenso ist verboten, Organe, die nach Absatz 1 Satz 1 Gegenstand verbotenen Handeltreibens sind, zu entnehmen, auf einen anderen Menschen zu übertragen oder sich übertragen zu lassen.

Siebter Abschnitt
Straf- und Bußgeldvorschriften

§ 18 Organhandel

(1) Wer entgegen § 17 Abs. 1 Satz 1 mit einem Organ Handel treibt oder entgegen § 17 Abs. 2 ein Organ entnimmt, überträgt oder sich übertragen lässt, wird mit Freiheitsstrafe bis zu fünf Jahren oder mit Geldstrafe bestraft.

(2) Handelt der Täter in den Fällen des Absatzes 1 gewerbsmäßig, ist die Strafe Freiheitsstrafe von einem Jahr bis zu fünf Jahren.

(3) Der Versuch ist strafbar.

(4) Das Gericht kann bei Organspendern, deren Organe Gegenstand verbotenen Handeltreibens waren, und bei Organempfängern von einer Bestrafung nach Absatz 1 absehen oder die Strafe nach seinem Ermessen mildern (§ 49 Abs. 2 des Strafgesetzbuches).

§ 19 Weitere Strafvorschriften

(1) Wer entgegen § 3 Abs. 1 oder 2 oder § 4 Abs. 1 Satz 2 ein Organ entnimmt, wird mit Freiheitsstrafe bis zu drei Jahren oder mit Geldstrafe bestraft.

(2) Wer entgegen § 8 Abs. 1 Satz 1 Nr. 1 Buchstabe a, b, Nr. 4 oder Satz 2 ein Organ entnimmt, wird mit Freiheitsstrafe bis zu fünf Jahren oder mit Geldstrafe bestraft.

(3) Wer entgegen § 2 Abs. 4 Satz 1 oder 3 eine Auskunft erteilt oder weitergibt

oder entgegen § 13 Abs. 2 Angaben verarbeitet oder nutzt oder entgegen § 14 Abs. 2 Satz 1 bis 3 personenbezogene Daten offenbart, verarbeitet oder nutzt, wird, wenn die Tat nicht in § 203 des Strafgesetzbuchs mit Strafe bedroht ist, mit Freiheitsstrafe bis zu einem Jahr oder mit Geldstrafe bestraft.

(4) In den Fällen der Absätze 1 und 2 ist der Versuch strafbar.

(5) Handelt der Täter in den Fällen des Absatzes 1 fahrlässig, ist die Strafe Freiheitsstrafe bis zu einem Jahr oder Geldstrafe.

§ 20 Bußgeldvorschriften

(1) Ordnungswidrig handelt, wer vorsätzlich oder fahrlässig

1. entgegen § 5 Abs. 2 Satz 3 die Feststellung der Untersuchungsergebnisse oder ihren Zeitpunkt nicht, nicht richtig, nicht vollständig oder nicht in der vorgeschriebenen Weise aufzeichnet oder nicht unterschreibt,
2. entgegen § 9 ein Organ überträgt,
3. entgegen § 10 Abs. 2 Nr. 4, auch in Verbindung mit Abs. 3, die Organübertragung nicht oder nicht in der vorgeschriebenen Weise dokumentiert oder
4. entgegen § 15 Satz 1 eine dort genannte Unterlage nicht oder nicht mindestens zehn Jahre aufbewahrt.

(2) Die Ordnungswidrigkeit kann in den Fällen des Absatzes 1 Nr. 1 bis 3 mit einer Geldbuße bis zu fünfzigtausend Deutsche Mark, in den Fällen des Absatzes 1 Nr. 4 mit einer Geldbuße bis zu fünftausend Deutsche Mark geahndet werden.

I. Regelung als Blankettstrafgesetz im Nebenstrafrecht

Der Gesetzgeber hat diese Tatbestände nicht in das Kernstrafrecht aufgenommen, wie es einmal angedacht worden war[250], sondern hat sie in das Transplantationsgesetz integriert. § 17 TPG bildet dabei die Voraussetzung für die in §§ 18, 19 TPG normierte Strafbarkeit des gewinnorientierten Umgangs mit menschlichen Organen. § 18 ist insofern eine Blankett-Vorschrift, die durch § 17 TPG ausgefüllt wird.

---

[250] Der erste Referentenentwurf des Bundesministeriums der Justiz zu einem Strafrechtsänderungsgesetz gegen den Organhandel von 1991 schlug vor, in den 25. Abschnitt des Strafgesetzbuchs („Strafbarer Eigennutz“) einen neuen § 302 einzufügen, der den Handel mit menschlichen Organen unter Strafe stellen sollte. Zu Recht wurde damals kritisiert, dass eine isolierte Regelung des Organhandels ohne Lösung der übrigen Unklarheiten bei der Organtransplantation keinen Sinn mache, vgl. Lührs, ZRP 1992, 302 (303). Dem ersten Referentenentwurf folgte 1993 ein zweiter, der nach grundlegender Überarbeitung nunmehr in § 298 StGB einen Tatbestand „Handel mit menschlichen Organen“ schaffen wollte. Darauf folgte schließlich der Regierungsentwurf von 1994 eines Strafrechtsänderungsgesetzes – Organhandel (BR-Drs. 875/94; BT-Drs. 13/587).

Kennzeichen des Blankettstrafgesetzes im weiteren Sinne ist es, dass sich der vollständige Straftatbestand erst aus der Verbindung eines Gebots oder Verbots mit der Blankettsanktionsnorm ergibt.[251] Diese Gesetzgebungstechnik findet sich in weiten Bereichen des Nebenstrafrechts und des Ordnungswidrigkeitenrechts[252] und hat den Vorteil, dass sich gerade bei sehr speziellen Rechtsmaterien eine Überfrachtung der eigentlichen Strafnorm vermeiden lässt. Das Spezialgesetz regelt – häufig umfangreich - materiell, was der Normadressat zu tun oder zu unterlassen hat; die Strafnorm tritt nur als zusätzliches Mittel zu deren Durchsetzung hinzu und bleibt selbst lesbar und verständlich.[253]

Gerade diese Aufspaltung ist aber auch Ansatzpunkt für Kritik, die in erster Linie darauf abzielt, dass erst eine Zusammenschau der Normen dem Rechtsunterworfenen den tatsächlichen Regelungsgehalt der Strafvorschrift näher bringe.[254] Damit verbunden bestehe die Gefahr, dass das Bestimmtheitsgebot des Art. 103 Abs. 2 GG verletzt wird.[255]

Die Regelungen der §§ 17 ff. TPG sind insofern unproblematisch, als der Gesetzgeber innerhalb desselben Gesetzes Normbefehle aufstellt (§§ 3, 4, 8, 17 TPG) und die Folgen deren Verletzung unter klarer Bezugnahme regelt (§§ 18, 19 TPG).[256] Gleichwohl bestehen in einzelnen Punkten erhebliche Schwierigkeiten, wie im Folgenden noch näher darzustellen sein wird, die in erster Linie aber auf unklare Begrifflichkeiten in den genannten Vorschriften zurückzuführen sind. Solche Unklarheiten mögen in vielen Bereichen des Nebenstrafrechts hinnehmbar sein, da es sich meist um Fachgesetze handelt, die sich an mit der Materie vertraute Normadressaten richten.[257] Das Transplantationsgesetz gilt aber neben Ärzten vor allem für den Spender und den Empfänger potentieller Organe, also Laien im Bereich der Transplantationsmedizin bzw. deren rechtlicher Regelung, die eher Schwierigkeiten haben werden, ihr Verhalten auf die Rechtslage abzustimmen.

Wohl bedingt durch die Regelung im Nebenstrafrecht und nicht so sehr durch die Technik des Blankettstrafgesetzes sind Konkurrenzen zu anderen Strafvor-

---

[251] Tröndle/Fischer, StGB, § 1 Rn. 5; Sch/Sch/Eser, StGB, Vorbem. § 1 Rn. 3

[252] Auch im Kernstrafrecht gibt es sog. Blankette: etwa die durch das Korruptionsbekämpfungsgesetz vom 13. August 1997 eingeführten §§ 298, 299 StGB, die ohne Hinzuziehung des UWG bzw. des GWB nicht näher in ihren Tatbestandsmerkmalen ausgefüllt werden können.

[253] Vgl. Kühl, in: FS für Lackner, S. 815 (820)

[254] Bockelmann/Volk, StrafR AT, S. 76 ff.; LK-Schroeder, StGB, § 16 Rn. 39; Sch/Sch/Cramer, StGB, § 15 Rn. 99 ff.; der Vorsatzbezug könne in solchen Fällen insbesondere zweifelhaft sein.

[255] Zur Geltung des Bestimmtheitsgebots auch für Blankettstrafgesetze: vgl. Tröndle/Fischer, StGB, § 1 Rn. 5 m.w.N.

[256] vgl. König, Strafbarer Organhandel, 1999, S. 139

[257] BVerfGE 48, 48 (57)

schriften des Strafgesetzbuches nicht beachtet bzw. geregelt worden.[258] Auch darauf wird noch zurückzukommen sein.

II. Schutzzweck und Anwendungsbereich

Auf Grund der derzeitigen Knappheit an Organen besteht die Befürchtung, dass Dritte die gesundheitlichen Notlagen potentieller Organempfänger ausnutzen und mit der Mangelware Organ Geld verdienen wollen.[259] Ebenso könnten die Anreize für Lebendspender zunehmen, gegen Zahlung einer erheblichen Entschädigungssumme ihre eigenen Organe zur Verfügung zu stellen.
Schutzobjekte des § 17 TPG sind daher neben der körperlichen Integrität und Entscheidungsfreiheit des Lebenden auch die durch Art.1 GG garantierte Menschenwürde, die über den Tod hinaus Schutzwirkung entfaltet, sowie das Pietätsgefühl der Allgemeinheit und die Integrität des Transplantationswesens.[260] Die Garantie der Menschenwürde werde verletzt, so die Entwurfsbegründung, wenn der Mensch bzw. seine sterblichen Reste zum Objekt finanzieller Interessen würden.[261]
Gegenstand der Regelung nach § 17 Abs. 1 Satz 1 TPG ist nur das Handeltreiben mit Organen, die einer Heilbehandlung zu dienen bestimmt sind.[262] Nicht erfasst wird die Abgabe von Körpersubstanzen zu anderen Zwecken, z. B. zur Feststellung der Todesursache, zu Ausbildungs- und Forschungszwecken.[263]
Die Vorschrift gilt für die in § 9 TPG genannten Organe, die nach § 21 Nr. 1 TPG keine Arzneimittel mehr sind, ebenso wie für Arzneimittel, die zwar aus oder unter Verwendung von Organen im Sinne des § 1 Abs. 1 Satz 1 TPG hergestellt sind, aber nicht die weiteren in Nummer 2 genannten Voraussetzungen erfüllen. Darunter fallen z. B. Knochentransplantate, Zellisolate aus Gewebe der Beischilddrüsen und Knochengelenke.

---

[258] vgl. König, Strafbarer Organhandel, 1999, S. 139, 140; Schroth, JZ 1997, 1149ff.
[259] vgl. BT-Drs. 13/4355, 10 (15, 29)
[260] vgl. zu den gesetzgeberischen Motiven: König, Strafbarer Organhandel, 1999, S. 25, 26
[261] BT-Drs. 13/4355, 10 (29); durch Einfügung des neuen § 7 TPG (Auskunftspflicht) haben sich die folgenden Paragraphen im Vergleich zum Gesetzentwurf jeweils um eine Ziffer verschoben, so dass die Entwurfsbegründung zu § 16 TPG inhaltlich dem heutigen § 17 TPG entspricht
[262] vgl. dazu § 1 Abs. 1 TPG, der die Anwendbarkeit der Regelungen des Gesetzes davon abhängig macht, ob die Spende/Entnahme *zum Zwecke der Übertragung auf einen anderen Menschen* erfolgt. Der Anwendungsbereich des Gesetzes ansonsten ist deshalb auch dann eröffnet, wenn die Übertragung des Organs nicht der Heilbehandlung, sondern etwa rein kosmetischen oder rein wissenschaftlichen Zwecken dient.
[263] Begründung des Entwurfes, BT-Drs. 13/4355, 10 (29)

Satz 2 Nr. 2 stellt auf die formalen arzneimittelrechtlichen Kriterien der Zulassungs- oder Registrierungspflicht ab. Vom Verbot des § 17 Absatz 1 Satz 1 sind diejenigen Arzneimittel ausgenommen, die in jedem Fall vor dem Inverkehrbringen auf Qualität, Wirksamkeit und Unbedenklichkeit gem. §§ 21 ff., 38 ff. AMG[264] behördlich überprüft werden müssen oder im Hinblick auf diese Anforderungen bestimmten Rechtsverordnungen[265] genügen müssen. Darunter fallen z. B. Präparate aus harter Hirnhaut, aus Augenhornhaut oder Knochenpräparate.

Die Ausschlusstatbestände des § 17 Abs. 1 Satz 2 zielen darauf ab zu verhindern, dass durch das Verbot des kommerziellen Umgangs mit den meisten Organen Lebender und Verstorbener dem für die Versorgung der Bevölkerung weiterhin unabdingbaren (entgeltlichen) Umgang mit Therapeutika, die Organe sind oder aus Körpersubstanzen hergestellt werden, die Grundlage entzogen wird.[266]

III. Strafbarkeit gem. §§ 17, 18 TPG - Das Merkmal des Handeltreibens

Gemeinsame Voraussetzung aller drei Tatbestandsvarianten des § 17 Abs. 2 TPG (Entnahme, Übertragung, Sichübertragenlassen) und Tathandlung des zusammengesetzten Straftatbestandes der §§ 17 Abs. 1, 18 Abs. 1 TPG ist das Handeltreiben mit den bezeichneten Körpersubstanzen, wobei für den Begriff des Handeltreibens auf das Betäubungsmittelgesetz (§§ 3 Abs. 1 Nr. 1, 29 Abs. 1 Satz 1 Nr. 1, 29a – 30a BtMG) zurückgegriffen wird.[267] Danach ist unter Handeltreiben jede eigennützige, auf Güterumsatz gerichtete Tätigkeit zu verstehen, selbst wenn es sich nur um eine gelegentliche, einmalige oder vermittelnde Tätigkeit handelt.[268] Typischerweise werde damit die gewerbliche Organvermittlung erfasst.[269]

Die Entwurfsbegründung geht dabei insgesamt von einem recht weit gefassten Begriff des Handeltreibens aus, wenn ausgeführt wird, ein Erfolg der Tätigkeit sei nicht erforderlich. Es sei nicht nur der Kauf zum Zwecke des Weiterverkaufs

---

[264] oder gem. § 1 der Verordnung über radioaktive oder mit ionisierenden Strahlen behandelte Arzneimittel

[265] Standardzulassungen, Standardregistrierungen nach den §§ 36, 39 AMG

[266] vgl. König, Strafbarer Organhandel, 1999, S. 142

[267] kritisch dazu: Kühl, Ausschussdrs. 626/13, 2 (4), der vor einer weiten Auslegung des Begriffs „Handeltreiben" warnt und vorschlägt, die einzelnen Tathandlungen genauer zu benennen, etwa An- und Verkauf von Organen, Vermitteln von Transplantationen etc.

[268] vgl. die umfangreiche Rechtsprechung: RGSt 51, 379 (380); 52, 169 (170); 53, 310 (313, 316); BGHSt 6, 246 (247); 25, 290 (291); 28, 308 (309); 29, 239 (240) sowie aus der Literatur bspw. Körner, BtMG, § 29 Rn. 140 m.w.N.

[269] Begründung des Entwurfes, BT-Drs. 13/4355, 10 (30)

erfasst; bereits der Abschluss eines schuldrechtlichen Verpflichtungsgeschäfts über Organe, Organteile oder Gewebe, Verhandlungen vor Vertragsabschluss, Verkaufsangebote, selbst ernsthafte, wenngleich misslungene Ankaufbemühungen in Weiterveräußerungsabsicht seien auf Umsatz gerichtet und stellten vollendetes Handeltreiben dar.[270]

Das deutsche Transplantationsgesetz ist dabei internationalen Vorgaben der Weltgesundheitsorganisation[271] und des Menschenrechtsübereinkommens zur Biomedizin[272] gefolgt, wonach der menschliche Körper oder Teile davon als solche nicht zur Erzielung eines finanziellen Gewinns verwendet werden dürfen. Damit wurde von ökonomisch ausgerichteten Modellen[273] klar Abstand genommen, worin sich im Übrigen die unterschiedlichen vorgelegten Entwürfe einig waren.[274]

Die im Drogenbereich angesichts der Gefährlichkeit für den Abnehmer und der Heimlichkeit des Handels gebotene weite Auslegung des Begriffes „Handeltreiben" passt nun aber nicht unbedingt auf den Organhandel.[275] Schon das Objekt des Handeltreibens an sich ist grundlegend verschieden. Im Betäubungsmittelstrafrecht geht es um unstreitig gefährliche Stoffe, die dem Kernbereich Organisierter Kriminalität zuzurechnen sind, während hier im Rahmen des Transplantationsgesetzes nutzbringende, meist sogar lebenserhaltende Körpersubstanzen in Frage stehen.[276]

Selbst in Anbetracht der oben bereits erwähnten Berichte von skrupellosen, meist ausländischen Organhändlern lässt sich nicht sagen, dass es im Bereich des Transplantationswesens etwas den Drogenkartellen Vergleichbares mit dem dazugehörigen mittleren und kleinkriminellen Abnehmerkreis in Deutschland gibt.[277] Auch steht die Ressource „Mensch" nicht in dem Maße zur Verfügung wie die Ressource Rauschgift, d. h. ein wirklicher Handel wird mangels Angebot und verhältnismäßig geringer Nachfrage nicht entstehen. Außerdem benötigt man – anders als beim Genuss illegaler Drogen – immer noch einen Arzt, der bereit ist, kriminell gehandelte Organe zu entnehmen bzw. zu übertragen.[278]

---

270 Begründung des Entwurfes, BT-Drs. 13/4355, 10 (30)

271 Beschluss auf der 44. Versammlung vom 13.05.1991

272 Beschluss des Europarates vom 19.11.1996

273 vgl. etwa: Schroeder, ZRP 1997, 265ff.

274 Auch der Gesetzentwurf von Bündnis 90/Die Grünen (BT-Drs. 13/2926) stellte in seinem § 28 den Organhandel unter Strafe.

275 Kühl, Ausschussdrs. 618/13, 1 (4)

276 König, Strafbarer Organhandel, 1999, S. 151

277 Nickel, Die Entnahme von Organen, S. 184 verweist auf eine Jahresbilanz der DSO, wonach sich in Deutschland bisher 47 Patienten aus dem Ausland eine Niere „gekauft" haben sollen.

278 König, Strafbarer Organhandel, 1999, S. 152

Bei den erwähnten Unterschieden sollte zumindest die Frage erlaubt sein, ob nicht ein anderer Begriff hätte gefunden werden können, der noch nicht so besetzt ist wie das Handeltreiben.
Um den Schutzzweck zu erreichen und zu verhindern, dass gesundheitliche Notlagen von Empfängern und wirtschaftliche Notlagen von Spendern ausgenutzt werden, wird teilweise eine Vorschrift ähnlich dem Wucher vorgeschlagen. Der Unrechtsgehalt des Wuchers liege darin, dass ein Täter eine individuelle Schwächesituation eines Opfers materiell ausnutzt, um für die eigene Leistung eine deren Wert weit übersteigende Gegenleistung zu gewinnen.[279] Handel mit Organen bedeute aber nicht immer eine Ausnutzung solcher Notlagen, sondern eine Gegenleistung sei bis zur Grenze der Ausbeutung kein Unrecht.[280]
Es erscheint schwierig, im so von Schroth vorgeschlagenen Sinne eine Grenze zwischen rechter Gegenleistung und unrechter Ausbeutung zu ziehen und eben ersteres vollkommen straffrei zu stellen, während letzteres dann vorwerfbares Unrecht sein soll. Der Gesetzgeber hat sich insoweit bewusst für das Handeltreiben als Unternehmensdelikt[281] entschieden, um schon die Beteiligung an Verhandlungen unter Strafe stellen zu können. Inwieweit hier eventuell ein wenig zu viel des Guten getan worden ist, soll im Folgenden bei den einzelnen Beteiligten und deren Strafbarkeit geklärt werden.

1) Spenderstrafbarkeit

Der Spender entspricht schon deshalb nicht dem Bild eines typischen Händlers, da seiner Geschäftstüchtigkeit auf Grund der Nichtregenerierbarkeit lebenswichtiger Organe natürliche Grenzen gesetzt sind. Hauptmerkmal des Handeltreibens ist zwar der Umsatz, aber es genügt schon, wenn das vom Täter entfaltete Verhalten auf Umsatz *ausgerichtet* ist.[282] Diese feststehende Interpretation bringt die unglaubliche Weite in den Tatbestand, die im Weiteren dazu führt, dass sich weder Täterschaft und Teilnahme noch Vorbereitungshandlung und Versuch gut voneinander abgrenzen lassen.[283] Es gibt allerdings im Moment auch keine Möglichkeit, daran etwas zu ändern, denn der Gesetzgeber ist gerade

---

279 vgl. Schroth, JZ 1997, 1149 (1150)
280 vgl. Schroth, JZ 1997, 1149 (1150)
281 Körner, BtMG, § 29 Rn. 166
282 BGHSt 30, 277 (278); BGHSt 30, 359 (361), da das Handeltreiben eben kein Erfolgsdelikt ist.
283 Vgl. etwa: Roxin, Täterschaft und Tatherrschaft, S. 580 ff.; König, Strafbarer Organhandel, 1999, S. 154

erst tätig geworden und hat – wie sich aus den Materialien ergibt – diesen weiten Tatbestand auch bewusst gewählt.[284]
Es genügt also zur vollendeten Erfüllung des Tatbestandsmerkmals *Handeltreiben*, wenn der Spender sich ernsthaft bereit erklärt, eines seiner Organe an jemanden zwecks Übertragung zu spenden.[285] Hinzukommen muss im Betäubungsmittelstrafrecht das subjektive Merkmal des *Eigennutzes*[286], welches dort beinhaltet, dass ein Verkauf zum Selbstkostenpreis oder ein Verschenken nicht genügt.[287] Im Rahmen des Transplantationsgesetzes stellt aber der Eigennutz eine wichtige Weichenstellung zwischen Strafbarkeit wegen Handeltreibens und kompletter Straflosigkeit dar[288], während im Betäubungsmittelstrafrecht noch andere Alternativen der Tatbegehung zur Verfügung stehen, wie z. B. die schlichte Abgabe beim Verschenken.[289]
Eindeutiges Handeltreiben im Sinne des Transplantationsgesetzes stellt selbstverständlich der Verkauf einer Niere gegen Geld oder eine sonstige Gegenleistung zum Beispiel in Form einer zugesicherten Erbschaft, eines Hauses etc. dar. Dabei handelt es sich um den Kernbereich dessen, was der Gesetzgeber unter Strafe stellen wollte, nämlich die Kommerzialisierung des Transplantationswesens.[290]
Die Pönalisierung des Organverkäufers, der sein eigenes Organ anbietet, stellt dabei nicht eine bloß symbolische Strafdrohung dar, die die Geltung von Werten mit Mitteln des Strafrechts demonstrieren soll, sondern es handelt sich um Rechtsgüterschutz durch ein strafbewehrtes Verbot, das den Organhandel auch und gerade beim Veräußerer verbietet.[291]

---

[284] Der schon mehrfach erwähnte Referentenentwurf von 1991 hatte noch einen Katalog verschiedener Tatbestandsvarianten vorgesehen, den man nunmehr komplett im Handeltreiben erfüllt sah.

[285] Der Organhandel ist also regelmäßig in einem sehr frühen Stadium vollendet, womit für eine Versuchsstrafbarkeit eigentlich kaum noch Raum verbleibt (Begründung des Entwurfes, BT-Drs. 13/4355, 10 (31)). Gerade beim Spender sind wenig Verhaltensweisen denkbar, die zwischen einer bloßen Vorbereitungshandlung und dem ernsthaften Angebot des eigenen Organs liegen.

[286] D. h. ein Streben nach einer irgendwie gearteten *materiellen* Besserstellung, wobei auch *immaterielle* Vorteile zunehmend ins Blickfeld geraten (Körner, BtMG, § 29 Rn. 207; BGH NJW 1984, 2654 (2656); BGHSt 34, 124 (126))

[287] Körner, BtMG, § 29 Rn. 207, 214: wobei der übliche Marktpreis auch nicht erreicht werden muss

[288] denn sonst wäre jede Organspende ein strafbarer Organhandel

[289] König, Strafbarer Organhandel, 1999, S. 155, 156

[290] Verfassungsrechtlich ist zumindest bedenkenswert, ob die Handlungsfreiheit des Organspenders (Art. 2 Abs. 1 GG) nicht bereits dadurch unzulässig beschränkt wird, dass ihm verboten wird, für die Aufopferung eines Organs materielle Vorteile anzunehmen, obwohl sein „Tat“ allen anderen zugute kommt und den Solidarsystemen hohe Kosten ersparen kann.

[291] Schreiber, Ausschussdrs. 603/13, 17 (25)

Es soll dabei nicht verkannt werden, dass der Veräußerer sich in einer erheblichen Notlage befinden und das Opfer des dringenden Wunsches finanzstarker Organkäufer sein kann.[292] Dem ist aber durch die Bestimmung des § 18 Abs. 4 TPG über die Möglichkeit des Absehens von Strafe Rechnung getragen worden.

2) Ausgleich materieller Nachteile

§ 17 Abs. 1 Satz 2 Nr. 1 TPG stellt dann konsequenterweise denjenigen straffrei, der im Rahmen einer Organtransplantation ein Entgelt gewährt oder annimmt, das einen angemessenen Ersatz für die Kosten des Verfahrens dieser Heilbehandlung nicht übersteigt. Dazu gehört eine Vergütung z. B. für die notwendige Hirntoddiagnostik beim Spender, für die ärztlichen Untersuchungen und pflegerischen Leistungen bei Spender und Empfänger, für die Aufbereitung und Beförderung des Organs sowie für dessen Vermittlung. Ausgeschlossen ist ein Entgelt im Sinne jeden vermögenswerten Vorteils für das Organ selbst.[293]
Bei der Angemessenheit der Vergütung könnte man sich an den Vereinbarungen der Leistungsträger im Sinne des § 16 SGB I orientieren; auch die Vereinbarung einer pauschalen Summe erscheint zulässig, so die Entwurfsbegründung.[294]
Das Verbot und die Strafbarkeit stehen und fallen also letztendlich damit, ob das Entgelt „angemessen" ist. Dabei handelt es sich einmal mehr um ein recht unbestimmtes Tatbestandsmerkmal, denn ein angemessenes Entgelt eines Organhändlers soll selbstverständlich nicht unter die Ausschlussklausel fallen, sondern nur das normale Gehalt der beteiligten Ärzte, Organvermittlungs- bzw. -verteilungsstellen.
Der Hinweis auf die Zulässigkeit einer Pauschale kann nichts anderes bedeuten, als dass im Einzelfall eventuell doch etwas mehr als das „Angemessene" bzw. mehr als die schlichte Kostendeckung hingenommen werden soll.
Sinn und Zweck dieser Vorschrift war eine Vereinfachung für die beteiligten Personen und Stellen zu schaffen, damit nicht normale Abrechnungsmechanismen des Gesundheitswesens in den Bereich des gewinnorientierten Handeltreibens fallen, was sicherlich auch geglückt ist.

---

[292] Evangelische Kirche in Deutschland, Ausschussdrs. 594/13, 16 (18); Schreiber, Ausschussdrs. 603/13, 17 (26)
[293] wobei es vielfach Stimmen gegeben hat, die darauf hingewiesen haben, dass z. B. ein Lebendspender eine komplizierte Operation mit Schmerzen über sich ergehen lassen muss und dauerhaft ein Organ verliert, was durchaus materiell entschädigt werden könnte (Land, ZTxMed 2/1993, 59 (62); Gutmann, ZTxMed 2/1993, 75 (86); Carstens, Das Recht der Organtransplantation, 1978, S. 73, etwa Anerkennungsprämien der Sozialversicherung)
[294] Begründung des Entwurfes, BT-Drs. 13/4355, 10 (30)

Der Ersatz der entstandenen Kosten des Lebendspenders im Sinne des § 8 TPG fällt ebenfalls nicht unter das Verbot des § 17 TPG. Damit gemeint sind sowohl die direkten ärztlichen Untersuchungs- bzw. Operationskosten als auch der Verdienstausfall, Fahrt- und Unterbringungskosten bis hin zu höheren Versicherungsprämien für eine mögliche Berufsunfähigkeit.[295]
Damit sind freilich die Grenzen zwischen strafbarer Annahme einer materiellen Entschädigung (Erbschaft) und straflosem Nachteilsausgleich (Versicherung gegen Spätfolgen) nicht mehr so klar, wie wahrscheinlich gewollt, wenn doch die Zukunft des Spenders in einer Form abgesichert wird, die mit einer gebotenen Maßnahme zur Erreichung der Heilbehandlung nicht mehr unbedingt etwas zu tun hat.[296] Bei lediglich geringfügigen Dankesgaben ist immer daran zu denken, dass kein Spender für einen Blumenstrauß oder eine Flasche Wein sein Organ hergeben würde. Die Grenze ist erst dort erreicht, wo auf Grund der Zuwendung mit einem „Schwachwerden“ des Spenders in seiner jeweiligen spezifischen Situation zu rechnen ist.[297]

3) Empfängerstrafbarkeit

Der Gesetzentwurf der Fraktionen der CDU/CSU, SPD und F.D.P.[298] hatte in seinem Absatz 2 des damaligen § 16 TPG nicht die Worte stehen „oder sich übertragen lässt“. Damit sollte der Empfänger eines gehandelten Organs selbst nicht unter den strafbaren Bereich des Organhandels fallen.[299]
Die Entwurfsbegründung ging davon aus, dass es an dem Ziel einer Umsatzförderung fehle, wenn der Betroffene selbst Organe zur Übertragung auf ihn selbst erwirbt[300], und damit auch kein Handeltreiben im Sinne des § 17 TPG vorliege.[301]
Das Vorgehen des Betäubungsmittelgesetzes, den Erwerb geringer Mengen für den Eigenbedarf straflos zu stellen, entspricht der ratio legis des Gesetzentwurfes, wonach das Verbot gerade auch dem Schutz des Organempfängers vor wu-

---

295 Begründung des Entwurfes, BT-Drs. 13/4355, 10 (30)
296 vgl. König, Strafbarer Organhandel, 1999, S. 158, 159
297 vgl. König, Strafbarer Organhandel, 1999, S. 164
298 BT-Drs. 13/4355
299 vgl. zum damaligen Entwurf und dem Stand des Gesetzgebungsverfahrens: Heuer /Conrads, MedR 1997, 195 (202)
300 Ein Handeltreiben kann in der Variante des Ankaufs nach allgemeiner Ansicht nur vorliegen, wenn der Käufer in Weiterveräußerungsabsicht tätig wird. Demgemäß scheidet der Erwerb zum „Eigenkonsum“, also auch der Erwerb zur Übertragung auf sich selbst mangels weiterer Umsatztätigkeit aus dem Begriff des Handeltreibens aus (Körner, BtMG, § 29 Rn. 161).
301 Begründung des Entwurfes, BT-Drs. 13/4355, 10 (30)

cherischer Ausbeutung seiner gesundheitlichen Notlage durch andere dienen sollte. Schließlich sollte damit auch der notstandsähnlichen Situation des Empfängers, für den die Transplantation häufig die einzige Möglichkeit zur Lebensrettung darstellt, Rechnung getragen werden.[302]

Dem ist das Transplantationsgesetz aber nicht gefolgt und hat den Organempfänger nicht privilegiert, sondern gem. §§ 17 Abs. 2, 18 Abs. 1 TPG eigens mit Strafe für das Sichübertragenlassen bedroht.[303] Ebenso wenig ist es anderen Forderungen nachgekommen, die zum Teil den in wirtschaftlicher Not befindlichen „Erstverkäufer" als noch schutzwürdiger angesehen hatten[304] und diesen zumindest unter dem Druck des auf den Markt drängenden finanzkräftigen Empfängers von der Strafe freistellen wollten.[305] Vielmehr hat im Transplantationsgesetz die striktere Lösung ihren Niederschlag gefunden, um den Organhandel wirksam unterbinden zu können, und damit eine grundsätzliche Strafbarkeit von Empfänger und Erstverkäufer verbunden mit der Möglichkeit des Absehens von Strafe bzw. einer Strafmilderung in § 18 Abs. 4 TPG für Organspender und Organempfänger, nicht jedoch für die eigentlichen Händler.[306]

Ein Empfänger, der dann nicht das im Transplantationsgesetz geregelte Verfahren für Transplantationen einhält, wird sich auch nur in Ausnahmefällen auf Notstand gem. §§ 34, 35 StGB (eigene Lebensrettung) berufen können.[307]

---

302 Begründung des Entwurfes, BT-Drs. 13/4355, 10 (30); vgl. Heuer/Conrads, MedR 1997, 195 (202)

303 Damit hat sich auch die früher viel diskutierte Frage der notwendigen Teilnahme des Organempfängers am Handeltreiben fast erübrigt. Allerdings sind auf Grund des weiten Tatbestandsmerkmals des Handeltreibens Fälle im Vorbereitungsstadium denkbar, in denen der Empfänger nicht selbst gem. §§ 17 Abs. 2, 18 Abs. 1 TPG strafbar ist, weil er sich kein Organ hat übertragen lassen und dort eventuell auch noch nicht einmal das Versuchsstadium erreicht hat, in denen gleichwohl aber eine Teilnahmestrafbarkeit wegen Unterstützung vergeblicher Ankaufbemühungen eines Organhändlers in Betracht kommen kann.

304 Gerade in der internationalen Diskussion wird die ratio des Verbots des Organhandels häufig primär im Schutz des „Erstverkäufers" vor Ausbeutung durch finanzstarke Empfänger und in der Verhinderung eines Zweiklassensystems der Organverteilung gesehen (vgl. Gutmann, Ausschussdrs. 591/13, 32 (43)).

305 vgl. Gesetzentwurf der Abgeordneten Knoche, Häfner und der Fraktion BÜNDNIS 90/DIE GRÜNEN, BT-Drs. 13/2926, der einen persönlichen Strafausschließungsgrund in seinem § 27 II 2 für den Erstverkäufer vorgesehen hatte; vgl. auch Gutmann, Ausschussdrs. 591/13, 32 (43)

306 so auch schon: Kühl, Ausschussdrs. 618/13, 1 (5); ders., Ausschussdrs. 626/13, 2 (5); Schreiber, Ausschussdrs. 603/13, 17 (26); Heuer/Conrads, MedR 1997, 195 (202)

307 Kühl, Ausschussdrs. 626/13, 2 (5)

4) Arztstrafbarkeit

Jeder Arzt unterstützt durch seine Diagnose, die Entnahme und Übertragung des Organs letztlich den „Organhandel", denn ohne ihn kann die Transplantation nicht stattfinden. Entscheidend ist, ob er davon Kenntnis hat, dass für ein von ihm verpflanztes Organ Geld geflossen ist bzw. ob er selbst Geld erhalten hat. Aber auch für den Fall, dass er selbst nicht mehr als das ihm zustehende Gehalt bekommt, kann er Täter der §§ 17 ff. TPG sein. So auch die Motive des Gesetzgebers, wenn zu lesen ist „insoweit ist es gerechtfertigt, bereits als Täter und nicht nur als Teilnehmer den Arzt zu erfassen, der, ohne selbst Handel zu treiben, durch seinen unverzichtbaren Beitrag zur Transplantation die Kommerzialisierung der Organtransplantation unterstützt".[308] Insoweit enthält § 17 Abs. 2 TPG in seinen ersten beiden Tatbestandsvarianten (Entnahme und Übertragung) - zwar nicht nach dem Gesetzeswortlaut aber in der Sache - ein Sonderstrafrecht für Ärzte.[309]
Der eigennützig handelnde Arzt wäre beim Handeltreiben gut aufgehoben gewesen, und für den uneigennützig handelnden hätte die Teilnahmestrafbarkeit zur Verfügung gestanden; das hier geschaffene Sonderstrafrecht geht zu weit.[310] Einen Arzt zu bestrafen, der eine Organentnahme zur lebensrettenden Transplantation vornimmt, ist meines Erachtens schwer vertretbar; ihn auf die mögliche Rechtfertigung wegen Notstands nach § 34 StGB zu verweisen, ist nicht ausreichend, da die Organentnahme angesichts der möglicherweise entgegenstehenden Regelung im Transplantationsgesetz nicht mehr ein „angemessenes Mittel" im Sinne von § 34 Satz 2 StGB sein könnte.[311] Darauf wird noch ausführlich zurückzukommen sein.

5) Strafbarkeit des Organhändlers

Vorteil und wohl auch Hauptintention des weit gefassten Organhandelstatbestandes ist es, dass die Aktivitäten des eigentlich wirtschaftlich verdienenden, Notlagen ausnutzenden Organhändlers in breitem Umfang als täterschaftlich begangener Organhandel geahndet werden können, und zwar unabhängig davon, ob der betreffende Händler schon eine gesicherte Bezugsquelle hat oder das Organ gar in seinen Besitz gelangt ist.[312] Damit ist zumindest unter Sicherheitsaspekten die bestmögliche Regelung getroffen worden – Möglichkeiten des

---

308 Begründung des Entwurfes, BT-Drs. 13/4355, 10 (31)
309 vgl. König, Strafbarer Organhandel, 1999, S. 199
310 vgl. König, Strafbarer Organhandel, 1999, S. 201
311 so auch: Kühl, Ausschussdrs. 626/13, 2 (3)
312 vgl. ständige Rechtsprechung zum Drogenhandel: Körner, BtMG, § 29 Rn. 170 m.w.N.

Absehens von Strafe oder sonstige Unrechtsausschließungsgründe kommen nicht in Betracht. Nur auf diese Art und Weise kann vor allem die gerechte Verteilung des knappen Gutes „Organe“ gewährleistet werden.

IV. Strafbarkeit gem. §§ 19, 3, 4, 8 TPG

Für die hier interessierenden Fälle der Organentnahme ohne Zustimmung oder der Lebendspende von einem Nichtverwandten, also ein Nichteinhalten der vorgeschriebenen Voraussetzungen des Transplantationsgesetzes, kommt vornehmlich die Vorschrift des § 19 TPG in Verbindung mit den §§ 3, 4 und 8 TPG in Betracht.

1) Strafbarkeit der unbefugten postmortalen Organentnahme, §§ 19 Abs. 1, 3, 4 TPG

§ 19 Abs. 1 TPG bedroht die Entnahme von Organen unter Verstoß gegen die Regelungen des § 3 Abs. 1, Abs. 2 oder § 4 Abs. 1 Satz 2 TPG mit Strafe. Schutzgut ist hier insbesondere das Selbstbestimmungsrecht der als Organspender in Betracht kommenden Person und das subsidiäre Recht ihrer Angehörigen, über eine Organentnahme zu entscheiden.[313]

Strafbar soll hier insbesondere ein Arzt sein, der ein Organ entnimmt, ohne dass der Verstorbene wirksam in die Entnahme eingewilligt hatte (§ 3 Abs. 1 Nr. 1) oder ohne dass der nächste Angehörige einer solchen Entnahme zugestimmt hatte (§ 4 Abs. 1 Satz 2). Des Weiteren soll die Organentnahme ohne vorherige ordnungsgemäße Hirntodfeststellung strafbar sein (§ 3 Abs. 1 Nr. 2, Abs. 2 Nr. 2); ein Verstoß gegen das Erfordernis des § 5 Abs. 1 TPG, wonach zwei unabhängige Ärzte den Tod festgestellt haben müssen, ist dagegen nicht strafrechtlich sanktioniert, denn auf § 5 wird an keiner Stelle, weder in § 3 TPG noch in § 19 TPG Bezug genommen.[314]

Unter die Vorschrift des § 19 Abs. 1 TPG fällt in jedem Fall also der Arzt, der zum Zwecke der Lebensrettung eines seiner Patienten die Organe eines Hirntoten entnimmt, dessen Angehörige er nicht erreicht hat. Es liegt ein Verstoß gegen die §§ 3, 4 TPG vor.

Der Arzt ist aber auch dann strafbar, wenn die nächsten Angehörigen der Entnahme zugestimmt haben, der Verstorbene aber zu Lebzeiten widersprochen hatte. Denn liegt ein solcher Widerspruch vor, ist die Organentnahme nach § 3

[313] Begründung des Entwurfes, BT-Drs. 13/4355, 31

[314] vgl. Nickel, Die Entnahme von Organen, S. 179, der auf die ursprüngliche Konzeption des interfraktionellen Entwurfes verweist, wonach ein Verstoß gegen § 5 strafbar sein sollte

Abs. 2 TPG unzulässig und in der Folge gem. § 19 Abs. 1 TPG strafbar. Wie aber soll ein Arzt, dem die nächsten Angehörigen ihre Zustimmung erteilen, von einem möglicherweise zu Hause liegenden schriftlichen Widerspruch des Hirntoten Kenntnis erhalten? Wie weit gehen seine Nachforschungspflichten in diesem Bereich? Man entkäme leicht der Strafbarkeit, indem der Vorsatz in diesen Fällen verneint wird, denn der Arzt handelte in dem Glauben, dass die Angehörigen ihre Erklärung im Interesse des Verstorbenen abgegeben haben. Leider ist auch die fahrlässige Tatbegehung gem. § 19 Abs. 5 TPG strafbar. Es bleibt also bei der Frage nach dem Umfang der Sorgfaltspflichten des Arztes.

2) Strafbarkeit der Lebendspende, §§ 19 Abs. 2, 8 TPG

§ 19 Abs. 2 TPG regelt die Strafbarkeit desjenigen, der die Voraussetzungen des § 8 TPG zur Lebendspende nicht einhält. Unproblematisch ist insoweit eine Strafbarkeit, wenn entgegen § 8 I 1 Nr. 1 a, b, Nr. 4 TPG einer nicht volljährigen, nicht einwilligungsfähigen Person ohne Aufklärung bzw. ohne Einwilligung ein Organ durch einen Nichtarzt entnommen wird. Diese Vorgehensweisen wären ohnehin in jedem Fall Körperverletzungen im Sinne der §§ 223 ff. StGB, sind aber letztlich zur Klarstellung hier noch einmal unter Strafe gestellt worden.[315] Die Klärung des Verhältnisses von § 19 II TPG zu den §§ 223 ff. StGB bleibt der Rechtsprechung vorbehalten, ist aber auch nur von wissenschaftlichem Interesse.
Problematischer erscheint insofern die Strafbarkeit der Organentnahme bei Dritten, d. h. Nichtverwandten und nicht persönlich verbundenen Personen gem. §§ 19 Abs. 2 i. V. m. 8 Abs. 1 Satz 2 TPG. An dieser Stelle sei auf die bereits oben beschriebenen Bedenken hingewiesen: Eine Spende von einem Dritten ist nicht zwingend weniger freiwillig als die eventuell unter familiärem Druck stattfindende Verwandtenspende und könnte im Übrigen von der gem. § 8 III TPG ohnehin eingesetzten Kommission überprüft werden.[316] Es sind auch keine gesicherten Erfahrungen vorhanden, die eine Anfälligkeit der Lebendspende *außerhalb* enger Lebensbeziehungen für eine Kommerzialisierung zeigen.[317]
Höchst zweifelhaft ist deswegen, ob ein striktes Verbot ohne jeglichen Wertungsspielraum gerechtfertigt war,[318] wenn man an Fallgestaltungen denkt, in denen eine lebensrettende Transplantation durch einen Arzt, die freiwillig und ohne finanzielle Motive erfolgt, gleichwohl verboten und zusätzlich auch

[315] vgl. hierzu: Kühl, Ausschussdrs. 626/13, 2 (2)
[316] Kühl, Ausschussdrs. 626/13, 2 (3)
[317] Gutmann, MedR 1997, 147 (150); Schneewind, ZTxMed 1993, 89 (93f.) mit psychologischen Studien zur Verwandten- und zur Nichtverwandtenspende
[318] so auch: König, Strafbarer Organhandel, 1999, S. 231, 233f.; vgl. auch Deutsch, NJW 1998, 777 (781), der von einem hohen Maß an Kriminalisierung spricht.

ohne finanzielle Motive erfolgt, gleichwohl verboten und zusätzlich auch noch strafbewehrt ist.[319] Eine Sollvorschrift im Zusammenhang mit der im Gesetz in § 8 Abs. 3 vorgesehenen Gutachterkommission hätte den gewünschten Zweck ebenso erfüllt und würde verhindern, dass Transplantationszentren beispielsweise spendewillige Ehepaare im Rahmen einer Crossover-Spende ins Ausland verweisen, wie es bereits geschehen ist.
Auch stellt sich mit Blick auf die Empfängersphäre (Art. 2 Abs. 2 GG) die Frage, ob eine Transplantation unterbunden werden darf, wenn die Voraussetzungen des Spenderkreises nicht eingehalten sind, obwohl damit eine Verschlechterung der gesundheitlichen Situation des Empfängers oder gar dessen Tod in Kauf genommen werden muss.[320]
Zuletzt hat der 10. Senat des Nordrhein-Westfälischen Landessozialgerichts festgestellt, dass die sog. Überkreuz-Spende jedenfalls nicht generell verboten sei, da das vom Gesetzgeber zu weit verstandene Tatbestandsmerkmal des „Handeltreibens“ in §§ 17 ff. TPG teleologisch zu reduzieren sei.[321] Allerdings wurde gleichzeitig eine Leistungspflicht der Krankenkasse nach § 18 Abs. 1 SGB V verneint, wenn sich der Versicherte im Ausland einer Behandlung unterzieht, die im Inland wegen ethisch-moralischer Bedenken nicht durchgeführt wird.

V. Qualifikationstatbestand gem. § 18 Abs. 2 und Absehens- und Milderungsklausel gem. § 18 Abs. 4 TPG

§ 18 Abs. 2 TPG enthält einen Verbrechenstatbestand, der auf einen Vorschlag aus dem Entwurf von Bündnis 90/Die Grünen zurückgeht.[322] Gewerbsmäßiges Handeln beim verbotenen Handeltreiben, aber auch bei der Entnahme und der Übertragung des Organs durch den Arzt wird mit einem Strafrahmen von einem bis zu fünf Jahren Freiheitsstrafe bedroht.
Nach § 18 Abs. 4 TPG kann das Gericht bei Spender und Empfänger die Strafe nach § 49 Abs. 2 StGB mildern oder ganz von Strafe absehen.[323] Leider enthält

---

[319] vgl. dazu: Schroth, JZ 1997, 1149 (1153); ders., JZ 1998, 506 (507); Seidenath, MedR 1998, 253 (254f.); Gutmann, MedR 1997, 147 (150)

[320] vgl. Seidenath, MedR 1998, 253 (255), der § 8 Abs. 1 Satz 2 TPG wohl für verfassungswidrig hält

[321] Urteil vom 31.01.2001 (Az: L 10 VS 28/00), NWVBl. 2001, 401 ff.

[322] § 28 Abs. 3 des Gesetzentwurfes der Abgeordneten Monika Knoche, Gerald Häfner und der Fraktion BÜNDNIS 90/DIE GRÜNEN; Entwurf eines Gesetzes über die Spende, Entnahme und Übertragung von Organen (Transplantationsgesetz - TPG), BT-Drs. 13/2926

[323] vgl. Schroth, JZ 1997, 1149 (1151), der diese Vorschrift auf das schlechte Gewissen zurückführt, welches der Gesetzgeber auf Grund der weitgehenden Pönalisierung von Spender und Empfänger haben musste

die Vorschrift keine genaueren Angaben darüber, wann Spender und Empfänger in den Genuss dieser Milde kommen können[324] – im Strafgesetzbuch sind solche Absehens- und Milderungsmöglichkeiten unter den Begriffen der Tätigen Reue, der Wiedergutmachung oder des Täter-Opfer-Ausgleichs genauer ausformuliert.

Nach den Motiven zu § 18 Abs. 4 TPG soll damit die unmittelbare Betroffenheit und die gesundheitliche Notlage des Empfängers „auf Grund seiner Erkrankung" und die „möglicherweise im Einzelfall zur Lebensrettung" dringende Benötigung des Organs berücksichtigt werden sowie der Motivationslage des Spenders, der „möglicherweise eigene wirtschaftliche Not oder auch gesundheitliches Leid eines schwerkranken Menschen abwenden will", Rechnung getragen werden.[325] Das aber sind die typischen Fallkonstellationen der Lebendspende, die der Gesetzgeber gleichwohl mit Strafe bedroht hat. „Möglicherweise im Einzelfall zur Lebensrettung" erscheint fast höhnisch, da jede Transplantation letztlich zur Lebensrettung erfolgt – nur ist vielleicht im Einzelfall zu Beginn der Dialyse der Tod noch weiter entfernt. Es wird außerdem mit guten Gründen vertreten, dass es des § 18 Abs. 4 TPG zumindest für die lebensbedrohende Lage des Empfängers nicht bedurft hätte, da eine Rechtfertigung über § 34 StGB erreicht werden kann, wenn in einer gegenwärtigen Gefahr für das eigene Leben Geld für ein Organ gezahlt wird, welches der Spender freiwillig ohne eigene Lebensgefahr hergegeben hat.[326]

Insgesamt ist jedoch begrüßenswert, dass auf diese Art und Weise Spender und Empfänger trotz des weitgehenden Tatbestandsmerkmals des Handeltreibens von Strafe verschont werden können, wenn auch die Entscheidung darüber vom Gesetzgeber auf den einzelnen Richter übertragen wurde, was unter Bestimmtheits- und Gewaltenteilungsaspekten zumindest nicht wünschenswert ist.

Auffällig ist aber, dass für den Arzt eine solche Möglichkeit nicht besteht, obwohl gerade bei ihm ein Handeln als „Nothelfer" ohne eigene Interessen in Betracht kommen könnte. Er wird also letztlich auf eine Rechtfertigung durch § 34 StGB zu verweisen sein.

---

[324] so auch Nickel, Die Entnahme von Organen, S. 192, 193, der für die Aufnahme konkreter Wertungskriterien durch den Gesetzgeber plädiert – allerdings ist sein Vorschlag, für den Organempfänger eine „bereits lang andauernde schwere Erkrankung" als Kriterium für das Absehen aufzunehmen, auch nicht wirklich hilfreich – denn es ist davon auszugehen, dass niemand transplantiert wird, der nicht schon lange schwer krank ist oder eben nach kurzer schwerer Krankheit in Lebensgefahr schwebt.

[325] Beschlussempfehlung und Bericht, BT-Drs. 13/8017, S. 44

[326] vgl. Schroth, JZ 1997, 1149 (1151), der vielmehr auf die Unsicherheiten aufmerksam macht, die durch die Normierung des § 18 Abs. 4 TPG bei der Bewertung des Notstands entstehen

Auffällig ist weiter, dass § 19 TPG keine dem § 18 Abs. 4 TPG entsprechende Milderungs- oder Absehensmöglichkeit vorsieht. Diese ist zumindest dem Wortlaut nach nur auf die Strafbarkeit gem. §§ 17, 18 TPG beschränkt. Dabei sieht § 19 Abs. 1 immerhin eine Freiheitsstrafe von bis zu drei Jahren und § 19 Abs. 2 eine Freiheitsstrafe von bis zu fünf Jahren vor.

VI. Auslandserstreckung

§ 24 TPG fügt dem § 5 StGB eine neue Nr. 15 an, die lautet: "Organhandel (§ 18 des Transplantationsgesetzes), wenn der Täter zur Tatzeit Deutscher ist". Durch diese Regelung wird sichergestellt, dass möglicher Täter eines verbotenen Organhandels auch ein deutscher Patient sein kann, der sich im Ausland ein vermittlungspflichtiges Organ übertragen lässt,[327] auch wenn dort eine andere oder gar keine Strafbarkeit gegeben wäre. Anlass für die Erstreckung der Strafgewalt waren die vielfältigen Möglichkeiten der Auslandsberührung und ein effektiver Rechtsschutz, auf die auch schon der Organhandelstatbestand selbst gestützt wurde.[328]
Auch hier handelt es sich um einen begrüßenswerten Ansatz, der allerdings weder den todkranken Empfänger davon abhalten wird, in einem anderen Land nach der notwendigen Heilung zu suchen, noch den im Ausland tätigen deutschen Organhändler von seinen Machenschaften abbringen wird.

B. Rechtfertigung gem. § 34 StGB

Es stellt sich die Frage, ob eine dringend notwendige, für einen in Gefahr befindlichen Patienten zur Lebensrettung erforderliche Organtransplantation auch ohne Zustimmung des Spenders oder seiner Angehörigen vorgenommen werden darf, wenn sie durch den allgemeinen Notstand, das Recht der Interessenabwägung bei Güterkollision, gerechtfertigt ist. Es gilt der Grundsatz, dass ein höherwertiges Rechtsgut einem geringerwertigen Rechtsgut vorgeht.
In der Rechtswissenschaft wird schon seit Jahren der Streit geführt, ob überhaupt und, wenn ja, unter welchen Bedingungen von einer Tatbestandsmäßigkeit des § 34 StGB bei Transplantationen ausgegangen werden kann.[329]

---

[327] Kühn, Das neue deutsche Transplantationsgesetz, MedR 1998, 455 (457)

[328] Begründung des Entwurfes, BT-Drs. 13/4355, 10 (15 und 32)

[329] vgl. Antwort der Bundesregierung auf die Große Anfrage der Abgeordneten Schmidt (Hamburg) und der Fraktion DIE GRÜNEN, 26.09.1990, Drucksachen 11/5163, 11/5166, 11/5167, 11/5168, Probleme der modernen Transplantationsmedizin I bis IV, BT-Drs. 11/7980, 37

I. Einführung in das Problem

Eine Organentnahme, die unter Verstoß gegen die §§ 3, 4, 17 ff. TPG vorgenommen wird, noch an § 34 StGB zu messen, bedeutet zunächst einmal schlicht die Anwendung geltenden Rechts.[330] Die Vorschrift zum rechtfertigenden Notstand gilt prinzipiell für jede Tatbestandserfüllung und verlangt, in jedem Fall zur Unrechtsprüfung herangezogen zu werden; sonst würde dem Täter vorschnell und gesetzwidrig eine Rechtfertigungsmöglichkeit abgeschnitten.[331] Wie soeben ausführlich dargestellt, setzt der Organhandelstatbestand bei der gesundheitlichen Notlage des Organempfängers und der möglicherweise finanziellen Notlage des Spenders an; dem entspricht es, den rechtfertigenden Notstand zumindest in Betracht zu ziehen.[332]

Nur wenige teilten die Auffassung des holländischen Strafrechtsjuristen und späteren Ministerpräsidenten van Agt. Er war der Meinung, dass ein Arzt, der eine Organentnahme ausführt, ohne die vorangehende Einwilligung des Verstorbenen oder dessen Hinterbliebenen eingeholt zu haben, sich dennoch keiner strafbaren Handlung schuldig macht, wenn es ganz offensichtlich seine Absicht war, das Leben eines Patienten zu retten, der sonst dem Tode geweiht gewesen wäre.[333]

Unter bestimmten Umständen lässt sich nach Auffassung van Agts mit anderen Worten die Verletzung des Rechtsguts „Integrität der Person über den Tod hinaus" rechtfertigen. Dazu müsse das zu schützende Rechtsgut das zu verletzende Rechtsgut weitgehend übersteigen, was im Falle einer postmortalen Organentnahme ohne vorherige Zustimmung zu Gunsten einer lebensrettenden Transplantation deutlich der Fall sei.[334]

Seinerzeit beschränkte van Agt die Anwendbarkeit dieser Notstandslösung auf die Situationen, in denen ein Arzt Kenntnis hatte von einem sich in unmittelbarer Nähe befindlichen Patienten, der einer lebensrettenden Transplantation bedurfte. In der Praxis bedeutete das damals meistens, dass der Patient und der Arzt sich auf einer jeweils anderen Abteilung desselben Krankenhauses befanden. Heute versterben tagtäglich Patienten auf einer Warteliste und jeder Arzt kann mit Hilfe einer Organisation wie Eurotransplant Kenntnis von Notstandsfällen nehmen.[335]

---

330 so auch Nickel, Die Entnahme von Organen, S. 180, der darauf hinweist, dass die allgemeinen Rechtfertigungsgründe für die Bewertung der Rechtswidrigkeit anwendbar bleiben.

331 vgl. Herzberg, NJW 1986, 1635 (1639) zur Möglichkeit, Sterbehilfe, die unter § 216 StGB fällt, durch § 34 zu rechtfertigen

332 vgl. König, Strafbarer Organhandel, 1999, S. 203

333 vgl. Akveld, Überlegungen zu einem Transplantationsgesetz, ZTxMed 3/1989, 36 (40)

334 vgl. Akveld, Überlegungen zu einem Transplantationsgesetz, ZTxMed 3/1989, 36 (40)

335 vgl. Akveld, Überlegungen zu einem Transplantationsgesetz, ZTxMed 3/1989, 36 (40)

Die Konsequenz könnte sein, dass in vielen Fällen der Wille des Verstorbenen oder seiner Hinterbliebenen überhaupt nicht mehr relevant ist, weil sich hinterher immer ein Notstand im Sinne von § 34 StGB konstruieren lässt.
Das nun wäre ein inadäquater Gebrauch einer juristischen Konstruktion, die im Grunde nur für Notfälle im Sinne von absoluten Ausnahmesituationen und nicht als Lösungsmodell für strukturelle bzw. gesellschaftspolitische Probleme gemeint war. Im Übrigen würde diese Sicht der Dinge unserer Rechtsauffassung über Integrität, Selbstbestimmung und Autonomie widerstreben und die gefundenen gesetzlichen Regelungen des Transplantationsgesetzes völlig umgehen bzw. inhaltsleer machen.

II. Fragestellungen vor Inkrafttreten des Transplantationsgesetzes

Uneinigkeit herrschte darüber, ob § 34 StGB wegen des hohen Ranges fortwirkender Selbstbestimmung und des Pietätschutzes überhaupt in Ansatz gebracht werden darf, wenn eine Zustimmung des Verstorbenen zu Lebzeiten nicht gegeben worden ist und eine Einwilligung der Angehörigen fehlt.[336] Abgelehnt wurde dabei die Konstellation, dass ein zu Lebzeiten geäußerter, der Entnahme entgegenstehender Wille des Verstorbenen durch § 34 StGB überwunden werden könnte.[337] Fraglich war auch, ob zwischen Notstand und Einwilligung ein Subsidiaritätsverhältnis in der Weise besteht, dass zunächst einmal versucht werden muss, die Einwilligung der Angehörigen zu erlangen, und Notstand erst dann in Betracht kommt, wenn der Versuch erfolglos verlaufen ist.[338] Uneinigkeit herrschte insbesondere über die Auslegung des Gefahrenbegriffes, insbesondere ob eine gegenwärtige, nicht anders abwendbare Gefahr im Sinne von § 34 StGB lediglich dann bejaht werden kann, wenn gesundheitliche Schäden oder der Tod des potentiellen Organempfängers nur durch eine sofortige Transplantation abgewendet werden kann oder auch dann, wenn eine Dauergefahr in Form der Krankheit gegeben ist.[339]

---

336 dafür: Geilen, JZ 1971, 41 (46); Hirsch/Schmidt-Didczuhn, Transplantation und Sektion, S. 3 (19); dagegen: Trockel, MDR 1969, 811 (812); ders., NJW 1970, 489 (493); Stellpflug, Der strafrechtliche Schutz des menschlichen Leichnams, S. 51f.

337 Schreiber, in: FS für Klug, S. 341 (352); Hirsch/Schmidt-Didczuhn, Transplantation und Sektion, S. 3 (19); Sch/Sch/Lenckner, § 168 Rn. 8; Stellpflug, Der strafrechtliche Schutz des menschlichen Leichnams, S. 53; Eichholz, NJW 1968, 2272 (2275); **a. A.**: v. Bubnoff, GA 1968, 65 (74)

338 dafür: LG Bonn JZ 1971, 56 (59); v. Bubnoff, GA 1968, 65 (74); dagegen: Geilen, JZ 1971, 41 (47); Roxin, Jus 1976, 505 (508)

339 für einen engen Gefahrbegriff: Hirsch/Schmidt-Didczuhn, Transplantation und Sektion, S. 3 (20); Kramer, Rechtsfragen der Organtransplantation, S. 144f.; für eine weitere Auslegung

Alle diese Fragestellungen waren schon in den letzten 30 Jahren höchst umstritten und haben oft zu Unsicherheiten gerade bei den transplantierenden Ärzten und den betroffenen Patienten oder Angehörigen geführt.
Zu prüfen wird sein, ob das Transplantationsgesetz durch seine Regelungen diese Bedenken ausgeräumt hat und die oben gestellten Fragen nun leichter zu beantworten sind oder ob die Normierung des Transplantationswesens die Anwendung des § 34 StGB einschränkt. Vertreten wird auch, der Transplantationsgesetzgeber habe durch diese Sondervorschriften den Interessenkonflikt zwischen dem Spender und seinen Angehörigen einerseits und den auf ein Organ wartenden Patienten andererseits abschließend geregelt und ließe damit keinen Raum mehr für richterliches Ermessen im Rahmen des § 34 StGB.[340]

III. Entstehungsgeschichte des rechtfertigenden Notstands, § 34 StGB

Der rechtfertigende Notstand war vor der Einführung des § 34 StGB (1.1.1975) nicht ausdrücklich geregelt. Das StGB von 1871 kannte nur den entschuldigenden Notstand in den §§ 52, 54 a.F., und das BGB von 1900 brachte Sonderregelungen in den §§ 228, 904 BGB und in den §§ 700 ff. HGB. Im Strafrecht berief man sich auf die Wahrnehmung berechtigter Interessen gem. § 193 und auf einige fragmentarische Regelungen des Ordnungswidrigkeitenrechts. In den 30er Jahren hatte sich endgültig die differenzierende Auffassung durchgesetzt, welche die Notstandsfälle teils als Rechtfertigungs- und teils als Entschuldigungsgründe beurteilte.[341] Daraus ergab sich eine Lücke soweit es um die Rechtfertigung von Eingriffen in andere Rechtsgüter als Sachen ging, denn § 228 BGB erfasste nur die Abwehr von Sachgefahren, § 904 nur die zur Gefahrenabwehr erforderliche Einwirkung auf die Sachen Unbeteiligter.
In der Lehre wurde seit langer Zeit ein umfassender rechtfertigender Notstand auf allgemeine Prinzipien gestützt und anerkannt. Man berief sich auf Gesichtspunkte der Abwägung von Rechten und Pflichten, der Güter-, Interessen- oder Übelsabwägung.[342]
Der rechtfertigende Notstand wurde aus dem Prinzip entwickelt, welches allen Rechtfertigungsgründen zu Grunde liegt; dass nämlich bei einer unausweichlichen Kollision widerstreitender Interessen der Täter rechtmäßig handelt, wenn

des Merkmals der gegenwärtigen Gefahr: Schreiber, in: FS für Klug, S. 341 (352); Wolfslast, MMW 1982, 105 (107); dies., Der Arzt im Krankenhaus 1982, 526 (529)

340 vgl. Schöning, Rechtliche Aspekte der Organtransplantation, S. 172, 173; Sch/Sch/Lenckner, § 34 Rn. 7; Kopetzki, Organgewinnung zu Zwecken der Transplantation, S. 272

341 Henkel, Notstand, S. 4 ff. (27)

342 Lenckner, Notstand, S. 50 ff.; LK-Hirsch, § 34, vor Rn. 1

er das höherwertige Interesse dem geringerwertigen vorzieht und damit etwas im Ergebnis sozial Nützliches tut.[343]
Der Grundgedanke des übergesetzlichen Notstands wurde in zwei verschiedenen Formulierungen vertreten. Nach der *Zwecktheorie* galt, dass die Verfolgung eines rechtlich anerkannten Zwecks mit angemessenen Mitteln nicht widerrechtlich sei.[344] Die *Güterabwägungstheorie* berief sich auf folgende Definition: „Nicht rechtswidrig handelt, wer ein geringerwertiges Rechtsgut verletzt oder gefährdet, wenn nur dadurch ein höherwertiges Rechtsgut gerettet werden kann“.[345]
Der Grundstein wurde aber durch die Entscheidung des Reichsgerichts zur medizinisch indizierten Schwangerschaftsunterbrechung gelegt.[346] Gegenstand des Urteils war die Frage, ob ein Arzt wegen Abtreibung zu bestrafen sei, der eine Schwangerschaft unterbrochen hatte, weil für die Schwangere eine gegenwärtige Gefahr des Selbstmordes bestand, die auf andere Weise als durch Unterbrechung der Schwangerschaft nicht zu beseitigen war. Das Urteil schloss sich der Güterabwägungstheorie an, bejahte die Existenz eines im geschriebenen Recht nicht enthaltenen rechtfertigenden Notstands und begründete diesen mit der Theorie der „Güter- und Pflichtenabwägung“.[347]
Der nächste Fortschritt bestand darin, dass die Große Strafrechtskommission die vom Reichsgericht aufgestellte und seitdem das Feld beherrschende Güterabwägungsformel nicht einfach übernommen, sondern versucht hat, ein umfassenderes Prinzip zu formulieren.[348] Der Rückgriff nur auf eine abstrakte Güterabwägung hatte sich als zu starr und nicht uneingeschränkt durchführbar erwiesen. Bei den Beratungen setzte sich die Meinung durch, dass man bei der Abwägung alle Umstände des konkreten Falles berücksichtigen müsse. So entstand schon in dem § 39 E 1962 die noch heute in § 34 StGB enthaltene Formel der Interessenabwägung statt einer Rechtsgüterabwägung, bei der der Wert der kollidierenden Rechtsgüter nur noch als ein Gesichtspunkt unter anderen erscheint. Ferner kombinierte man die durch den Interessengesichtspunkt schon wesent-

---

343 Roxin, Strafrecht AT, § 16 A I Rn. 3
344 v. Liszt, Strafrecht, § 32 II 2, 9 ; vgl. dazu: Lenckner, Notstand, S. 60-62 m.w.N.
345 Mezger, Strafrecht, S. 239; vgl. dazu: Lenckner, Notstand, S. 51-59 m.w.N.
346 RGSt 61, 242 vom 11.3.1927; vgl. dazu: Otto, Die Anerkennung des Interessenvorrangs als Prinzip der Rechtfertigung, RGSt 61, 242, Jura 1985, 298ff.
347 RGSt 61, 242 (254): „In Fällen, in denen eine den Tatbestand einer Straftat erfüllende Handlung das einzige Mittel sei, um ein Rechtsgut zu schützen, müsse die Frage, ob die Handlung erlaubt oder rechtswidrig sei, anhand der dem geltenden Recht zu entnehmenden Wertverhältnisse der im Widerstreit stehenden Rechtsgüter entschieden werden – *Grundsatz der Güterabwägung*.“ Der Zwecktheorie ist das Reichsgericht zu Recht unter Hinweis auf deren uferlose Weite entgegengetreten (RGSt 61, 242 (253); vgl. auch Otto, Jura 1985, 298 (301)
348 Lenckner, Notstand, S. 204

lich modifizierte Güterabwägungstheorie durch Anfügung der Angemessenheitsklausel des § 34 S.2 StGB mit der Zwecktheorie, um auf diese Weise weitergehende Wertungen in die Entscheidung einfließen lassen zu können.[349]
Bei einer richtigen Abwägung zwischen den beiden sich widerstreitenden Interessen und Rechtsgütern muss das vom Täter geschützte Interesse das Interesse, das er beeinträchtigt, wesentlich überwiegen (Güterabwägungstheorie); zum anderen muss die Notstandshandlung bei sozial-ethischer Gesamtwertung als die Anwendung des rechten Mittels zum rechten Zweck erscheinen (Zwecktheorie), so die Begründung des E 1962.[350]

Schon damals hat man sich über Sinn und Notwendigkeit einer Kodifizierung des rechtfertigenden Notstands im § 39 E 1962 gestritten.[351] Es sollen nur kurz einige grundlegende Äußerungen wiedergegeben werden, da sie für die vorliegende Arbeit bzw. die noch folgende Diskussion interessant sein können. Lenckner vertrat die Ansicht, die gesetzliche Regelung des Notstands sei richtig, und es gebe keinen Kollisionsfall, den sie nicht erfassen könne.[352]
Von anderer Seite wurde darauf hingewiesen, dass eine Formulierung, die allen in Betracht kommenden Gesichtspunkten oder Fallgestaltungen gerecht werden wollte, sich in einer vagen Allgemeinheit erschöpfen müsse.[353] Deshalb könne eine Vorschrift, welche die gesamte Notstandsmaterie in ihrer Vielfalt möglicher Fallsituationen zum Gegenstand haben soll, zwar die Notstandslage noch einigermaßen exakt umschreiben („gegenwärtige, nicht anders abwendbare Gefahr für ein Rechtsgut"), im Übrigen könne sie jedoch als optimale Lösung nur eine der obersten und rein formalen Rechtfertigungsmaximen - Zweck- oder Interessenabwägungsgrundsatz - wiedergeben.[354] Fraglich ist dann natürlich der Sinn und Zweck einer solchen allgemeinen Regelung.
Man ist sich heute darüber einig, dass in einer freiheitlichen Gesellschaftsordnung aus der Höherwertigkeit des vom Notstandstäter geschützten Rechtsguts nicht ohne Weiteres auch schon auf eine entsprechende Duldungspflicht des ohne sein Zutun von der Kollision Betroffenen geschlossen werden darf, dass von diesem die Aufopferung des eigenen geringwertigen Gutes vielmehr nur soweit verlangt werden kann, wie ein solcher Rechtszwang zur Solidarität mit seinem Anspruch auf Selbstbestimmung und Respektierung seiner Person noch vereinbar erscheint.[355]

---

349 Sch/Sch/Lenckner, StGB, § 34 Rn. 2, 46; Roxin, Strafrecht AT, § 16 A I Rn. 7
350 Begründung des E 1962, BT-Drucks. IV/650, 159 ff.
351 Lenckner, Notstand, S. 204 ff.; Gallas, ZStW 80 (1968), 1 (23)
352 Lenckner, Notstand, S. 205
353 Gallas, ZStW 80 (1968), 1 (23)
354 Lenckner, Notstand, S. 206
355 Gallas, ZStW 80 (1968), 1 (23, 24); vgl. Auch: Kühl, StrafR AT, § 8 Rn. 7ff.

Gegen die gesetzgeberische Erfassung des übergesetzlichen Notstands in der Bestimmung des § 39 Abs. 1 des Entwurfes sprach zunächst, dass damit das Rangverhältnis zwischen den sonstigen Rechtfertigungsgründen und der Ausnahmesituation des Notstands umgekehrt würde. Während bisher der Ausgangspunkt der Prüfung die gesetzlichen Rechtfertigungsgründe gewesen waren, von denen aus man im Notfall bis zur ultima ratio des Notstands vordrang, würde jetzt § 39 die lex generalis und damit gewissermaßen den Ausgangspunkt des Gesetzes darstellen, unter den rein tatbestandlich nicht nur die bürgerlichrechtlichen Notstände der §§ 228, 904 BGB subsumiert werden könnten, sondern der auch in vielen Fällen der Notwehr und anderer Rechtfertigungsgründe tatbestandlich zutreffen würde.[356] Denn gemeinsamer Grundgedanke aller dieser Bestimmungen ist, dass der Täter eine an sich verbotene Handlung vornimmt, um eine vorhandene Not- oder Gefahrensituation zu beseitigen.[357] Das Ergebnis wäre, dass bei jeder Sonderregelung ein Zurückgehen auf die allgemeine Bestimmung des § 39 möglich wäre, falls zu irgendeiner Frage die gesetzliche Sonderregelung schweigt.[358]
Man müsste daher, wenn eine Sondervorschrift über den rechtfertigenden Notstand in der Tat beibehalten werden sollte, auf alle Fälle auch gesetzgeberisch klarstellen, dass zwischen den Sondervorschriften und der Norm des § 39 ein Subsidiaritätsverhältnis dergestalt besteht, dass abweichende Sonderregelungen vorgehen.[359]

IV. Die einzelnen Voraussetzungen des § 34 StGB

Zunächst sollen im Folgenden die tatbestandlichen Voraussetzungen des rechtfertigenden Notstands dargestellt und auf denkbare Fallkonstellationen angewendet werden.

1) Notstandsfähiges Rechtsgut

Notstandsfähig ist jedes Rechtsgut, gleichgültig, ob es dem Täter oder einem Dritten zusteht.[360] Leben, Leib, Freiheit, Ehre und Eigentum werden in der Vorschrift lediglich als besonders wichtige Beispiele hervorgehoben.[361] Die Art der

[356] Schröder, FS für E. Schmidt, 1971, 290 (291)
[357] Schröder, FS für E. Schmidt, 1971, 290 (292)
[358] Schröder, FS für E. Schmidt, 1971, 290 (292)
[359] Schröder, FS für E. Schmidt, 1971, 290 (292)
[360] Lackner/Kühl, StGB, § 34 Rn. 4
[361] Kühl, StrafR AT, § 8 Rn. 21

exemplarisch aufgezählten Güter dient dabei auch der Verdeutlichung, dass es beim rechtfertigenden Notstand in erster Linie um die Rettung von Individualinteressen geht.[362]

Es genügt die Gefahr für ein beliebiges Rechtsgut, welches nicht dem Notstandstäter selbst zuzustehen braucht.[363] Notstandsfähig sind aber prinzipiell auch Rechtsgüter der Allgemeinheit.[364]

Es kann also kein Zweifel daran bestehen, dass es sich bei dem Leben oder der Gesundheit eines todkranken, auf der Warteliste befindlichen Patienten um ein notstandsfähiges Rechtsgut handelt, welches nicht dem potentiell handelnden Arzt selbst zusteht. Dies ist auch nicht notwendig, denn das gefährdete Rechtsgut braucht nicht dem Täter zuzustehen.[365] Dies bringt der Wortlaut des § 34 StGB zum Ausdruck durch die Formulierung „von sich oder einem anderen abzuwenden". Damit ist die Notstandshilfe legitimiert.[366] Eine Pflicht, die Gefahr zu beseitigen, braucht der Handelnde nicht zu haben.[367]

2) Die Notstandsgefahr

Der Begriff der Gefahr ist noch weitgehend umstritten und ungeklärt. Teilweise wird von einem einheitlichen Gefahrbegriff für den gesamten Bereich des Strafrechts ausgegangen[368], der die Grundsätze zur konkreten Gefährdung auf § 34 StGB überträgt. Dies erscheint jedoch nicht richtig.[369] Bei § 34 StGB kommt es darauf an, bei welchem Ausmaß an Gefahr Rettungsmaßnahmen erlaubt werden sollen, während die konkreten Gefährdungsdelikte eine gesteigerte Gefahr voraussetzen, die sich nur zufällig nicht realisiert.

Eine Gefahr im Sinne des § 34 StGB liegt schon dann vor, wenn der Eintritt einer Rechtsgutsverletzung nicht ganz unwahrscheinlich ist.[370] Auf den Grad der drohenden Gefahr kommt es an dieser Stelle, d.h. für das Bestehen einer Gefahr,

---

[362] LK-Hirsch, § 34 Rn. 22

[363] Roxin, Strafrecht AT, § 16 Rn. 9

[364] z.B. die Wirtschaft des Ruhrgebietes (RGSt 62, 46 ff.) oder die Lebensmittelversorgung der Bevölkerung (RGSt 77, 113 ff.)

[365] Kühl, StrafR AT, § 8 Rn. 21; LK-Hirsch, § 34 Rn. 25

[366] Kühl, StrafR AT, § 8 Rn. 21, 33: Die Notstandshilfe macht in der Praxis einen Großteil aller Notstandsfälle aus. Es geht dabei häufig um Retter (Ärzte), die einem anderen, der sich in einer Notstandslage befindet und sich nicht selbst daraus befreien kann, bei der Erhaltung seiner notstandsfähigen Rechtsgüter helfen und dabei durch Zugriff auf ein Rechtsgut eines hilfsunwilligen Unbeteiligten einen Straftatbestand verwirklichen.

[367] LK-Hirsch, § 34 Rn. 25

[368] Maurach/Zipf, Strafrecht AT 1, § 27 III Rn. 15

[369] Roxin, Strafrecht AT, § 16 Rn. 11; Jakobs, Strafrecht AT, 13/13, Fn. 27

[370] Sch/Sch/Lenckner, § 34 Rn. 15; Jakobs, Strafrecht AT, 13/12

nicht an, sondern erst bei der Interessenabwägung. Wahrscheinlichkeit ist dabei nicht im Sinne von überwiegender Wahrscheinlichkeit zu verstehen, sondern es genügt, dass die Möglichkeit eines Schadenseintritts einen Grad erreicht hat, den man als naheliegend bezeichnen kann und der eine entsprechende Besorgnis als begründet erscheinen lässt.[371]
Dem Schadenseintritt gleich stehen die Intensivierung einer bereits eingetretenen Schädigung sowie deren Fortdauer bei noch nicht abgeschlossener Einwirkung.[372]
Einigkeit besteht im Wesentlichen darüber, dass *ex ante* - also von einem Zeitpunkt vor der Tat aus - beurteilt werden muss, ob eine Gefahr vorliegt; denn es muss während der Tat und nicht erst hinterher feststehen, ob eine Handlung gerechtfertigt ist oder nicht.[373] Deshalb spricht der Umstand, dass sich der beurteilte Zustand nachträglich als harmlos herausstellt, nicht gegen das Vorliegen einer Gefahr.
Allgemeine Zustimmung findet ferner die Annahme, dass das Vorliegen einer Gefahr nicht rein subjektiv vom Standpunkt des Notstandstäters aus beurteilt werden kann.[374] Nicht jede Fehlvorstellung eines Täters soll eine Gefahrenlage begründen können. Vielmehr muss es sich um ein objektives Urteil eines verständigen Beobachters hinsichtlich des Vorliegens einer Gefahr handeln.
Die Bundesregierung hat darauf hingewiesen, dass eine Notstandsgefahr gem. § 34 StGB in Fällen der Nierentransplantation in der Regel nicht vorliege, da die fehlende Funktionsfähigkeit der Nieren der Betroffenen meist noch geraume Zeit mit Hilfe der Dialyse überbrückt werden kann.[375] Wo dagegen im Ausnahmefall z.B. eine sofortige Herz- oder Lebertransplantation zur Rettung eines Menschenlebens erforderlich ist, wird man den Ärzten den Rückgriff auf den rechtfertigenden Notstand nicht verwehren dürfen.[376] Andererseits erkennt die Bundesregierung an, dass die Vorschrift des § 34 StGB die gegenwärtige, nicht

---

[371] BGHSt 18, 271 (272); vgl. zu den unterschiedlichen Graden der Gefahr bzw. den Begrifflichkeiten: Bergmann, JuS 1989, 109 (110): „gewisse Wahrscheinlichkeit"; Jakobs, StrafR AT, 13/12: „nicht unwahrscheinlich"; Roxin, StrafR AT, § 16 Rn. 11: „nicht ganz unwahrscheinlich"

[372] LK-Hirsch, § 34 Rn. 26; Sch/Sch/Lenckner, § 34 Rn. 12; vgl. auch Kühl, StrafR AT, § 8 Rn. 42, der als Beispiel die Verschlechterung des Gesundheitszustandes eines Kranken nennt

[373] Kühl, StrafR AT, § 8 Rn. 43; Roxin, Strafrecht AT, § 16 Rn. 12; Jakobs, StrafR AT, 13/13

[374] Kühl, StrafR AT, § 8 Rn. 44; Roxin, Strafrecht AT, § 16 Rn. 12; Jakobs, StrafR AT, 13/13

[375] vgl. Antwort der Bundesregierung auf die Große Anfrage der Abgeordneten Schmidt (Hamburg) und der Fraktion DIE GRÜNEN, 26.09.1990, Drucksachen 11/5163, 11/5166, 11/5167, 11/5168, Probleme der modernen Transplantationsmedizin I bis IV, BT-Drs. 11/7980, 37; so auch: Nickel, Die Entnahme von Organen, S. 181

[376] Antwort der Bundesregierung auf die Große Anfrage der Abgeordneten Schmidt (Hamburg) und der Fraktion DIE GRÜNEN, 26.09.1990, Drucksachen 11/5163, 11/5166, 11/5167, 11/5168, Probleme der modernen Transplantationsmedizin I bis IV, BT-Drs. 11/7980, 37; so auch: Nickel, Die Entnahme von Organen, S. 181

anders abwendbare Gefahr für Leben und Leib umfasst, so dass grundsätzlich auch die beabsichtigte Verbesserung der Gesundheit eines möglichen Organempfängers darunter fällt.[377] Letztendlich sei immer der Einzelfall zu prüfen.[378] Angesichts der heutigen Explantationspraxis, bei der die entnommenen Organe durch Euro- bzw. Scandiatransplant weiträumig erfasst und auf geeignete Empfänger verteilt werden, wird man kaum Situationen vorfinden, in denen eine aktuelle und unmittelbare Kollision von Lebensinteressen und Persönlichkeitsrechten vorliegt.[379] Spender und Empfänger werden in der Regel nicht von demselben Arzt behandelt, so dass dieser gar nicht in der Lage ist, alle Umstände des Einzelfalles gegeneinander abzuwägen. § 34 StGB setzt eine reale Interessenkollision voraus. Der explantierende Arzt weiß aber in der Regel weder wofür noch für wen eine Transplantation eingeleitet wird und befindet sich damit selbst nicht in der zwiespältigen Gewissenssituation, die § 34 StGB im Prinzip voraussetzt.

Nach anderer Ansicht können auch nicht unmittelbar Gefährdete mit Organen versorgt werden, also nicht nur Patienten in derselben Klinik oder gar im Nachbarbett.[380] Die Vermittlung der Organe verläuft über Eurotransplant, wo natürlich jederzeit ein geeigneter Empfänger zur Verfügung stünde. Die moderne mobile Gesellschaft lässt die Vorstellung der Güterabwägung bei unmittelbarer Interessenkollision sicherlich auch auf entfernter liegende Rechtsgüter rechtfertigen.[381]

Mit Recht wird zumindest vor einer zu engen Sicht des Notstands gewarnt. Eine Gefahr liege ja nicht nur bei krisenhafter Zuspitzung vor, sondern auch dann, wenn bei einer bereits eingetretenen Schädigung eine Intensivierung des Schadens drohe.[382] Schon dann sei Notstand gegeben, wenn ein Abwärtstrend bei Nichteingreifen weitergehe, nicht erst bei einer dramatischen Verschlimmerung des Zustandes eines Dialysepatienten.[383] Sollte künftig die Frage der Histokom-

---

[377] vgl. Antwort der Bundesregierung auf die Große Anfrage der Abgeordneten Schmidt (Hamburg) und der Fraktion DIE GRÜNEN, 26.09.1990, Drucksachen 11/5163, 11/5166, 11/5167, 11/5168, Probleme der modernen Transplantationsmedizin I bis IV, BT-Drs. 11/7980, 37

[378] vgl. Antwort der Bundesregierung auf die Große Anfrage der Abgeordneten Schmidt (Hamburg) und der Fraktion DIE GRÜNEN, 26.09.1990, Drucksachen 11/5163, 11/5166, 11/5167, 11/5168, Probleme der modernen Transplantationsmedizin I bis IV, BT-Drs. 11/7980, 38

[379] Schreiber, FS für Klug, 341 (352)

[380] Deutsch, Medizinrecht, Rn. 513

[381] Deutsch, Medizinrecht, Rn. 513

[382] Wolfslast, MMW 1982, 105 (107) **a. A.** wohl Gragert, Strafrechtliche Aspekte des Organhandels, 1997, S. 104, der die Hinnahme einer Verschlechterung des Gesundheitszustandes generell für hinnehmbar hält

[383] Schreiber/Wolfslast, in: Dietrich (Hrsg.), 33 (53); Wolfslast, Der Arzt im Krankenhaus 1982, 526 (529)

patibilität wegen der Weiterentwicklung immunsuppressiver Mittel in den Hintergrund treten und eine Verwendung von Organen unmittelbar am Ort für konkrete Patienten möglich sein, so könnte die Notstandsrechtfertigung wieder mehr in den Vordergrund rücken.[384] Denn dann geht es – anders als beim Weg über Organbanken – jeweils um die Rettung eines konkret am Ort vorhandenen Patienten bzw. um dessen Lebensgefahr. Der sog. Selbstbehalt bei der Zuteilung von Lebern, der allerdings im Zuge der letzten Änderungen der Verteilungskriterien immer weiter in den Hintergrund getreten ist, lässt eher Situationen denkbar erscheinen, in denen konkrete Gefahren sichtbar vor Ort für den behandelnden Arzt werden.
Die hier begonnene Diskussion setzt sich bei dem folgenden Prüfungspunkt fort, denn es geht letztlich um die Gegenwärtigkeit der Gefahr.

3) Gegenwärtigkeit der Gefahr

Die Gegenwärtigkeit der Gefahr geht in zwei Punkten über das hinaus, was man bei einem Angriff i.S.d. § 32 StGB, der mindestens Versuchsnähe voraussetzt, noch als gegenwärtig bezeichnen dürfte. Zunächst einmal ist eine Gefahr auch dann schon gegenwärtig, wenn ein Schadenseintritt zwar noch nicht unmittelbar bevorsteht, eine Abwehr aber später nicht mehr oder nur noch unter sehr viel größeren Risiken möglich wäre.[385]
So lag es bei den früher nach Notstandsgrundsätzen behandelten Fällen des medizinisch indizierten Schwangerschaftsabbruches, wenn z.B. der Eingriff im dritten Monat erfolgte, die Gefahr für die Mutter sich aber erst bei der Geburt realisiert hätte.
So könnte man wiederum bei den dialyseabhängigen, auf eine Niere wartenden Patienten argumentieren, ein späterer Eingriff wäre mit sehr viel größeren Risiken behaftet. Der allgemeine Gesundheitszustand unter oft 5-7 Jahre dauernder Dialyse verschlechtert sich zunehmend; insbesondere die psychischen Belastungen zeigen Auswirkungen. Je eher transplantiert werden kann, desto bessere Chancen hat der jeweilige Patient. Oft wird aus diesen Gründen bei sog. „Langwartern oder Schwervermittelbaren“ mit seltenem HLA-Antigenmuster und Patienten mit hochreaktiven Antikörpern nicht auf eine perfekt kompatible Niere gewartet.[386]
Im Prinzip muss an dieser Stelle nach den einzelnen Organen unterschieden werden, denn die Herz-Lungen-Maschine ermöglicht zumindest eine gewisse Überbrückung für denjenigen Patienten, der auf eine Herztransplantation wartet.

---

[384] Schreiber, FS für Klug, 341 (352)
[385] Kühl, StrafR AT, § 8 Rn. 68; Roxin, Strafrecht AT, § 16 Rn. 17
[386] Largiadèr, Checkliste Organtransplantation, S. 60

Für die Patienten mit akuten Lebererkrankungen steht eine vergleichbare Maschine nicht zur Verfügung. Demgegenüber verschafft die Möglichkeit der Dialyse ungleich mehr Zeit.

Der zeitliche Rahmen beim Ausfall nicht lebenswichtiger Organe ist noch viel größer, wie etwa bei der Eintrübung der Hornhaut oder der Degeneration der Gehörknöchelchen. Hier kann von einer krisenhaften Zuspitzung und damit einer gegenwärtigen Gefahr im Sinne von § 34 StGB keine Rede sein. Diese Patienten können später durch ein anderes Organ gerettet werden und haben in der Zwischenzeit unter ihrer mit Sicherheit schlechten Lebensqualität zu leiden – aber eine vergleichbare Notlage wie bei einem Patienten, der auf eine Leber wartet, ist nicht gegeben.[387]

Von einer gegenwärtigen Gefahr kann daher nur gesprochen werden, wenn die Krankheit eine gewisse Progredienz aufweist und der Patient in absehbarer Zeit operiert werden muss.[388]

Der zweite Bereich, in dem die Gegenwärtigkeit der Gefahr bei § 34 StGB über die Gegenwärtigkeit des Angriffs bei § 32 StGB hinausgeht, ist der der *Dauergefahr*.

Eine Dauergefahr ist ein gefahrdrohender Zustand, der über einen längeren Zeitraum andauert und jederzeit[389] in einen Schaden umschlagen kann, mag auch die Möglichkeit offen bleiben, dass der Schaden noch eine Zeit lang auf sich warten lässt.[390] Beispiele sind die Einsturzgefahr des baufälligen Hauses oder der gemeingefährliche Geisteskranke.[391] Der Krankheitszustand jedes auf ein lebenswichtiges Organ wartenden Patienten lässt sich wohl ohne Übertreibung als eine solche Dauergefahr beschreiben.

Die alle zwei Tage stattfindende Blutwäsche bedeutet einen erheblichen Eingriff in die körperliche Integrität, davon zeugen sowohl die Dicke der Punktionsnadeln als auch die Schwächung und körperlichen Beeinträchtigungen nach jeder Dialyse. Die Langzeitdialyse führt im Übrigen zu Komplikationen wie Gefäßverschlüssen, Osteoporose bis hin zur Diabetes.[392] Bei nierenkranken Kindern ist nur bei erfolgreicher Transplantation ein normales Wachstum zu erreichen.[393]

In Anbetracht der Erfolge, die Nierentransplantationen heute aufweisen, und der damit verbundenen fast vollständigen Rehabilitierung des Erkrankten bleibt

---

[387] vgl. Kramer, Rechtsfragen der Organtransplantation, S. 144, 145, der auch nach den verschiedenen Organen unterscheidet

[388] Kramer, Rechtsfragen der Organtransplantation, S. 147

[389] Lackner/Kühl, StGB, § 34 Rn. 2; Tröndle/Fischer, StGB, § 34 Rn. 4

[390] BGHSt 5, 371 (373); BGH NJW 1979, 2053f. (Spanner-Fall); Kühl, StrafR AT, § 8 Rn. 64, 65; Sch/Sch/Lenckner, StGB, § 34 Rn. 17

[391] vgl. etwa Kühl, StrafR AT, § 8 Rn. 65 m. w. N.

[392] Pichlmayr, Transplantationschirurgie, S. 363 ff.

[393] Pichlmayr, Transplantationschirurgie, S. 698 ff.

diese insofern die einzige Maßnahme zur Wiederherstellung der Gesundheit und Lebensqualität. Dies ist auch höchstrichterlich bestätigt worden, indem der BGH hinsichtlich der Lebendspende einer Mutter zu Gunsten ihrer Tochter feststellte, dass die Spende einer gesunden Niere zu dem Zweck, die körperliche bzw. gesundheitliche Lage der Tochter zu verbessern und die Dialysebehandlung erheblich abzukürzen, in einem vernünftigen und angemessenen Verhältnis zur Selbstschädigung steht, welche die Mutter auf sich genommen hat.[394]
Gleichwohl wird aber von einem Teil der Literatur die Gegenwärtigkeit der Gefahr bei der Nierentransplantation bzw. bei Dialysepatienten abgelehnt[395], was meines Erachtens zumindest für den Teil der Patienten, bei denen noch keine Verschlechterung des Gesundheitszustands unter der Dialyse zu bemerken ist, richtig ist.
Außerdem kann eine Explantation zur Vorratshaltung – insoweit besteht wohl Einigkeit – in Gewebebanken nicht unter den Begriff der gegenwärtigen Gefahr gefasst werden[396], denn es fehlt der unmittelbare Bezug zum Empfänger.[397] Die erforderliche Gefahrenlage soll jedoch vorliegen, wenn ein international tätiges Verteilungszentrum ein Organ einem in Lebensgefahr befindlichen Patienten zuweist.[398] Nach anderer Ansicht ist § 34 StGB ausgeschlossen, wenn Verteilungszentren dazwischen geschaltet sind, weil sich die „Kollisionslage verdünne“[399] bzw. der explantierende Arzt keine Kenntnis vom Zustand des Empfängers habe.[400] Allerdings ist zu bedenken, dass auch auf dem Weg über Eurotransplant eine bestimmte, bereits bekannte Person von der einheitlichen Warteliste ermittelt wird. Das Element der örtlichen Nähe könnte in diesem Zusammenhang durch extensive Auslegung auf denjenigen Bereich ausgedehnt wer-

[394] BGH VersR 1987, 1040 (1042)
[395] Samson, NJW 1974, 2030 (2032); Nickel, Die Entnahme von Organen, S. 181
[396] Schreiber, Der Internist 1974, 551 (556); Wolfslast, MMW 1982, 105 (107); Carstens, Das Recht der Organtransplantation, S. 134f.; Geilen, JZ 1971, 41 (48); Lührs, ZRP 1992, 302 (305); **a. A.**: Kohlhaas, DMW 1969, 290ff.; ders, NJW 1971, 1870ff., der selbst hier § 34 StGB als gegeben ansieht
[397] Kramer, Rechtsfragen der Organtransplantation, S. 145
[398] Schöning, Rechtliche Aspekte der Organtransplantation, S. 174; Wolfslast, MMW 1982, 105 (107); Laufs, Arztrecht, Rn. 282
[399] Samson, NJW 1974, 2030 (2032)
[400] vgl. dagegen: Wolfslast, MMW 1982, 105 (107), die der Ansicht ist, dass „die von Eurotransplant benötigte Zeit zur Beschaffung eines geeigneten Organs per se noch nicht den § 34 StGB ausschließe, da diese Art der Vermittlung zur Zeit noch den schnellstmöglichen Weg darstelle, zu einem kompatiblen Organ zu gelangen.“ Auch heute ist diese Art der Vermittlung nach wie vor der schnellste und beste Weg, zur Verfügung stehende Organe dem bestmöglichen Empfänger zuzuteilen. Allerdings befindet sich dadurch der entnehmende Arzt nicht in derselben Konfliktsituation, als wenn ihm ein todkranker Patient persönlich bekannt ist.

den, der innerhalb der von Organ zu Organ verschiedenen Ischämiezeit mit den zur Verfügung stehenden Transportmitteln erreichbar ist.[401]
Für den weiteren Fortgang der Untersuchung soll an dieser Stelle zunächst einmal davon ausgegangen werden, dass zumindest Fallgestaltungen vorstellbar sind, in denen die Gegenwärtigkeit der Gefahr bejaht werden muss.

4) Nicht-Anders-Abwendbarkeit der Gefahr / Erforderlichkeit[402]

Dieses Merkmal besagt, dass das angewandte Mittel zur Abwendung der Gefahr geeignet und unter mehreren etwa zur Verfügung stehenden Mitteln das mildeste, d.h. fremde Rechtsgüter am wenigsten beeinträchtigende, sein muss.[403] Anders als bei der Notwehr muss hier allerdings jede erreichbare Hilfe zur Abwendung der Gefahr herbeigeholt werden, bevor in fremde Rechtsgüter eingegriffen werden darf.[404] Denn beim Notstand geht es nur um die Beseitigung von Gefahren und nicht um Rechtsbewährung.[405]

a) Geeignetheit

An die Geeignetheit des Mittels sind strenge Maßstäbe anzulegen, damit nicht nutzlos in fremde Rechtsgüter eingegriffen wird. Keine Notstandsrechtfertigung kommt dann in Betracht, wenn die Rettungshandlung die Rettungschance für das bedrohte Rechtsgut nur ganz unwesentlich erhöht, wenn also z.B. nur ein ganz unwesentlicher Zeitgewinn durch die Verletzung von Verkehrsvorschriften erreicht wird.[406] Man darf aber den Schwerverletzten auch dann unter Überschreitung der zugelassenen Höchstgeschwindigkeit ins Krankenhaus bringen, wenn zweifelhaft bleibt, ob er noch zu retten ist.[407] Ein Mittel ist also nicht

---

401 Schöning, Rechtliche Aspekte der Organtransplantation, S. 174

402 vgl. Lenckner, Das Merkmal der „Nicht-anders-Abwendbarkeit" der Gefahr in den §§ 34, 35 StGB, in FS für Lackner, S. 95ff.; Roxin, StrafR AT, § 16 Rn. 19; Kühl, StrafR AT, § 8 Rn. 75; Sch/Sch/Lenckner, StGB, § 34 Rn. 18: Dass die Gefahr „nicht anders abwendbar ist", soll dasselbe bedeuten wie die Feststellung, „die Notstandshandlung müsse zur Abwendung der Gefahr erforderlich sein".

403 Wessels/Beulke, StrafR AT, Rn. 308; Tröndle/Fischer, § 34 Rn. 5; LK-Hirsch, § 34 Rn. 50 ff. (52); Roxin, Strafrecht AT, § 16 A II Rn. 19

404 BGHSt 39, 133 (137); Kühl, StrafR AT, Rn. 76, 77; Sch/Sch/Lenckner, StGB, § 34 Rn. 20

405 Roxin, Strafrecht AT, § 16 Rn. 19; LK-Hirsch, § 34 Rn. 52

406 vgl. LK-Hirsch, § 34 Rn. 51; OLG Karlsruhe, VRS 46 (1974), 275 (276); KG, VRS 53 (1977), 60 (61)

407 Roxin, Strafrecht AT, § 16 Rn. 19

schon deshalb ungeeignet, weil es den Schaden nicht mit Sicherheit abwenden kann.
Die Normübertretung muss aber mindestens die Chance der Bewahrung des höherwertigen Interesses nachhaltig erhöhen; es ist aber keine an Sicherheit grenzende Wahrscheinlichkeit dafür notwendig, dass die konkrete Notstandshandlung den gewünschten Effekt hat.[408]
Eine Organtransplantation erhöht die Überlebenschancen des jeweiligen Patienten, an dem sie vorgenommen wird, ganz erheblich. Die Überlebensrate nach Transplantationen ist durch die verbesserte Technik, die gesammelten Erfahrungen und vor allem durch die Weiterentwicklung des Cyclosporins als Immunsuppression stark angestiegen, so dass in jedem Fall von einer Geeignetheit des Mittels im Sinne des § 34 StGB ausgegangen werden muss, wenn entgegen der Vorschriften des Transplantationsgesetzes transplantiert wird.[409]

b) Das relativ mildeste Mittel

Des Weiteren darf die Gefahr nicht durch ein milderes Mittel abzuwenden sein. Das bedeutet, der Täter wird aufgefordert, sich nach weniger einschneidenden Alternativen umzusehen.[410] Fraglich ist, ob eine Gefahr schon deshalb *anders abwendbar* im Sinne des § 34 StGB ist, weil derjenige, in dessen Rechtsgüter eingegriffen wird, um seine Einwilligung gebeten werden könnte.[411] Hier sind zwei verschiedene Fallgruppen zu unterscheiden:
Auf der einen Seite gibt es Fälle, in denen eine Notstandshandlung auch bei Verweigerung der Einwilligung zulässig sein würde - hier kommt es nicht auf die Einwilligungsmöglichkeit an, vielmehr geht es allein um die Frage, ob die betreffende Rechtsgutsverletzungshandlung erforderlich ist, und das beantwortet sich unabhängig von der Möglichkeit der Einwilligung.[412]
Auf der anderen Seite stehen Sachverhalte, bei denen die Notstandsbefugnis mit Rücksicht auf den Autonomieaspekt an das Vorliegen einer Einwilligung (oder deren Mutmaßlichkeit) geknüpft ist, z.B. bei riskanter lebensgefährlicher Operation oder auch beim Schwangerschaftsabbruch[413] - hier ist zwar im Gegensatz zu oben eine Notstandsrechtfertigung von der Einwilligungsfrage abhängig. Aber es geht hier ebenfalls nicht um den Gesichtspunkt der anderweitigen Ab-

---

408 Sch/Sch/Lenckner, § 34 Rn. 19; LK-Hirsch, § 34 Rn. 51
409 so auch: Samson, NJW 1974, 2030 (2032); Kramer, Rechtsfragen der Organtransplantation, S. 149
410 Kühl, StrafR AT, § 8 Rn. 86
411 vgl. Lenckner, in: FS für Lackner, 95 (105); LK-Hirsch, § 34 Rn. 52
412 LK-Hirsch, § 34 Rn. 52; Sch/Sch/Lenckner, § 34 Rn. 20
413 vgl. hierzu ausführlich: LK-Hirsch, § 34 Rn. 59, 61, 68

wendbarkeit im Rahmen des § 34 StGB, sondern darum, dass die Eingriffshandlung auch in den körperlichen Autonomiebereich erfolgt und insoweit an das Vorliegen einer Einwilligung gebunden ist. Dies ist aber erst im Rahmen der Interessenabwägung zu beachten.[414]

Wenn also zur Rettung eines Menschenlebens einem Verstorbenen früher unter Verletzung des § 168 StGB, heute unter Verletzung der Vorschriften des Transplantationsgesetzes ein Organ entnommen wird, brauchen die Angehörigen des Verstorbenen nicht erst um ihre Einwilligung ersucht zu werden[415], bzw. es spielt zumindest im Rahmen der Erforderlichkeit der Notstandshandlung noch keine Rolle.

Es hat keinen Sinn, die Rechtfertigung von einem verzögernden und oft Komplikationen schaffenden Einwilligungsverlangen abhängig zu machen, wenn es auf die Einwilligung nicht ankommt, weil bei ihrer Versagung der Eingriff ohnehin durchgeführt werden darf.[416] Auch die Rücksicht auf den Rechtsgutsinhaber kann dies nicht gebieten, weil ihm im Falle eines Einverständnisses eine Proforma-Anfrage überflüssig erscheinen, im Falle seiner Ablehnung die Missachtung seines ausdrücklich erklärten Willens aber doppelt schmerzhaft sein wird.[417]

Von Bedeutung ist schon hier die Entscheidung des LG Bonn[418], welches bei der Prüfung, ob die Organentnahme „das erforderliche und einzige Mittel" ist, auf das Verhältnis zwischen Rechtfertigung durch Notstand und durch Einwilligung der Angehörigen eingeht. Die Verletzung eines minderwertigen Rechtsguts sei nur dann das erforderliche und einzige Mittel zur Rettung eines höherwertigen Rechtsguts, wenn kein anderer Ausweg zu dessen Rettung gefunden werden kann. Sei ein solcher Ausweg in Form der Zustimmung der Angehörigen gegeben, liege keine echte Kollision im Sinne von § 34 StGB vor.

Sind die Angehörigen dagegen nicht erreichbar, ist die Befragung rein tatsächlich also nicht möglich, so ist – nach Auffassung des LG Bonn – eine Ausnahmesituation für den Arzt gegeben, die eine Rechtfertigung der Entnahmehandlung nach § 34 StGB ermöglicht.

---

414 Kühl, StrafR AT, § 8 Rn. 92, 93; LK-Hirsch, § 34 Rn. 52

415 Roxin, Strafrecht AT, § 16 Rn. 20; Geilen, JZ 1971, 41 (47); Roxin, JuS 1976, 505 (508); Kühl, StrafR AT, § 8 Rn. 92, 93; Schreiber, in: FS für Klug, 341 (351); Samson, NJW 1974, 2030 (2031): „weniger Respektierung der Autonomie als vielmehr provokative Verhöhnung der Angehörigen"

416 Kühl, StrafR AT, § 8 Rn. 92
Für die mit der Transplantation befassten Ärzte als auch für die Angehörigen ist die Führung eines solchen Gesprächs, dessen Ergebnis rechtlich irrelevant wäre, sinnlos.

417 Roxin, Strafrecht AT, § 16 A II Rn. 20

418 LG Bonn JZ 1971, 56 (59)

Für den Fall, dass die befragten Angehörigen die Einwilligung nicht erteilen, geht das LG Bonn[419] davon aus, dass nun alle Möglichkeiten zur Vermeidung einer ungerechtfertigten Verletzung der Rechte des Organspenders ausgeschöpft sind und somit die Voraussetzungen für die Anwendbarkeit des § 34 StGB vorliegen. Gleichgültig also wie sich die Angehörigen entscheiden, soll die Organentnahme entweder durch Einwilligung (Zustimmung der Angehörigen) oder durch Notstand (Ablehnung der Angehörigen) gerechtfertigt sein.
Dieses Vorgehen ist vielfach zu Recht kritisiert worden.[420] Für die Ärzte wäre ein solches Vorgehen nur schwer nachzuvollziehen. Wie schon oben beschrieben, handelt es sich um ein sowohl für den jeweiligen Arzt als auch für die Angehörigen stark belastendes Gespräch, welches aber an der rechtlichen Beurteilung der Situation nichts ändern würde. Äußern die Angehörigen eine ihnen bekannte Ablehnung des Verstorbenen, muss diese auch Beachtung finden. Für alle anderen Fälle hat der Spender das Risiko zu tragen, dass sein nicht nach außen tretender Wille keine Beachtung finden kann.[421]
Auf das Verhältnis von Einwilligung und Notstand wird noch zurückzukommen sein.
An der Erforderlichkeit einer Notstandshandlung fehlt es auch dann nicht, wenn mehrere für den rettenden Eingriff gleichermaßen geeignete Güter zur Verfügung stehen und der Handelnde eines von ihnen auswählt. Vielmehr ist jede Handlung erforderlich, die nicht durch eine schonendere ersetzt werden kann. Stehen dagegen unterschiedlich aussichtsreiche Möglichkeiten zur Verfügung, ist der Weg zu wählen, der die Rettung am ehesten gewährleistet.[422]
Eine spezifische Kollisionsbeziehung zwischen dem geopferten und dem geretteten Rechtsgut braucht darüber hinaus nicht zu bestehen.[423]
An der Erforderlichkeit fehlt es außerdem in Fällen, in denen ein rechtlich geordnetes Verfahren zur Abwehr der drohenden Gefahr zur Verfügung steht.[424] Ist in solch einem Verfahren rechtzeitige Abhilfe möglich, muss es als das relativ mildeste Mittel beschritten werden. Kann es dagegen nicht rechtzeitig abhelfen, z.B. wenn sich die Gefahr zwischenzeitlich wesentlich erhöhen würde, liegt zwar Erforderlichkeit vor - jedoch geht es auch dann eventuell um den Gesichtspunkt der Interessenabwägung.[425]

---

419 LG Bonn JZ 1971, 56 (59)
420 OLG Frankfurt NJW 1975, 271 (272); Sch/Sch/Lenckner, StGB, § 34 Rn. 20; Jakobs, StrafR AT, 13/19; Grebing, GA 1979, 81 (97 Fn. 97); Kramer, Rechtsfragen der Organtransplantation, S. 150ff.
421 Kramer, Rechtsfragen der Organtransplantation, S. 152
422 BGHSt 2, 242 (245)
423 LK-Hirsch, § 34 Rn. 24, 50; Küper, JZ 1976, 515 (516); Grebing, GA 1979, 81 (86); Sch/Sch/Lenckner, § 34 Rn. 21; Jescheck/Weigend, StrafR AT, § 33 IV 3b
424 vgl. BGH NJW 1979, 2053 (2054); LK-Hirsch, § 34 Rn. 52
425 LK-Hirsch, § 34 Rn. 52

Das bedeutet für die in Rede stehenden Fälle der unerlaubten Organentnahmen, dass mit dem Transplantationsgesetz im Prinzip ein geordnetes Verfahren zur Verfügung steht, da es zur Abhilfe des Organmangels und zur Schaffung von Rechtssicherheit in eben diesem Bereich verabschiedet worden ist. Allerdings ist eine rechtzeitige Hilfe in vielen Fällen nicht zu erwarten, wie die steigende Zahl von auf der Warteliste versterbenden Patienten zeigt.[426] Die Gefahr des Todes ist bei Nichtvornahme der Transplantation zumindest wesentlich erhöht, da nicht davon ausgegangen werden kann, über Eurotransplant zeitnah ein passendes Organ zu erhalten. Damit besteht an der Erforderlichkeit der lebensrettenden Operation durch den Arzt im Sinne des § 34 StGB kein Zweifel.

5) Abwägung der widerstreitenden Interessen

Zentraler Punkt scheint also - zumindest in den Bereichen, in denen gesetzliche Verfahrensvorschriften existieren - die Interessenabwägung des § 34 StGB zu sein.

Statt der abstrakten Güterabwägung findet nun eine umfassende Interessenabwägung statt, die alle Umstände der konkreten Kollisionslage in die Entscheidung über Rechtmäßigkeit oder Rechtswidrigkeit einer Notstandshandlung miteinzubeziehen hat; Ziel ist es, alle „positiven und negativen Vorzugstendenzen" des Sachverhaltes aufzudecken und gegeneinander abzuwägen.[427] Im Ergebnis muss bei Abwägung der widerstreitenden Interessen das geschützte Interesse das beeinträchtigte wesentlich überwiegen.

Zur Ermittlung dieses Ergebnisses werden im konkreten Fall die Nähe und Schwere der dem einen Gut oder Interesse drohenden Gefahren sowie die Größe und der Umfang des beeinträchtigenden Eingriffs , den das andere Gut oder Interesse bei der Gefahrenabwehr erleidet, in die Waagschale geworfen. Dabei klärt man zunächst das abstrakte Rangverhältnis der betroffenen Rechtsgüter, dann den Grad der den Rechtsgütern drohenden Gefahren; danach nimmt man unter Berücksichtigung aller weiteren widerstreitenden Interessen des Einzelfalles eine Gesamtbewertung vor, ob das wahrgenommene Interesse das beeinträchtigte überwiegt, und schließlich ob das Überwiegen den Grad eines wesentlichen Überwiegens erreicht.[428] Es handelt sich also um eine *konkrete* Betrachtungsweise[429], die nach *objektivem Wertmaßstab* zu erfolgen hat;[430] keine

---

426 zur Zeit warten in Deutschland ca. 10.000 Menschen auf eine Niere - transplantiert werden ca. 2.500 Nieren pro Jahr (vgl. Richter, DÄBl. 2001, C 1922)

427 Sch/Sch/Lenckner, § 34 Rn. 22; Jescheck/Weigend, StrafR, § 33 IV 3c; Maurach/Zipf, StrafR, § 27 III 5a; LK-Hirsch, § 34 Rn. 62

428 LK-Hirsch, § 34 Rn. 53

429 Sch/Sch/Lenckner, § 34 Rn. 25; Tröndle/Fischer, § 34 Rn. 8

Rolle spielt deshalb die individuelle Wertschätzung, die der Inhaber des Rechtsgutes diesem beimisst.[431] Ob ein Interesse an einem Rechtsgut berechtigt ist und das Rechtsgut schutzwürdig ist, bestimmt hier die Rechtsordnung und nicht der einzelne Rechtsinhaber. Für die Berücksichtigung der individuellen Wertschätzung bieten lediglich die Rechtfertigungsgründe der Einwilligung und der mutmaßlichen Einwilligung Raum.[432]

Ohne hier die folgende Abwägung vorwegnehmen zu wollen, sei darauf hingewiesen, dass naturgemäß keine konkrete Einzelfallbetrachtung stattfinden kann, da immer nur exemplarisch bestimmte Fallkonstellationen beleuchtet werden können. Außerdem fällt nach der Einleitung in diese Abwägung auf, dass nicht der einzelne Rechtsgutsinhaber und seine Wertschätzung seines beeinträchtigten Interesses maßgeblich sein soll - das könnte bedeuten, auch an dieser Stelle käme es auf einen geäußerten Willen durch einen Organspendeausweis oder durch die Angehörigen nicht an, wenn die Rechtsordnung das Leben des Organempfängers für schutzwürdiger hält - dann wäre zu fragen, ob zu der Rechtsordnung nicht auch das Transplantationsgesetz mit den enthaltenen Wertungen gehört. Denn ebenfalls in der Einleitung findet sich der Verweis auf die Einwilligung bzw. die mutmaßliche Einwilligung als Rechtfertigungsgründe, die wiederum Raum für individuelle Wertschätzungen bieten sollen - das Transplantationsgesetz hat gerade die Zustimmung des Betroffenen selbst in einem Organspendeausweis (schriftliche Einwilligung) oder die Zustimmung durch die Angehörigen, die einen ihnen bekannten Willen des Verstorbenen berücksichtigen sollen (ähnlich der mutmaßlichen Einwilligung), als Rechtfertigung einer Organentnahme gewählt. Darauf wird im Folgenden noch zurückzukommen sein.

Als Richtlinien für eine Abwägung sollen gelten[433]:

a) Wertgefälle der Rechtsgüter bzw. Abwägung der betroffenen Rechtsgüter

Abzuwägen sind alle von der Maßnahme betroffenen Rechtsgüter, also auch bloß mittelbar betroffene Rechtsgüter, gleichgültig, ob das solche Dritter sind[434] oder ob es sich um mittelbare Auswirkungen der Notstandsmaßnahme beim

[430] LK-Hirsch, § 34 Rn. 54

[431] Baumann/Weber/Mitsch, Strafrecht, § 22 II 1b

[432] LK-Hirsch, § 34 Rn. 54; a. A. SK-Samson, § 34 Rn. 14, der diesen Gesichtspunkt auch bei der Interessenabwägung des § 34 StGB berücksichtigen will.

[433] Vgl. dazu: Roxin, StrafR AT, § 16 Rn. 22ff.; Kühl, StrafR AT, § 8 Rn. 106ff.; Sch/Sch/Lenckner, StGB, § 34 Rn. 22

[434] Tröndle/Fischer, § 34 Rn. 10

Träger des unmittelbar betroffenen Rechtsguts handelt.[435] Hier geht es um allgemeine Regeln über das Wertverhältnis der Rechtsgüter;[436] so treten bloße Ordnungsvorschriften hinter dem Schutz vor konkreten Beeinträchtigungen zurück, das heißt, ordnungsrechtlich geschützte Rechtsgüter sind niedriger anzusetzen als strafgesetzliche Schutzgüter.[437] Das bedeutet weiter, dass Persönlichkeitswerte auf allen Rechtsgebieten Sachgüterinteressen vorzuziehen sind, wobei den verfassungsrechtlich geschützten Grundrechten besondere Bedeutung zukommt.[438] Außerdem begründet der Schutz von Leib und Leben ein höheres Interesse auch gegenüber der Bewahrung anderer Persönlichkeitswerte oder überindividueller Rechtsgüter; das Leben hat einen überragenden Wert - Tötungen sind grundsätzlich nicht durch § 34 StGB zu rechtfertigen.[439]
Danach muss zunächst festgehalten werden, dass die Rettung des Lebens des Organempfängers in dieser schlichten Gegenüberstellung der Rechtsgüter in jedem Fall die Verletzung des postmortalen Persönlichkeitsrechtes des ungefragten Spenders überwiegt.[440] Noch gravierender scheint das Ergebnis bei der Lebendspende eines Nichtverwandten: dort werden die Verfahrensvorschriften des § 8 TPG verletzt, aber kein weiteres individuelles Rechtsgut, denn der Lebendspender will den gesamten Vorgang, hat ihm zugestimmt. Dort wird ein Leben oder die Gesundheit des Empfängers gegenüber Verfahrensvorschriften wesentlich überwiegen. Ähnliches wird für eine Nichtbeachtung der Verteilungsrichtlinien bzw. die Nichtinformation von Eurotransplant gelten müssen.
Stets zu beachten ist, dass sich aus der Abwägung der betroffenen Rechtsgüter, weil sie nur die Bestimmung des abstrakten Rangverhältnisses der Rechtsgüter zum Gegenstand hat, noch keine endgültigen Schlüsse für die Entscheidung der Notstandsfrage ziehen lassen.[441]

b) Strafrahmenvergleich

„Bei der Güterabwägung ist von den Wertungen auszugehen, die in den zum Schutze der Rechtsgüter erlassenen Strafdrohungen des geltenden Rechts ihren

---

435 LK-Hirsch, § 34 Rn. 55; Küper, JZ 1976, 515 (518)
436 Roxin, Strafrecht AT, § 16 Rn. 25; Kühl, StrafR AT, § 8 Rn. 107f.
437 Sch/Sch/Lenckner, § 34 Rn. 23; LK-Hirsch, § 34 Rn. 56
438 Maunz/Dürig/Herzog/Scholz, Art. 1 Abs. 1 Rn. 33; Lenckner, Notstand, S. 157; Maurach/Zipf, § 27 III 5b; LK-Hirsch, § 34 Rn. 56
439 LK-Hirsch, § 34 Rn. 56
440 Schreiber, MMW 1987, 1 (3); ders., in: Gesellschaft, Gesundheit und Forschung e. V., 39 (42); Möx, Arztrecht 2/1994, 39 (41)
441 LK-Hirsch, § 34 Rn. 58

allgemeinen Ausdruck gefunden haben," so das Reichsgericht.[442] Ausgangspunkt für die Bestimmung des Ranges der betroffenen Rechtsgüter ist also das positive Recht. Die an die Verletzung geknüpften gesetzlichen Strafdrohungen können wichtige Anhaltspunkte liefern.[443] Wer zum Beispiel eine Vergewaltigung verhindert, indem er in ein fremdes Haus eindringt, der ist durch Notstand gerechtfertigt, wie der Strafrahmenvergleich der §§ 177, 123 StGB zeigt.
Wenn zum Zwecke der Lebensrettung eines auf ein Organ wartenden Patienten einem Verstorbenen ein Organ gegen den Willen seiner Hinterbliebenen entnommen werden muss, zeigt ein Blick auf die Strafrahmen der §§ 212, 168 StGB bzw. der §§ 17 ff. TPG, dass die Notwendigkeit zur Erhaltung des menschlichen Lebens dem Interesse an der Unversehrtheit des Leichnams vorzuziehen ist.[444]
Man sollte diesen Gesichtspunkt allerdings nicht überschätzen, denn bestimmte notstandsfähige Rechtsgüter, wie z.B. das allgemeine Persönlichkeitsrecht und das Vermögen, sind strafrechtlich nicht generell sondern nur gegen bestimmte Angriffe geschützt. Dort lässt dann die Strafdrohung keinen sicheren Schluss auf den Wert des Rechtsgutes zu, weil der Strafrahmen oft durch die Modalitäten der Tatausführung, das Ausmaß von Unrecht und Schuld und nicht zuletzt durch kriminalpolitische Erwägungen wesentlich geprägt ist.[445] In den Fällen, wo eine Strafdrohung vielleicht völlig fehlt, lässt sich ebenfalls nicht auf die Geringwertigkeit des Rechtsgutes schließen, da das Strafrecht immer nur subsidiär zu anderweitigem Rechtsschutz eingreifen kann.[446]
Außerdem liegen die Strafdrohungen im Bereich der mittleren Kriminalität nicht unbedingt weit auseinander, so dass eine Bewertung auch deswegen schwerfällt, oder aber die Höhe der gesetzlichen Strafdrohungen entspricht nicht mehr zwingend heutigen Wertvorstellungen.

c) Intensität der Rechtsgutsverletzung bzw. Größe des konkreten Schadens

Neben dem Wertverhältnis der Rechtsgüter muss aber auch das Ausmaß der ihnen in der konkreten Konfliktlage drohenden Beeinträchtigungen bei der Abwägung eine Rolle spielen. So muss es Berücksichtigung finden, wenn der drohende Schaden unverhältnismäßig größer als der aus der Tat entstehende wä-

---

[442] RGSt 61, 242 (255)
[443] Kühl, StrafR AT, § 8 Rn. 109; Sch/Sch/Lenckner, § 34 Rn. 43; Maurach/Zipf, § 27 III 5b; Welzel, StrafR, § 14 IV; LK-Hirsch, § 34 Rn. 56
[444] Roxin, Strafrecht AT, § 16 Rn. 23f.; Kühl, StrafR AT, § 8 Rn. 110; Sch/Sch/Lenckner, StGB, § 168 Rn. 8; Schreiber, in: FS für Klug, 341 (351)
[445] Kühl, StrafR AT, § 8 Rn. 111; Jakobs, StrafR, 13/20; LK-Hirsch, § 34 Rn. 56
[446] Roxin, Strafrecht AT, § 16 Rn. 24

re.[447] Es kann die kurzfristige folgenlose Freiheitsberaubung für nur wenige Minuten zur Verhinderung eines sehr hohen Sachschadens gerechtfertigt sein, auch wenn die persönliche Freiheit und Selbstbestimmung an sich ein höherwertiges Rechtsgut als das Sacheigentum ist. Erst recht ist die Beeinträchtigung auf beiden Seiten entscheidend, wenn die verletzten Rechtsgüter nach lediglich abstrakter Güterabwägung vom Rangverhältnis her gleichwertig sind oder nur unbedeutende Unterschiede aufweisen.[448] Dieser quantitative Gesichtspunkt hat vor allem bei vermögenswerten Rechtsgütern entscheidende Bedeutung, wenn es zum Beispiel um gleichartige wirtschaftliche Verluste sehr verschiedener Größenordnung geht.[449]

Der konkrete Schadensvergleich kann bei kollidierenden gleichrangigen Personenwerten ausnahmsweise dann bedeutsam werden, wenn einer leichten Einwirkung ein drohender besonders schwerer Schaden gegenübersteht; zum Beispiel in dem Fall, dass jemand einen anderen durch einen unsanften Schlag beiseite stößt, um sich selbst aus der Gefahr, dass seine Beine abgefahren werden, zu retten.[450]

Schon an dieser Stelle könnte auf die Fälle der unfreiwilligen Blutspenden eingegangen werden, in denen ein kleiner Eingriff in die körperliche Integrität bei dem unfreiwilligen Spender der Lebensrettung bei dem sonst versterbenden Verkehrsunfallopfer gegenübersteht. Darauf wird aber noch unter dem gesondert aufgeführten Gesichtspunkt der Autonomie ausführlich zurückzukommen sein. Wenn es um einen reinen Vergleich der Intensität der Rechtsgutsverletzung bzw. einen Vergleich der konkreten Schäden auf beiden Seiten ginge, müsste die Entscheidung eindeutig zum Nachteil desjenigen ausfallen, der zwangsweise zu einer lebensrettenden Blutspende herangezogen wird.

Ebenso würde es sich an dieser Stelle mit den in Rede stehenden Fällen einer nicht durch das Transplantationsgesetz gerechtfertigten Organentnahme verhalten. Der Eingriff in das postmortale Persönlichkeitsrecht des verstorbenen Spenders oder in das Totensorgerecht der Hinterbliebenen scheint doch wesentlich geringer zu wiegen als das Leben des sonst auf der Warteliste innerhalb weniger Tage versterbenden Organempfängers.

Bei konkreter Abwägung kann sich zwar ergeben, dass trotz Höherrangigkeit des bedrohten Rechtsguts ein Interessenübergewicht zu verneinen ist, etwa in Fällen der Rettung des Lebens auf Kosten der Gesundheit eines Dritten.[451] Hier geht es aber nicht um die Gesundheit des verstorbenen Spenders sondern um

---

[447] Sch/Sch/Lenckner, § 34 Rn. 26; Lenckner, Notstand, S. 152 f.; Küper, JZ 1976, 515 (517); LK-Hirsch, § 34 Rn. 63

[448] Roxin, Strafrecht AT, § 16 Rn. 28; LK-Hirsch, § 34 Rn. 63

[449] BGHSt 12, 299 (301) nimmt eine Rechtfertigung an, wenn Erhaltungs- und Eingriffsgut in einem Wertverhältnis von 80.000 DM zu 5.000 DM stehen.

[450] vgl. LK-Hirsch, § 34 Rn. 64; Blei, StrafR AT, § 44 IV 4

[451] LK-Hirsch, § 34 Rn. 53

andere Persönlichkeitswerte. Eine Organentnahme vom lebenden Spender, wie sie in § 8 TPG geregelt ist, wäre selbstverständlich niemals ohne dessen ausdrückliche Einwilligung - auch nicht zur Lebensrettung - gerechtfertigt. Hat der nichtverwandte Spender aber in die Entnahme eingewilligt, geht es nur noch um die Verletzung von Verfahrensvorschriften.

d) keine Abwägung von Leben gegen Leben

Wo es um das Rechtsgut des menschlichen Lebens geht, sind quantitative Wertungen unzulässig; selbst wenn mehrere Menschenleben auf Kosten eines oder einer geringwertigen Anzahl von Leben gerettet werden könnten.[452] Jedes menschliche Leben hat vor dem Recht den gleichen Rang, es gibt keine Abstufungen zwischen wertvollem und weniger wertvollem Leben.[453]
Es wäre natürlich rechtswidrig, wenn ein Arzt einen Patienten, der nur noch kurze Zeit zu leben hat, töten würde, um dessen Organe einem anderen sonst todgeweihten Patienten einzupflanzen. Diese Fälle stehen aber auch nicht zur Debatte.
Ebenso unzulässig ist eine Abwägung nach der betroffenen Zahl von Menschenleben; auch die Opferung weniger Unschuldiger zur Rettung vieler Menschen kann vor dem Recht keinen Bestand haben.[454]
Deshalb war bei der „Euthanasie-Aktion“ Hitlers das Verhalten von Anstaltsärzten, die einen Teil der ihnen anvertrauten Geisteskranken der Tötung überantworteten, auch dann rechtswidrig, wenn sie nur deshalb so handelten, um durch die Preisgabe einer kleineren Anzahl von Insassen den größeren Teil der betroffenen Kranken zu retten.[455]
Bei der Organentnahme geht es nicht um eine Abwägung von Leben gegen Leben sondern um die Abwägung von Leben gegen Selbstbestimmung, postmortalem Persönlichkeitsrecht und Pietät der Angehörigen. Auch an dieser Stelle der Interessenabwägung bedarf es keiner größeren Überlegungen, denn sie muss zu Gunsten des Empfängers ausfallen.

---

[452] BGHSt 35, 347 (350); Tröndle/Fischer, § 34 Rn. 10; Jescheck/Weigend, StrafR, § 33 IV 3c; Sch/Sch/Lenckner, § 34 Rn. 24; LK-Hirsch, § 34 Rn. 65; Lackner/Kühl, StGB, § 34 Rn. 7
[453] Kühl, StrafR AT, § 8 Rn. 114; Jescheck/Weigend, StrafR, § 33 IV 3c
[454] vgl. Jakobs, StrafR, 13/21; Maurach/Zipf, StrafR, § 27 III 5b
[455] vgl. hierzu: OGHSt 1, 321; 2, 117; Baumann/Weber, StrafR, § 22 II 1b; Jakobs, StrafR, 13/23; Jescheck/Weigend, StrafR, § 33 IV 3c; Maurach/Zipf, StrafR, § 27 III 5b; Sch/Sch/Lenckner, § 34 Rn. 24; LK-Hirsch, § 34 Rn. 65

e) der Grad der drohenden Gefahren

Neben dem Ausmaß des auf der einen und der anderen Seite drohenden Schadens muss auch die Wahrscheinlichkeit seines Eintritts bei der Abwägung berücksichtigt werden. Denn ein Rechtsgut ist um so schutzwürdiger, desto größer die Wahrscheinlichkeit eines Schadenseintritts ist.[456] Ein höherer Gefahrengrad kann die Interessenabwägung im Einzelfall sogar zu Gunsten des geringerwertigen Rechtsguts entscheiden.[457] In der Regel betrifft dieses Abwägungskriterium Fälle, in denen zur Abwehr einer konkreten Gefahr von einiger Dringlichkeit lediglich abstrakte Gefährdungen in Kauf genommen werden.[458] Die Begründung des E 1962 betont, in der Regel werde „das Interesse, eine unmittelbar drohende Verletzung von einer Einzelperson abzuwenden, es rechtfertigen, einer zur Verhütung abstrakter Gefahren ergangenen Vorschrift, selbst wenn sie höheren Werten als dem Schutz einer Einzelperson dient, zuwiderzuhandeln."[459] Praktisch sind dies hauptsächlich Verstöße im Straßenverkehr, in denen Geschwindigkeiten überschritten werden, um Leben zu retten oder Körperverletzungen zu vermeiden. Während in der Regel der Vorrang des durch die Verkehrsgesetze geschützten Allgemeininteresses anerkannt wird, ist es bei bloß abstrakter Gefährdung zur Abwendung einer gegenwärtigen, konkreten Gefahr möglich, dass sich wegen des Gefahrunterschiedes gleichwohl eine Rechtfertigung ergibt.[460] Als Beispiel mag die Nichtbeachtung einer auf Rot geschalteten Ampel bei Transport einer dringend benötigten Blutkonserve dienen.[461] Den Umständen des Einzelfalles kommt insofern besondere Bedeutung zu, als es um die Verkehrsverhältnisse, die Geschicklichkeit des Fahrers, die Art des Verstoßes etc. geht.[462] Selbst die geringe konkrete Lebensgefährdung anderer Verkehrsteilnehmer ist nach herrschender Meinung ausnahmsweise erlaubt, wenn die abzuwendende Gefahr wesentlich größer ist.[463] Das bedeutet im Ergebnis, dass - soweit eine solche Lebensgefährdung zulässig ist - im Falle des Erfolgseintritts sogar die fahrlässige Tötung gem. § 222 StGB gerechtfertigt wäre.[464]

---

456 Kühl, StrafR AT, § 8 Rn. 116; Maurach/Zipf, StrafR, § 27 III 5c; Sch/Sch/Lenckner, § 34 Rn. 27

457 Baumann/Weber, StrafR, § 22 II 1b; LK-Hirsch, § 34 Rn. 60; Kühl, StrafR AT, § 8 Rn. 116

458 Kühl, StrafR AT, § 8 Rn. 116-118; Roxin, StrafR AT, § 16 Rn. 38-40

459 Begründung des E 1962, BT-Drucks. IV/650, 159

460 Begründung des E 1962, BT-Drucks. IV/650, 159; LK-Hirsch, StGB, § 34 Rn. 60

461 vgl. OLG Hamm NJW 1977, 1892 ff.

462 Sch/Sch/Lenckner, StGB, § 34 Rn. 28; LK-Hirsch, StGB, § 34 Rn. 60

463 Stratenwerth, StrafR, Rn. 456; Jakobs, StrafR, 13/30; Sch/Sch/Lenckner, StGB, § 34 Rn. 28

464 vgl. LK-Hirsch, StGB, § 34 Rn. 60

Dann müssen aber bei der „unerlaubten" Organentnahme sowohl das nur potentiell gefährdete Persönlichkeitsrecht des Spenders, der sich nicht geäußert hat, als auch die potentielle Lebensgefährdung desjenigen Dritten, der sich ebenfalls auf der Warteliste befindet und erst das nächste über Eurotransplant kommende Organ zugeteilt bekommt, zurückstehen. Denn eine konkrete Gefahr besteht weder in dem einen noch in dem anderen Fall.

Derjenige Organspender, der sich selbst zu Lebzeiten nicht geäußert hat, muss nicht zwingend gegen eine solche Organentnahme gewesen sein - dafür ist der Anteil derjenigen, die sich schlicht gar keine Gedanken machen oder nur nicht den Schritt gehen, einen Ausweis auszufüllen, viel zu hoch. Wie schon oben erwähnt, tragen zur Zeit maximal 5% der Bevölkerung einen Organspendeausweis bei sich. Es erscheint unwahrscheinlich, dass der gesamte Rest automatisch gegen eine solche Organentnahme sein soll. Das bedeutet aber auch, dass bei einer Organentnahme ohne Ausweis und ohne Angehörigenbefragung nicht zwingend das Selbstbestimmungsrecht des Verstorbenen verletzt sein muss, eine Gefährdung dieses Rechts aber hinzunehmen ist.

Ebenso verhält es sich mit dem Dritten, der - wie der tatsächliche Empfänger - auf der Warteliste für ein lebensrettendes Organ steht. Seine Gesundheit oder sogar sein Leben sind stark gefährdet, wenn der handelnde Arzt eigenmächtig, an Eurotransplant vorbei einen anderen todkranken Patienten vorzieht, der sonst in seinem Krankenhaus versterben würde. Ob dieser Dritte tatsächlich durch das nächste passende Organ gerettet werden kann oder vorher auf der Warteliste verstirbt, ist zum Zeitpunkt der eigenmächtigen Organentnahme noch nicht absehbar und muss daher als Gefährdung hingenommen werden.

f) gesetzliche Regelungen

Entscheidend für die Abwägung sind häufig auch die Wertungen, die sich in anderen gesetzlichen Regelungen außerhalb des § 34 StGB niedergeschlagen haben. Der Gesetzgeber hat bestimmte Abwägungen getroffen und diese in speziellen Rechtfertigungsgründen festgeschrieben, die nun nicht durch den Rückgriff auf § 34 StGB unterlaufen werden dürfen.[465]

Man darf also nicht unter Berufung auf § 34 StGB eine gesperrte Straße befahren, wenn ein Antrag auf Ausnahmegenehmigung zulässig ist, durch den möglichen Konfliktlagen schon Rechnung getragen wird.[466] Das Abschießen von Wild während der Schonzeit kann nicht durch § 34 StGB gerechtfertigt werden, da die landesrechtlichen Jagdgesetze die hier anzustellenden Abwägungen be-

[465] Roxin, Strafrecht AT, § 16 Rn. 45

[466] BayObLG JR 1956, 307f.

reits vorgenommen haben.[467] Die Polizei ist nicht durch Notstand gedeckt, wenn sie unter Missachtung der §§ 102 ff. StPO bei der Verfolgung von Rauschgiftdelikten in fremde Wohnungen eindringt.[468] Die Polizei muss sich nach der schon auf Verfassungsebene vorgenommenen Wertung zwischen den Strafverfolgungsinteressen des Staates und dem Freiheitsinteresse des Beschuldigten bei der Durchsuchung einer Wohnung im Rahmen der gesetzlichen Formen und Voraussetzungen der §§ 102 ff. StPO halten und kann sich wegen des Gesetzesvorbehalts in Art. 13 GG nicht auf den rechtfertigenden Notstand berufen.[469] Eine Umgehung dieser Gesetzesbindung z.B. durch den Einsatz privater Kontaktpersonen muss ausgeschlossen sein.[470] In Bezug auf die Anwendung des § 34 StGB gilt hier eine Rückgriffssperre.[471]
Allerdings wird man ausnahmsweise den Rückgriff auf § 34 StGB doch zulassen müssen, wenn die drohende Gefahr so exorbitant und atypisch ist, dass sie in die Abwägung der gesetzlichen Spezialregelung nicht eingegangen ist.
So hat etwa bei der Regelung des Verkehrs zwischen Verteidiger und Beschuldigtem in § 148 StPO der Gesetzgeber zwar in Kauf genommen, dass es im Einzelfall bei solchen Gesprächen zur Planung einer Strafvereitelung, Urkundenunterdrückung, Eidesverletzung oder anderer Delikte kommen kann, die eine Verurteilung verhindern sollen; dem lässt sich nicht mit Hilfe von § 34 StGB vorbeugen. Wenn es aber zur Verhinderung einer konkret drohenden Mordtat nötig ist, wird man eine Abhörung doch auf § 34 StGB stützen dürfen.[472] Denn ein solches Ereignis liegt außerhalb der in § 148 StPO berücksichtigten Möglichkeiten.[473]
Auf das besondere Verhältnis von § 34 StGB und den öffentlichen Eingriffsrechten wird an späterer Stelle noch gesondert eingegangen.
Schon hier stellt sich aber die Frage, inwieweit das Transplantationsgesetz eine umfassende Regelung enthält, die einer genauso umfassenden Interessenabwägung im Gesetzgebungsverfahren gefolgt ist und die Wertungen vorgibt, die die Interessenabwägung im Rahmen des § 34 StGB beeinflussen müssen. Häufig wird dieser Bereich aber auch im Rahmen der Angemessenheit diskutiert, da erst dort die Abstimmung mit der Gesamtrechtsordnung vorgenommen wird.[474] Dort soll geprüft werden, ob die Rechtsordnung für solche Konflikte, wie sie

---

[467] BayObLG NJW 1953, 1563f.
[468] a.A.: OLG München NJW 1972, 2275
[469] Grebing, GA 1979, 81 (101)
[470] Amelung / Schall, JuS 1975, 569 (570)
[471] Amelung / Schall, JuS 1975, 569 (571); Grebing, GA 1979, 81 (101)
[472] Roxin, Strafrecht AT, § 16 Rn. 46
[473] Roxin, Strafrecht AT, § 16 Rn. 46
[474] vgl. Kühl, StrafR AT, § 8 Rn. 166

der Täter durch einen eigenmächtigen Zugriff auf fremde Rechtsgüter gelöst hat, nicht andere Lösungen, insbesondere andere Verfahren bereithält.[475]

g) besondere Pflichtenstellung bzw. Duldungspflichten

In den Fällen, in denen dem geschützten Rechtsgut Vorrang eingeräumt wird, können einschränkend besondere Duldungspflichten in Betracht gezogen werden. Hier verschiebt sich die nach § 34 StGB vorzunehmende Interessengewichtung derart, dass die Rechtsgüter des Sonderpflichtigen zwar nicht weniger wert, wohl aber hinsichtlich der zu duldenden Beeinträchtigung in ihrem Schutz eingeschränkt sind.[476] Obwohl der Gesichtspunkt des besonderen Rechtsverhältnisses nur in § 35 StGB genannt ist, wird er bei der Abwägung innerhalb des § 34 StGB ebenfalls herangezogen. So hat ein Arzt zum Beispiel besondere Pflichten, ist aber in den in Rede stehenden Fällen nicht Träger des geschützten Rechtsguts.

Eine erhöhte Gefahrtragungspflicht kann sich außerdem aus dem Bestehen einer Garantenstellung gegenüber dem gefährdeten Gut ergeben.[477] Das hieße in den Fällen der Organentnahme, dass der Empfänger in irgendeiner Weise gegenüber dem unfreiwilligen Spender verpflichtet sein müsste, was nicht der Fall ist. Der Arzt selbst hat mit Sicherheit eine Garantenstellung gegenüber beiden Patienten, nur ist er eben weder Träger des geschützten noch des beeinträchtigten Rechtsguts. Im Ergebnis bleiben keine erhöhten Duldungspflichten des im Zweifel geretteten Organempfängers, seine Leiden länger zu ertragen oder zu versterben.

Besondere Duldungspflichten herrschen ansonsten nur noch dort, wo die Beeinträchtigung von Rechtsgütern einer Einzelperson von der Rechtsordnung beabsichtigt ist, zum Beispiel bei dem Freiheitsentzug im ordnungsgemäßen Strafvollzug.[478]

Auch in diesem Zusammenhang kann man nicht davon sprechen, dass das Transplantationsgesetz *beabsichtigt*, dem Organempfänger bestimmte Duldungspflichten aufzuerlegen; de facto legt es zwar Voraussetzungen fest, die eine Organübertragung eher erschweren (etwa im Vergleich zu einer gesetzlich normierten Widerspruchslösung), dies aber nur aus Gründen der Rechtssicherheit bei der Organentnahme; die Benachteiligung des wartenden Organempfän-

---

[475] Kühl, StrafR AT, § 8 Rn. 168

[476] LK-Hirsch, StGB, § 34 Rn. 67; vgl. auch Tröndle/Fischer, StGB, § 34 Rn. 13, 14, der diesen Aspekt allerdings im Rahmen der Angemessenheit anspricht

[477] Lenckner, Notstand, S. 101 f.; LK-Hirsch, StGB, § 34 Rn. 67

[478] LK-Hirsch, StGB, § 34 Rn. 67

gers ist nicht beabsichtigt sondern in Kauf genommene Folge der gewünschten Regelung zu Gunsten des Verstorbenen.

h) Verschuldung der Notstandslage

Es besteht Einigkeit darüber, dass eine Verschuldung der Notstandslage die Berufung auf § 34 StGB nicht ausschließt, wohl aber die Interessenabwägung beeinflussen kann.[479] Ein Verschulden in diesem Sinne kann bei dem auf ein Organ wartenden Kranken für sein Kranksein nicht angenommen werden. Daher bringt dieser Gesichtspunkt für die in Rede stehenden Fälle keine Gewissheit.

i) Vergleichbarer Fall: Verletzung von Privatgeheimnissen?

Durch die zunehmenden sog. AIDS-Fälle ist die Frage des Notstandseingriffs in Persönlichkeitswerte, häufig im Zusammenhang mit der Verletzung der ärztlichen Schweigepflicht im Sinne des § 203 StGB aktueller denn je. Liegt eine gegenwärtige, nicht anders abwendbare Gefahr der Ansteckung vor, so ist angesichts der Lebensbedrohlichkeit ein eindeutig höherwertiges Interesse auf Seiten des bedrohten Rechtsguts gegeben.[480] Setzt der Patient trotz eingehender Belehrung über die Gefahr, die von ihm als infizierter Person ausgehen kann, andere durch sein gefährdendes Verhalten dem Risiko der Ansteckung aus, so ist der behandelnde Arzt gem. § 34 StGB gerechtfertigt, wenn er die Information über die Virusträgerschaft seines Patienten an den konkret gefährdeten Personenkreis (Ehepartner, Lebensgefährte etc.) weitergibt.[481]
Um einer falschen Einordnung der Ausführungen an dieser Stelle vorzubeugen, sei darauf hingewiesen, dass selbstverständlich kein Verschulden des Aidskranken für seine Lage angenommen werden soll sondern nur eine Verantwortlichkeit für sein gefährdendes Tun. Daraus folgt, dass er gewisse Einschränkungen hinsichtlich der Wahrung seiner Privatgeheimnisse hinzunehmen hat, wenn er durch sein Verhalten Menschenleben gefährdet.[482]

---

479 Henkel, Notstand 1932, 135 ff.; Jescheck/Weigend, StrafR, § 33 IV 3c; Kühl, StrafR AT, § 8 Rn. 142; Roxin, Strafrecht AT, § 16 Rn. 50
480 LK-Hirsch, § 34 Rn. 68a
481 vgl. dazu ausführlich: Laufs/Laufs, NJW 1987, 2257 (2264); Deutsch, NJW 1985, 2746 (2746)
482 vergleichbare Fälle sind etwa: der Bruch der ärztlichen Schweigepflicht, weil ein Geisteskranker mehrere Menschen im Straßenverkehr gefährdet (BGH NJW 1968, 2288) oder die Wegnahme der Zündschlüssel, um einen Betrunkenen am Auto fahren zu hindern bzw. an der Gefährdung anderer Verkehrsteilnehmer (OLG Koblenz NJW 1963, 1991)

Weitgehend trifft denjenigen Arzt, dem zugleich die ärztliche Betreuung der gefährdeten Person obliegt, sogar die Pflicht, dieser die ihm anvertraute Information zu offenbaren.[483] In allen diesen Konstellationen muss vom Infizierten durch seine riskante Verhaltensweise eine konkretisierbare Gefahr ausgehen, und es muss klar sein, dass er den Offenbarungsadressaten nicht selbst informieren will bzw. wird.[484] Bei Überweisung an andere Ärzte oder Krankenhäuser ist zumindest von einer konkludenten Einwilligung des Patienten auszugehen, durch den Hausarzt die relevanten Befunde mitteilen zu lassen, da es in seinem Interesse liegen muss, so gut und so schnell wie möglich richtig behandelt zu werden. Die Problematik des § 34 StGB entsteht daher nur im Verweigerungsfall.[485]

j) Das Autonomieprinzip

Ein bedeutsamer Abwägungsgesichtspunkt bei allen Eingriffen in Individualrechtsgüter liegt ferner darin, dass der aggressive Notstand, der sich gegen Unbeteiligte richtet, das Selbstbestimmungsrecht des Rechtsgutsträgers verletzt.[486] Dieser Faktor muss in erster Linie zu Lasten des gefahrbedrohten Rechtsgutes gehen. Das bedeutet, dass trotz Höherrangigkeit des bedrohten Rechtsguts ein Eingriff in einen anderen Personenwert häufig deshalb ausscheidet, weil der Anspruch auf Selbstbestimmung und Respektierung der Person es weithin ausschließt, den Mitmenschen zur Duldung erheblicher körperlicher Eingriffe in seine Person zu zwingen.[487]

Dieser Gedanke ist in § 904 BGB aufgegriffen worden, der als Spezialfall des rechtfertigenden aggressiven Notstandes den Eingriff in fremdes Sacheigentum

---

Es handelt sich dabei um Fälle, in denen derjenige, in dessen Rechtsgüter eingegriffen wird, selbst eine Gefahr für andere setzt - bei der Organtransplantation ohne Befragung der Angehörigen ist dies nicht der Fall, da dort der Verstorbene niemanden gefährdet; er ist nicht verantwortlich für die Krankheit des potentiellen Empfängers.

[483] Laufs/Laufs, NJW 1987, 2257 (2264) ; OLG Frankfurt (Urteil vom 05.10.1999) MedR 2000, 196f.; vgl. dagegen Engländer, MedR 2001, 143f., der darauf hinweist, dass § 34 StGB lediglich eine Befugnisnorm und keine Gebotsnorm darstelle, so dass sich Mitteilungs*pflichten* nicht daraus ergeben könnten – ebenso sei der Adressatenkreis dieser Mitteilungspflichten in Frage zu stellen. Die Garantenpflicht des Arztes beschränke sich jeweils nur auf ein einzelnes Behandlungsverhältnis, so dass mangels Zusammenhangs zur Kenntnis von der HIV-Infektion des Lebenspartners keine Garantenstellung gegenüber der gefährdeten Patientin entstehe. Anstelle einer Offenbarungspflicht sei also lediglich ein Mitteilungsrecht anzunehmen.

[484] LK-Hirsch, § 34 Rn. 68a

[485] LK-Hirsch, § 34 Rn. 68a

[486] Roxin, Strafrecht AT, § 16 Rn. 41

[487] LK-Hirsch, StGB, § 34 Rn. 68; Gallas, ZStW 80 (1968), 1 (23, 26)

regelt. Der Gesetzgeber verlangt, dass der drohende Schaden gegenüber dem angerichteten „unverhältnismäßig groß" ist, und nimmt damit Rücksicht auf das Autonomieprinzip. Da der Unbeteiligte, in dessen Sphäre eingegriffen wird, nicht nur eine Sacheinbuße erleidet, sondern auch in seiner autonomen Entscheidungsfreiheit beeinträchtigt wird, lässt sich seine Inanspruchnahme nur rechtfertigen, wenn das Erhaltungsgut außerordentlich viel wertvoller ist als das Eingriffsgut.[488] Das alles gilt auch für den rechtfertigenden Notstand.

Ferner ist es nicht zulässig, unter Berufung auf § 34 StGB lebensnotwendige Operationen trotz Einwilligungsverweigerung des verantwortungsfähigen Patienten durchzuführen.[489] Auch gestattet es der Zweck der Lebensrettung nicht, einem Unbeteiligten erhebliche Verletzungen zuzufügen.[490]

Wenn menschliches Leben nur dadurch erhalten werden kann, dass ein anderer eine Niere opfert, so wäre eine Transplantation zwar mit Zustimmung des lebenden Spenders niemals aber gegen seinen Willen zulässig.[491] Denn zwar wiegt der Verlust des Lebens schwerer als der einer Niere; gleichwohl wäre die operative Entfernung einer Niere ein so schwerer Eingriff in das Persönlichkeitsrecht und die Körperintegrität des Betroffenen, dass das Lebenserhaltungsinteresse des zu Rettenden nicht überwiegt.[492]

k) Vergleichbarer Fall: Lebensrettende Blutentnahme?

In dem vieldiskutierten Fall, dass jemand in einer konkreten Gefahrensituation die lebensrettende Blutspende verweigert, obwohl er als Einziger die erforderliche Blutgruppe hat, wird von der herrschenden Meinung nicht einmal eine zwangsweise Blutentnahme durch den Arzt zugelassen, obwohl ein solcher Eingriff ungefährlich und nicht schwerwiegend ist.[493] Es soll also nötig sein, den Patienten sterben zu lassen, wenn sich kein freiwilliger Spender findet. Der Persönlichkeitsautonomie wird hier ein so hoher Wert zugesprochen, dass selbst ein geringfügiger Zwangseingriff gegen die Menschenwürde verstößt und ein

---

488 Roxin, Strafrecht AT, § 16 Rn. 41

489 näher: Zilkens, Zur Rechtfertigung lebensnotwendiger Operationen bei verweigerter Einwilligung, Köln 1985

490 Roxin, Strafrecht AT, § 16 Rn. 42

491 Delonge, Interessenabwägung, 151 Fn. 29a

492 Roxin, Strafrecht AT, § 16 Rn. 42

493 **h.M.**: LK-Hirsch, StGB, § 34 Rn. 68; Jescheck/Weigend, StrafR AT, § 33 IV 3d; Sch/Sch/Lenckner, StGB, § 34 Rn. 41e; SK-Samson, StGB, § 34 Rn. 18; Lenckner, Notstand, S. 165; Stratenwerth, StrafR AT, Rn. 462; Gallas, in: FS für Mezger, 1954, 311 (325); Tröndle/Fischer, StGB, § 34 Rn. 16, der diese Frage allerdings unter der Angemessenheit des Mittels behandelt; **a.A.**: Roxin, Strafrecht AT, § 16 Rn. 43, 44; Jakobs, StrafR AT, 13/25 Fn. 56, der zumindest für eine stärkere Relativierung des Autonomiegesichtspunktes plädiert.

Überwiegen des Lebenserhaltungsinteresses ausschließt. Auch in der Begründung des E 1962 war zu lesen, dass es „der Menschenwürde widerspräche..., einen anderen über seine Freiheitsrechte und seine verantwortliche sittliche Entscheidung hinweg zu zwingen, seinen Körper als bloßes Mittel zur Erreichung eines, wenn auch wünschenswerten Zweckes verwenden zu lassen."[494]
Während bei § 323c StGB oder der prozessualen Zeugnispflicht eine menschliche Leistung gefordert wird, um Gefahren abzuwenden, wird bei der erzwungenen Transfusion ein Teil des Körpers des Menschen benötigt. Letzteres symbolisiere stärker den Gebrauch der Person als Sache, wenn der Körper als medizinisches Depot genutzt werde.[495] Im Übrigen darf die Blutspende nicht als zumutbare Hilfeleistung im Sinne des § 323c StGB angesehen werden, da sonst die zwangsweise Heranziehung als polizeirechtliche Gefahrenabwehr zulässig wäre.[496]

Nach anderer Ansicht ergibt die Interessenabwägung hier ein wesentliches Überwiegen des vom Arzt als Notstandshelfer erhaltenen Rechtsguts Leben im Vergleich zu den Rechtsgütern, in die durch die Blutentnahme eingegriffen wurde (Freiheit und körperliche Unversehrtheit des Dritten).[497] Auch die moralische oder „sozialethische" Kontrollüberlegung würde dieses Ergebnis bestätigen, denn der Dritte zeigt sich als hartherziger Zeitgenosse, der Solidarität verweigert, obwohl auch er in Situationen kommen kann, in denen er auf die Hilfsbereitschaft Anderer angewiesen ist.[498] Die Frage ist nun aber, ob dieser moralisch geforderte Akt der Blutspende zur Lebensrettung eines in Not Befindlichen durch das Recht, konkret durch die Anwendung von § 34 StGB, erzwungen werden darf.
Es sei nicht richtig, dass auch geringe körperliche Zwangseingriffe zum Schutze anderer Rechtsgüter unter allen Umständen gegen die Menschenwürde verstoßen.[499] Das beweisen die Impfgesetze. Nach §§ 81a I 2, 81c StPO, 372a ZPO sind zwangsweise Blutentnahmen sogar zur Aufklärung relativ geringfügiger Delikte bzw. zur Feststellung der Abstammung zulässig.
Nach § 81a I 2 StPO genügt schon der *Verdacht* der Trunkenheit am Steuer, um dem Verdächtigen auch gegen seinen Willen eine Blutprobe zu entnehmen. Selbst *Unverdächtige*, die als Zeugen in Betracht kommen, können nach §§ 81c StPO, 372a ZPO zur Duldung eines solchen körperlichen Eingriffs gezwungen

---

494 E 1962, BT-Drucks. IV/650, 160
495 Jakobs, Strafrecht AT, 13/25, jedoch mit eigener Einschränkung in der Fußnote
496 LK-Hirsch, StGB, § 34 Rn. 68
497 Kühl, Strafrecht AT, § 8 Rn. 169
498 Kühl, Strafrecht AT, § 8 Rn. 169
499 Roxin, Strafrecht AT, § 16 Rn. 44

werden, wenn dies im Rahmen der Sachverhaltsaufklärung unerlässlich und kein Nachteil für ihre Gesundheit zu befürchten ist.[500]
Im Hinblick darauf erscheint eine Ablehnung der erzwungenen Blutentnahme zur Lebensrettung zumindest zweifelhaft.[501] Körperliche Eingriffe sind also nicht schlechthin unvereinbar mit dem Autonomieprinzip.[502] Das BVerfG hat die Verfassungsmäßigkeit der strafprozessualen Vorschriften bestätigt[503]; der gleiche Eingriff kann bei einheitlicher gesetzlicher Wertung dann zur Rettung eines Menschenlebens nicht unzulässig sein.[504]
Bei jedem Notstandseingriff wird in die Autonomie des Menschen eingegriffen. Dies sollte aber nur in der Gewichtung der Güter berücksichtigt werden und nicht per se das Ergebnis vorwegnehmen.[505] Der Eingriff zur Gewinnung einer Blut*probe* habe nur die Bedeutung eines „medizinisch-technischen Hilfsmittels“, während es sich bei der Blut*spende* „wertungsmäßig um einen Akt mitmenschlicher Hilfsbereitschaft“ handele, dessen Erbringung der „eigenen sittlichen Entscheidung des Einzelnen überlassen bleiben“ müsse, weil der Spender etwas aus seinem eigenen Lebensreservoir aufopfert.[506] Auch das überzeugt nicht. Denn warum sollte, wenn schon die moralische Leistung nicht erzwungen werden kann, die Blutentnahme nicht wenigstens als „medizinisch-technisches Hilfsmittel zur Lebensrettung dienen dürfen?[507]
Außerdem zeigt § 323c StGB, dass Hilfeleistung sehr wohl erzwingbar ist. Und der beim Eingriffsopfer der Blutentnahme realisierte Verlust dürfte sich nicht von der Einbuße unterscheiden, die etwa ein Notfalleinsatz nach § 323c StGB mit sich bringen kann.[508]
Einige Autoren erkennen wenigstens im Rahmen enger Garantenbeziehungen eine Rechtspflicht zur Blutspende an[509] oder können sich grundsätzlich die Möglichkeit einer Rechtfertigung vorstellen.[510]

---

500 Wessels/Beulke, StrafR AT, Rn. 320; Hassemer, in: FS für Maihofer, 1988, 183 (202)
501 Jakobs, Strafrecht AT, 13/25, Fn. 56
Zuweilen entsteht der Eindruck, dass auf Grund der grenzenlosen Missachtung des Selbstbestimmungsrechts im Dritten Reich heute eine übermäßige Sensibilisierung hinsichtlich Verletzungen dieses Wertes besteht (Heidner, Mutmaßliche Einwilligung, 162; Hardwig, GA 1965, 161 (168)).
502 LK-Hirsch, StGB, § 34 Rn. 68; Wessels/Beulke, StrafR AT, Rn. 320
503 BVerfGE 5, 13; 16, 194; 17, 108
504 Roxin, Strafrecht AT, § 16 Rn. 44
505 Jakobs, Strafrecht AT, 13/25, Fn. 56
506 Wessels/Beulke, Strafrecht AT, § 8 IV Rn. 321
507 Roxin, Strafrecht AT, § 16 Rn. 44
508 Jakobs, Strafrecht AT, 13/25; Roxin, Strafrecht AT, § 16 Rn. 44
509 LK-Hirsch, StGB, § 34 Rn. 68; Wessels/Beulke, StrafR AT, Rn. 321
510 Baumann/Weber/Mitsch, Strafrecht AT, § 17 Rn. 78, § 22 II 1b

In den Fällen der erzwungenen Blutentnahme wird man an einer Anwendung des § 34 S.1 StGB nicht vorbeikommen können.[511] Dabei kann auch nicht - wie in allen Fällen des § 34 StGB - die Beeinträchtigung der Entschlussfreiheit des Dritten zu seinen Gunsten in die Waagschale der Interessenabwägung geworfen werden. Denn die Rechtmäßigkeit der Beeinträchtigung der Entschlussfreiheit des betreffenden Rechtsgutsträgers, in dessen Interessen eingegriffen wird, ist gerade das Resultat der zum Notstandseingriff berechtigenden Abwägungsentscheidung gem. § 34 S.1 StGB.[512]
Allenfalls könnte gegen eine Anwendung von § 34 StGB noch eingewendet werden, dass durch den Notstandseingriff die Menschenwürde des unfreiwilligen Blut*spenders* beeinträchtigt werde. Diese These erscheint jedoch zweifelhaft, da nicht einleuchtet, weshalb ein relativ kurzzeitiger und geringfügiger Einstich in eine Ader und die Abnahme von ein paar Millilitern Blut, die in Kürze wieder vom Körper regeneriert werden, die Menschenwürde ernsthaft tangieren können, zumal es auf der anderen Seite immerhin um die Rettung eines Menschenlebens geht.[513]
Will man in diesen Fällen noch an einer Rechtfertigung aus §34 StGB vorbeikommen, besteht allein die Möglichkeit, die Angemessenheit des Mittels in Zweifel zu ziehen.[514] Joerden fragt hier in Analogie zum Prinzip der Verallgemeinerung, was wäre, wenn die Verhaltensweise des Arztes generell erlaubt würde.[515] Dann müsste jedermann damit rechnen, in einem Krankenhaus oder direkt am Unfallort zu einer Blutspende gezwungen zu werden, ohne dass es hierzu - rechtlich betrachtet - noch seines Einverständnisses bedürfte.
Es erscheint vertretbar, in einer damit möglicherweise verbundenen starken Verunsicherung des gesellschaftlichen Zusammenlebens eine so negative Folge zu sehen, dass man zur Ablehnung einer Rechtfertigung des Arztes aus § 34 StGB unter Verweis auf die Nicht-Angemessenheit des Mittels kommt.[516]
Fraglich erscheint, ob die Gefahr von negativen Folgen für die Gesellschaft tatsächlich so groß ist.
Wie auch immer man hier entscheidet, die Diskussion muss sich im Rahmen der Angemessenheitsklausel des § 34 S.2 StGB mit der Abschätzung der Konsequenzen einer allgemeinen Erlaubnis der betreffenden Notstandshandlung und einer voraussichtlich daraus resultierenden allgemeinen Praxis befassen, soll sie nachvollziehbar und nachprüfbar bleiben.[517]

---

[511] Joerden, GA 1991, 411 (425)
[512] Joerden, GA 1991, 411 (426)
[513] Kühl, Strafrecht AT, § 8 Rn. 171; Joerden, GA 1991, 411 (426)
[514] so auch: Tröndle/Fischer, StGB, § 34 Rn. 16; Wessels/Beulke, StrafR AT, Rn. 318 ff., die den „Blutspendefall" unter der Angemessenheit des Mittels diskutieren
[515] Joerden, GA 1991, 411 (426)
[516] Joerden, GA 1991, 411 (426)
[517] Joerden, GA 1991, 411 (426, 427)

Grundsätzlich ist eine solche Gefahr allgemeiner Praxis sicherlich vorhanden, aber eigentlich ist § 34 StGB eine Ausnahmenorm, die nur für den Einzelfall Anwendung finden kann. Es sollte auf andere Art und Weise zu gewährleisten sein, dass seine Anwendung nicht zur Gewohnheit wird.
Nun wird gerade in diesem Beispiel deutlich, dass es der Sache nach um nichts anderes geht als um die Gewichtung des allgemeinen Sicherheitsbedürfnisses eines Unbeteiligten.[518] Ausgangspunkt ist, dass der potentielle Blutspender mit der Lebensgefahr des anderen Menschen an sich überhaupt nichts zu tun hat. Für die herrschende Lehre genügt dies bereits, um sein Interesse an grundsätzlichem Schutz vor derartigen Eingriffen in die Körperintegrität, für die er nicht verantwortlich ist, über das Lebensinteresse des anderen Menschen zu stellen. Auf der Gegenseite wird keine Autonomieverletzung gesehen, dem Sterbenden seine Krankheit „zugerechnet", da sie „von außen" kommt.[519]
Die Entscheidung des „Blutspender-Falles" hängt also davon ab, ob das Sicherheitsbedürfnis tatsächlich so extrem hohen Schutz genießt oder nicht. Dieses über ein Menschenleben zu stellen, wenn der Eingriff so gering ist, erscheint kaum vertretbar.[520] Hierin einen Verstoß gegen die Menschenwürde zu sehen, kann nicht richtig sein. Niemand will den Menschen zum „Organdepot" erniedrigen - es gibt nur ganz einfach im vorliegenden Fall für die Rechtsordnung keinen Grund, dem Arzt seine Tat zu verbieten, auch wenn sie den Tatbestand des § 223 StGB erfüllt.
Eine zwangsweise Blutentnahme wird vom Gesetz ausdrücklich in § 81a StPO erlaubt, wenn es darum geht, etwa die Blutalkoholkonzentration einer Person festzustellen. Dies gilt auch dann, wenn sich beispielsweise herausstellt, dass der Autofahrer völlig nüchtern war: Der Eingriff in seine „Autonomie" war trotzdem rechtmäßig. Wenn ein solcher Eingriff nun geschieht, um ein Menschenleben zu retten, dann muss dies wohl mindestens ebenso gelten.[521]
Trotzdem liegt der Fall bei § 81a StPO deshalb ein wenig anders, weil es sich um die *eigene* Blutspende wegen *eigener* Vergehen handelt. Die grundsätzliche Aufopferung für einen anderen Menschen fehlt dabei. Unsere Rechtsordnung ist zwar eine Freiheitsordnung, aber sie ist nicht ohne Gedanken von Menschen verbindender Solidarität, was eben die bereits erwähnte Hilfeleistungspflicht des § 323c zeigt.[522] Gerade wenn Solidarität die Freiheit eines anderen erst ermöglicht, ihn aus der Todesgefahr und dem damit verbundenen vollständigen

---

[518] Delonge, Interessenabwägung, 151
[519] Delonge, Interessenabwägung, 151
[520] Delonge, Interessenabwägung, 151
[521] Delonge, Interessenabwägung, 152
[522] Kühl, Strafrecht AT, § 8 Rn. 172

Freiheitsverlust befreit, kann sie auch in einer Freiheitsordnung rechtlich gefordert werden.[523]
Überlegungen wie die des möglichen Vertrauensverlustes in die Ärzteschaft, des Sicherheitsbedürfnisses Unbeteiligter[524] oder wie die, ob eine reale Gefahr besteht, dass solches Vorgehen zu einer allgemeinen Praxis der Ärzte mit negativen Folgen für die Gesellschaft wird,[525] sollten das Ergebnis der Angemessenheitsprüfung nicht entscheidend beeinflussen.[526]
Richtlinie für die Entscheidung wird die Erwägung sein müssen, dass eine soziale Gemeinschaft auf ein Mindestmaß an personeller Opferbereitschaft nicht verzichten kann, jedoch zu gewährleisten hat, dass der essentielle Kern der Grundrechte des Menschen unangetastet bleibt.[527] Im Rahmen des rechtfertigenden Notstandes bietet vielfach erst das Regulativ der Angemessenheitsklausel die Möglichkeit, das Rangverhältnis zwischen dem Recht des Menschen auf freie Selbstbestimmung und dem Solidaritätsprinzip richtig zu bestimmen und die Belastungsgrenze für den Betroffenen unter Zumutbarkeitsgesichtspunkten zu ermitteln.[528]

Einen Anspruch auf absoluten Rechtsschutz oder absolute Sicherheit eigener Interessen, wenn man nur „alles richtig macht", kann es nicht geben. Zu akzeptieren ist ein gewisser strafrechtlicher Schutz, der aber die konkrete Kollisionslage nicht aus dem Blick verliert. Die autonome Bestimmung über den eigenen Körper ist also ein hoher Wert, aber sie ist nicht jeder Abwägung entzogen.

6) Wesentliches Überwiegen des geschützten Interesses

Der Gesetzgeber verlangt ausdrücklich ein „wesentliches" Überwiegen der geschützten Interessen; ein geringeres Überwiegen im Sinne einer nur geringen Wertdifferenz reicht also nach dem Wortlaut noch nicht aus, um den Eingriff in die Interessensphäre eines anderen vor der Rechtsordnung für zulässig zu erklären.[529] Diese Voraussetzung ergab sich früher schon aus § 904 BGB, wo der

---

523 Kühl, Strafrecht AT, § 8 Rn. 172; Hassemer, FS für Maihofer, 1988, 183 (202); **a.A.**: SK-Samson, StGB, § 34 Rn. 48, der die Grenze der gegenseitigen Solidarität eindeutig überschritten sieht
524 vgl. Otto, StrafR AT, S. 128f.; Delonge, Interessenabwägung, 151
525 vgl. Joerden, GA 1991, 411 (421, 425)
526 Kühl, Strafrecht AT, § 8 Rn. 173
527 Wessels/Beulke, StrafR AT, Rn. 321
528 Wessels/Beulke, StrafR AT, Rn. 321; Jescheck/Weigend, StrafR, § 33 IV 3d
529 LK-Hirsch, StGB, § 34 Rn. 76; Baumann/Weber/Mitsch, StrafR AT, § 22 II 1b; Blei, StrafR I, § 44 IV 1; Jakobs, StrafR AT, 13/33; Maurach/Zipf, StrafR AT, § 27 III 5d

drohende Schaden „unverhältnismäßig groß“ gegenüber dem durch die Einwirkung entstehenden sein muss. Die Entscheidung darüber, ob eine Notstandsbefugnis vorliegt, ist also erst das Ergebnis einer *zweistufigen* Interessenabwägung, nämlich der schlichten Feststellung eines Interessenübergewichts auf der Seite des in Gefahr geratenen Rechtsguts *und* der qualifizierten Feststellung, ob dieses Überwiegen den Grad eines wesentlichen Überwiegens erreicht.[530]
In der Begründung des E 1962 heißt es: „Der Wertvergleich bei der Güterabwägung muss, wenn die Notstandshandlung gerechtfertigt werden soll, ein erhebliches Übergewicht zu Gunsten des geschützten Interesses aufweisen. Stehen einander Interessen gegenüber, die wertgleich oder im Wert nicht wesentlich voneinander verschieden sind, so hat die Notstandshandlung keine rechtfertigende Wirkung.“[531]
Das erscheint so nicht ganz richtig bzw. missverständlich. Denn wenn eine Abwägung aller Umstände ergibt, dass die verteidigten Interessen schutzwürdiger sind als die beeinträchtigten, muss eine Rechtfertigung auch dann eintreten, wenn die Schutzwürdigkeit nicht in gesteigertem Maße größer ist; andernfalls würden die verteidigten Interessen vom Recht eben nicht geschützt und wären damit nicht nur nicht wesentlich, sondern überhaupt nicht schutzwürdiger.[532]
Die Annahme, es sei eine gesteigerte Wertdifferenz zu verlangen, beruht auf einer Vermengung der Interessenabwägungslehre mit der Güterabwägungstheorie, die auch in der Entwurfsbegründung noch durchklingt.[533]
Man muss daher die Wesentlichkeitsklausel nicht im Sinne eines qualifizierten, graduell gesteigerten Interessenübergewichts verstehen[534], sondern dergestalt, dass ein Interessenübergewicht zweifelsfrei und eindeutig sein muss, wenn eine Rechtfertigung erfolgen soll.[535] Das Wesentlichkeitsmerkmal stellt folglich lediglich klar, dass bei unklarem Abwägungsergebnis keine Rechtfertigung erfolgen darf.[536]
Nach dem Grundgedanken der Vorschrift kann es auf ein solches Überwiegen nicht ankommen: Da Satz 1 in der Sache nichts anderes sein kann als die Wiedergabe des allgemeinen Rechtfertigungsprinzips des überwiegenden Interesses, bei dem zu fragen ist, ob das mit der Tat geschützte Interesse höher zu veranschlagen ist als das Interesse an der Unterlassung der fraglichen Handlung, sind

---

[530] LK-Hirsch, StGB, § 34 Rn. 76
[531] E 1962, BT-Drs. IV/650, 159f.
[532] Delonge, Interessenabwägung, S. 167 ff.; Roxin, Strafrecht AT, § 16 Rn. 76
[533] Roxin, Strafrecht AT, § 16 Rn. 76
[534] so aber: LK-Hirsch, StGB, § 34 Rn. 76; Bergmann, JuS 1989, 109 (111); Jakobs, StrafR AT, 13/33; Renzikowski, Notstand und Notwehr, 1994, S. 240, 241
[535] Jescheck/Weigend, StrafR AT, § 33 IV 3c; Sch/Sch/Lenckner, StGB, § 34 Rn. 45; Küper, GA 1983, 289 (296); Kühl, StrafR AT, § 8 Rn. 101; Sch/Sch/Lenckner, StGB, § 34 Rn. 45
[536] Sch/Sch/Lenckner, StGB, § 34 Rn. 45; Roxin, Strafrecht AT, § 16 Rn. 77

begrifflich die Voraussetzungen für eine Rechtfertigung schon gegeben, wenn überhaupt ein Übergewicht in diesem Sinn besteht.[537]
Letztlich kann eine Entscheidung dahinstehen, da auch von einem wesentlichen Überwiegen des Lebenserhaltungsinteresses des Organempfängers in den allermeisten Fällen ausgegangen werden muss. Angemerkt sei, dass von einer *schlichten* Interessenabwägung keine Rede sein kann, wenn man bedenkt, was schon bis hierhin alles in die Waagschale geworfen wurde. Daher halte ich an dieser Stelle eine zweite Stufe im Prinzip auch für entbehrlich, insbesondere da § 34 Satz 2 StGB noch die Angemessenheit des Mittels als Kontrollklausel aufbietet.

7) Subjektives Rechtfertigungselement – Gefahrabwendungsabsicht

Subjektiv fordert § 34 StGB, dass der Täter handelt, um die Gefahr von sich oder einem bedrohten Dritten abzuwenden. Es muss ihm also in erster Linie darauf ankommen - auch wenn andere Motive eine Rolle spielen können - die Gefahr für eigene oder fremde Rechtsgüter zu beseitigen.[538] Seine Handlung muss von einem subjektiven Rettungswillen getragen sein.[539]
Keine Voraussetzung des § 34 StGB ist die pflichtmäßige Prüfung aller objektiven Notstandsvoraussetzungen bzw. deren Vorliegen im Einzelfall.[540] Nach dem Wortlaut der Vorschrift ist nur die Gefahrabwendungsabsicht als subjektives Rechtfertigungselement zu verlangen, da eine sog. Interessenprüfungsvorschrift im Sinne des § 39 II E 1962 heute fehlt.[541] Eine ältere Ansicht in Literatur und Rechtsprechung ging dagegen noch von einem solchen subjektiven Rechtfertigungserfordernis in Gestalt einer Pflicht zur gewissenhaften Prüfung aus.[542] Schon damals wie auch heute wird aber darauf hingewiesen, dass man eventuell auftretenden Strafbarkeitslücken, die sich auf Grund der herrschenden Meinung, wonach die irrige Annahme eines rechtfertigenden Sachverhaltes das Vorsatzdelikt ausschließen soll, im Rahmen des sog. Putativnotstands ergeben

---

[537] Sch/Sch/Lenckner, StGB, § 34 Rn. 45
[538] vgl. Tröndle/Fischer, StGB, § 34 Rn. 18
[539] Wessels/Beulke, StrafR AT, Rn. 308
[540] LK-Hirsch, StGB, § 34 Rn. 77; Tröndle/Fischer, StGB, § 34 Rn. 18; Wessels/Beulke, StrafR AT, Rn. 309; Sch/Sch/Lenckner, StGB, § 34 Rn. 49; Jescheck/Weigend, StrafR AT, § 31 IV 4
[541] Tröndle/Fischer, StGB, § 34 Rn. 18; LK-Hirsch, StGB, § 34 Rn. 77
[542] RGSt 61, 242 (255); BGHSt 2, 111 (114); Blei, StrafR I, § 44 V

könnten, anders begegnen bzw. sie gegebenenfalls auch in Kauf nehmen muss.[543]
Wollte man entgegen dem Wortlaut eine solche gewissenhafte Prüfungspflicht der Tatbestandsvoraussetzungen in den § 34 StGB hineininterpretieren[544], verstieße dieses Vorgehen gegen Art. 103 Abs. 2 GG, da auf diese Art und Weise der strafgesetzlich geregelte Umfang der Rechtfertigung beschränkt und damit die Strafbarkeit zu Lasten des Angeklagten über die gesetzlichen Grenzen hinaus erweitert würde.[545]
In allen Fällen soll zumindest für die vorliegende Arbeit davon ausgegangen werden, dass Arzt, Empfänger und Lebendspender handeln, um die Lebensgefahr des auf ein Organ wartenden Patienten abzuwenden.

8) Angemessenheit

Inwieweit es neben der umfangreichen Interessenabwägung überhaupt noch einer Angemessenheitsformel im Sinne von § 34 S.2 StGB bedarf, wird immer wieder in Frage gestellt.[546] Hier soll es nicht um die rein funktionale Eignung des Mittels zur Erreichung des Rettungszweckes gehen, sondern eine angemessene Gesamtbeurteilung nach den Wertvorstellungen der Allgemeinheit vorgenommen werden.[547]
Allerdings hat man an dieser Stelle das Gefühl, alle Faktoren einer umfassenden Gesamtbeurteilung schon innerhalb der Interessenabwägung genannt zu haben; denn die widerstreitenden Interessen im Rahmen des § 34 Satz 1 StGB lassen sich nur nach den anerkannten Wertvorstellungen unserer Rechtsordnung abwägen.
Praktisch läuft das Vorgehen innerhalb der Angemessenheitsprüfung auf die Notwehrprobe hinaus, d.h. auf die Frage, ob es nach anerkannten Wertmaßstäben als tragbar anzusehen ist, in einem derartigen Fall durch Bejahung eines rechtfertigenden Notstands dem von der Rettungshandlung Betroffenen eine Duldungspflicht aufzuerlegen und damit das Notwehrrecht zu nehmen.[548]
Das mag für die ganz überwiegende Zahl der Fälle eine richtige Überlegung sein. Allerdings wird derjenige Lebendspender, der sein Organ für einen Freund hergeben will, sein Notwehrrecht gar nicht ausüben wollen. Eine Überlegung

---

[543] vgl. Kühl, StrafR AT, § 8 Rn. 186; Sch/Sch/Lenckner, StGB, § 34 Rn. 49; LK-Hirsch, StGB, § 34 Rn. 77 m. w. N.
[544] so etwa Blei, StrafR I, § 44 V
[545] LK-Hirsch, StGB, § 34 Rn. 77
[546] Roxin, Strafrecht AT, § 16 Rn. 22
[547] LK-Hirsch, StGB, § 34 Rn. 78
[548] LK-Hirsch, StGB, § 34 Rn. 78

könnte nur dahingehen, ob die Allgemeinheit einen Verstoß gegen die Verfahrensvorschriften des § 8 TPG zu „erdulden" hat. Im Übrigen hilft eine Notwehrprobe im hier diskutierten Fall der unerlaubten Organentnahme demjenigen Verstorbenen, dessen Organ entnommen wird, auch nicht weiter, da dieser sowieso kein Notwehrrecht mehr ausüben kann. Es kann also nur darum gehen, ob Angehörigen - soweit vorhanden und vor Ort - ein solches Notwehrrecht versagt wird oder nicht. Das bedeutet aber vielleicht, dass es einen Unterschied machen muss, ob es Angehörige gibt oder nicht und ob diese einen ihnen bekannten Willen des Verstorbenen äußern können oder eben keine Ahnung von der Einstellung des Verstorbenen zu diesen Fragen haben.
Es sind jedoch andere Gesichtspunkte, die eine Rolle spielen, sobald man die Notstandshandlung, wie es die Angemessenheitsklausel verlangt, auf ihre Vereinbarkeit mit den grundgesetzlichen und strafprozessualen Verfahrensgarantien überprüft.[549] Im Rahmen des rechtfertigenden Notstands bietet vielfach erst das Regulativ der Angemessenheitsklausel die Möglichkeit, das Rangverhältnis zwischen dem Recht des Menschen auf freie Selbstbestimmung und dem Solidaritätsprinzip richtig zu bestimmen und die Belastungsgrenze für den Betroffenen unter Zumutbarkeitsgesichtspunkten zu ermitteln.[550]
An anderer Stelle wird davon gesprochen, dass die Vagheit einiger der Voraussetzungen des § 34 StGB eine abschließende Kontrollwertung notwendig mache.[551] Dem ist hinsichtlich der Vagheit der Voraussetzungen sicherlich zuzustimmen; allerdings stellt sich doch gleich die Frage, ob das noch viel unbestimmtere Merkmal der Angemessenheit nun tatsächlich alles auffangen bzw. getroffene Entscheidungen revidieren kann.
Die Angemessenheitsklausel beruht historisch auf dem bereits erwähnten Gegensatz von Güterabwägungs- und Zwecktheorie. Dem Gesetzgeber schwebte ursprünglich vor, die Güterabwägung des Satzes 1 mit Hilfe des Satzes 2 durch die Zwecktheorie zu ergänzen, die alle in die Güterabwägung nicht eingehenden Gesichtspunkte zur Geltung bringen sollte. Diese an sich sinnvolle Kombination von Güterabwägungs- und Zwecktheorie wurde dann aber im Zuge der Gesetzgebungsarbeiten schon in § 34 S.1 StGB dadurch vorweggenommen, dass man hier nicht mehr nur eine Güterabwägung sondern eine umfassende Interessenabwägung verlangte, bei der der Rechtsgütervergleich nur einen Gesichtspunkt unter anderen darstellen sollte.[552]
Es ist schwer vorstellbar, wie eine Notstandshandlung nach umfassender Interessenabwägung nicht angemessen sein soll. Das Angemessenheitserfordernis

549 Grebing, GA 1979, 81 (101)
550 vgl. etwa: Wessels/Beulke, Strafrecht AT, § 8 IV Rn. 321; Delonge, Interessenabwägung, S. 141f.; Jescheck/Weigend, StrafR AT, S. 364
551 LK-Hirsch, StGB, § 34 Rn. 78
552 Roxin, Strafrecht AT, § 16 Rn. 79

enthält nämlich sachlich nichts, was nicht auch schon im Rahmen der notstandsbegründenden Merkmale des Satzes 1 zu berücksichtigen gewesen wäre bzw. zumindest Berücksichtigung finden könnte.[553] Deshalb hält ein beachtlicher Teil der Lehre die Angemessenheitsklausel für überflüssig und leerlaufend[554] oder gesteht ihr nur die deklaratorische Funktion einer „Kontrollklausel" zu, die den Rechtsanwender mahnen soll, die Abwägung der Interessen besonders sorgfältig vorzunehmen oder noch einmal zu überdenken.[555] Bei der konkreten Interessenabwägung sind in der Regel bereits alle für und gegen die Zulässigkeit des Eingriffs sprechenden Umstände des Einzelfalles abgewogen worden, insbesondere sind die rechtliche Schutzwürdigkeit und Schutzbedürftigkeit dieser Interessen bewertet worden.[556] Im Rahmen der Angemessenheitsprüfung würde auch nichts anderes stattfinden als eine Abwägung aller im Einzelfall für und gegen die Rechtfertigung ins Gewicht fallenden Umstände, so dass Satz 2 materiell keine zusätzliche Notstandsvoraussetzung aufstellt.[557]
Trotzdem wird auch von den Vertretern dieser Ansicht teilweise an dem Bedürfnis für eine solche Kontrollklausel festgehalten, meist mit dem Hinweis auf die Unschärfen des Notstandserfordernisses der Interessenabwägung und die Gefahren unrichtiger Ergebnisse durch Verkürzung eben dieser Interessenabwägung.[558]
Die wohl noch herrschende Meinung will der Angemessenheitsklausel dagegen das Gewicht einer selbstständigen zweiten Wertungsstufe beimessen.[559] Nach dem E 1962 soll § 34 S.2 StGB sicherstellen, „dass das Verhalten des Notstandstäters auch nach den anerkannten Wertvorstellungen der Allgemeinheit als eine sachgemäße und dem Recht entsprechende Lösung der Konfliktlage erscheint."[560]

---

[553] LK-Hirsch, StGB, § 34 Rn. 79
[554] Lenckner, Notstand, 146 ff.; Baumann/Weber/Mitsch, Strafrecht AT, § 17 Rn. 83; Sch/Sch/Lenckner, StGB, § 34 Rn. 46
[555] LK-Hirsch, StGB, § 34 Rn. 79 („Appellfunktion"); Kühl, Strafrecht AT, § 8 Rn. 167; vgl. auch: Roxin, StrafR AT I, § 16 Rn. 85 („bindender Interpretationshinweis")
[556] LK-Hirsch, StGB, § 34 Rn. 79
[557] Lenckner, Notstand, S. 123 ff., 146 ff.; Sch/Sch/Lenckner, StGB, § 34 Rn. 46; Baumann/Weber/Mitsch, StrafR AT, § 22 II 1b; Roxin, StrafR AT I, § 16 Rn. 79 ff.; Schröder, in: FS für Schmidt, S. 290 (293)
[558] Gallas, ZStW 80 (1968), 1 (24); LK-Hirsch, StGB, § 34 Rn. 79
[559] Wessels/Beulke, StrafR AT, Rn. 310; Jescheck/Weigend, StrafR AT, § 33 IV 3d; Jakobs, StrafR AT, 13/36 ff.; Grebing, GA 1979, 81 (93 ff.); Joerden, GA 1991, 411 ff.; Bockelmann/Volk, StrafR AT, § 15 II 7d; Tröndle/Fischer, StGB, § 34 Rn. 12ff.
[560] Begründung E 1962, BT-Drucks. IV/650, 159 f.

Die erste Wertung nach § 34 S.1 StGB soll den Rangunterschied der Interessen, die zweite nach § 34 S.2 StGB den sozialethischen Sinn der Notstandshandlung im Rahmen der Gesamtrechtsordnung erfassen.[561]

Erst unter dem Gesichtspunkt fehlender Angemessenheit sollen danach bestimmte Fallgruppen ausscheiden:

(1) Eingriffe, bei denen das geschützte Rechtsgut zwar höherrangig ist, aber der Zulässigkeit das *Autonomieprinzip* bzw. der Eingriff in unantastbare Freiheitsrechte des Betroffenen entgegensteht[562] - Fälle der erzwungenen Blutspende

(2) Situationen, in denen den Täter eine *besondere Duldungspflicht* trifft - Fälle von Soldaten und Feuerwehrleuten auf Grund berufstypischer Pflichten[563], worauf unter IV.5)g) bereits eingegangen wurde

(3) Sachverhalte mit *pflichtwidrigem Vorverhalten* als Ursache der Notstandslage[564] - vergleiche dazu IV.5)h)

(4) Fälle, in denen die Rechtsordnung ein *rechtlich geordnetes Verfahren* bereitstellt[565] - z. B. für die Gestattung einer Leichenblutentnahme oder einer Hausdurchsuchung

(5) Sachlagen, die gebieten, das *Schadensrisiko selbst zu tragen*[566], bzw. es zumutbar machen, die Gefahr hinzunehmen - mit der Begründung, dass eine solche Lage ausdrücklich eine Entschuldigung nach § 35 StGB ausschließen kann und daher erst recht auch die Rechtfertigung verhindern müsse[567]

(6) Fälle, in denen weitreichende *Folgewirkungen* zu berücksichtigen sind[568] bzw. in denen ein überwiegendes Interesse der Allgemeinheit oder des Staates die Beeinträchtigung individueller Rechtsgüter unangemessen erscheinen lässt[569]

(7) Sachverhalte, in denen zu versuchen sei, die *Einwilligung* zu erreichen[570]

(8) das Verbot der Verrechnung von *Menschenleben*[571], worauf unter IV.5)d) schon eingegangen wurde

(9) Eingriffe, die nicht den *schonendsten Weg* darstellen[572], was im Ergebnis nichts anderes bedeuten kann als die Auswahl des relativ mildesten Mittels im Rahmen der Erforderlichkeit (IV.4)b))

---

561 Kühl, StrafR AT, § 8 Rn. 166; Jescheck/Weigend, Strafrecht AT, § 33 IV 3d
562 Tröndle/Fischer, StGB, § 34 Rn. 16
563 Tröndle/Fischer, StGB, § 34 Rn. 14
564 Tröndle/Fischer, StGB, § 34 Rn. 15
565 SK-Samson, StGB, § 34 Rn. 52; Jakobs, StrafR AT, 13/36
566 BGH NJW 1976, 680 ff.; Bockelmann/Volk, StrafR AT, § 15 B II 5c
567 Tröndle/Fischer, StGB, § 34 Rn. 13
568 Jescheck/Weigend, StrafR AT, § 33 IV 3d
569 Tröndle/Fischer, StGB, § 34 Rn. 17
570 Jescheck/Weigend, StrafR AT, § 33 IV 3d
571 Hruschka, JuS 1979, 385 (390)

(10) Fälle, in denen in *rechtlich zulässiger Weise* die Preisgabe des geschützten Rechtsguts erfolgt ist[573] - die rechtliche Zulässigkeit soll aber an dieser Stelle gerade überprüft werden
(11) der sog. *Staatsnotstand*, da dessen notwendige Begrenzung nur mit Hilfe dieses Merkmals möglich sei[574]
(12) das Ausscheiden *hoheitlicher Eingriffe*[575] - auf das Verhältnis von § 34 StGB und den hoheitlichen Eingriffsrechten wird noch gesondert eingegangen werden

Wie sich aus den jeweiligen Anmerkungen zu den genannten Fallgruppen ergibt, finden fast alle diese Sachverhalte ihre sachentsprechende Lösung bereits im Rahmen der Prüfung des § 34 Satz 1 StGB, sofern diese im Sinne einer wirklich umfassenden Interessenabwägung im einzelnen Fall vorgenommen wird. Für die hier interessierenden Fallgestaltungen sind Schwierigkeiten im Rahmen des Autonomieprinzips (1), im Rahmen existierender gesetzlicher Verfahrensregelungen[576] in Form des Transplantationsgesetzes (4) sowie hinsichtlich der Folgewirkungen der Anwendung des § 34 StGB und einer damit zusammenhängenden Praxis der Umgehung des Einwilligungserfordernisses (6, 7) sichtbar geworden. Es kann keinen Unterschied machen, ob diese Punkte im Rahmen einer umfassenden Interessenabwägung oder im Rahmen der Überprüfung der Angemessenheit der Notstandshandlung angesprochen bzw. diskutiert werden.

Es soll nun auf einzelne Fallkonstellationen genauer eingegangen werden, und zwar zunächst wieder auf die postmortale Organentnahme ohne erforderliche Zustimmung bzw. entgegen einer ausdrücklichen Ablehnung und sodann auf die Lebendspende unter Umgehung der Voraussetzungen des § 8 TPG:

---

572 Begründung E 1962, BT-Drucks. IV/650, 159 f.
573 Maurach/Zipf, StrafR AT I, § 27 III 6c
574 Maurach/Zipf, StrafR AT I, § 27 III 6c
575 Grebing, GA 1979, 81 (102 ff.); Jakobs, StrafR AT, 13/42
576 Das strafbewehrte Verbot des Organhandels wird in der Literatur teilweise als symbolischer Gesetzgebungsakt angesehen, wobei auf einen differenzierten Interessenausgleich verzichtet worden sei – stattdessen handele es sich um einen Wertappell, dass Organhandel etwas Verwerfliches sei (vgl. Schroth, JZ 1997, 1149 (1152); König, Strafbarer Organhandel, S. 131f.). Dies einmal als richtig unterstellt, kann man kaum vertreten, dass das Transplantationsgesetz eine umfassende Interessenabwägung vorgenommen und dementsprechend alle möglichen Fallgestaltungen abschließend geregelt hat. Allerdings könnte eine solche Abwägung schon in die §§ 3, 4, 8 TPG im Gesetzgebungsverfahren eingegangen sein.

a) Postmortale Organentnahme

Es geht hier zunächst um den Fall, dass der Verstorbene eine Organentnahme ausdrücklich abgelehnt hat. § 3 Abs. 2 Nr. 1 TPG ist insoweit eindeutig: eine Entnahme von Organen soll unzulässig sein, wenn die Person, deren Tod festgestellt ist, der Organentnahme widersprochen hatte. Das Recht des Verstorbenen auf Selbstbestimmung auch über den Tod hinaus kollidiert mit dem Recht auf Leben des Organempfängers.

Auszugehen ist vom Recht auf Leben, welches die Basis aller Grundrechte darstellt.[577] Dem Schutz des Lebens kommt in unserer Rechtsordnung höchste Priorität zu, da ohne dasselbe eine Wahrnehmung aller anderen Grundrechte nicht möglich ist.

Deshalb wird mit guten Gründen der Vorrang des Notstandes auch für diesen Fall der ausdrücklichen Verweigerung zu Lebzeiten verfochten;[578] die Grenzen gegenseitiger Solidarität seien hier noch nicht überschritten.[579] Da die Glaubens- und Gewissensfreiheit nicht schrankenlos sondern nur innerhalb der grundrechtlichen Wertordnung gewährt würde, könne der Notstand selbst bei einer Verweigerung der Organentnahme aus religiösen Gründen zur Erhaltung eines anderen Lebens angemessen sein.[580] Im Übrigen seien alle Rechtfertigungsgründe gleichrangig, so dass § 34 StGB nicht von anderen Regelungen verdrängt werden könne.

Trockel lehnt prinzipiell eine Anwendung des § 34 StGB als Rechtfertigungsgrund einer Organentnahme ab, weil die Rechtsgüterabwägung zu einem absoluten Vorrang des postmortalen Persönlichkeitsrechtes des Toten und der Pietätsinteressen der Angehörigen führe.[581] Dieser in ihrer Konsequenz vereinzelt gebliebenen Ansicht ist nicht zu folgen, weil gerade die Abwägung der sich gegenüber stehenden Interessen, wie bereits ausführlich dargestellt, eine eindeutige Entscheidung zu Gunsten des Lebensschutzes ergibt.

Die dritte und wohl auch richtige Ansicht hält das eindeutige Überwiegen des Lebens für fraglich und will gerade bei ausdrücklichem Widerspruch des Verstorbenen eine Organentnahme unter Notstandsgesichtspunkten verneinen.[582] Das Recht auf Selbstbestimmung ist ein fundamentales Grundrecht und genießt,

---

[577] Vgl. Seifert/Hömig, GG Art. 2 Rn. 11; Pieroth/Schlink, Staatsrecht II, Rn. 447 ff.

[578] Laufs, Arztrecht, Rn. 203 f.; Kallmann, FamRZ 1969, 572 (577); Deutsch, VersR 1970, 719 (720); Carstens, Recht der Organtransplantation, 131

[579] Kohlhaas, NJW 1967, 1489 (1491); Heinitz, Organtransplantation, 1970, 24ff.; Geilen, JZ 1971, 41 (46)

[580] Carstens, Organtransplantation, 1978, 131

[581] Trockel, NJW 1970, 489 (493)

[582] etwa: Möx, Arztrecht 2/1994, 39 (41); Laufs/Uhlenbruck, Handbuch des Arztrechts, § 131 Rn. 16, 17 sowie § 141 Rn. 15 ff. m.w.N.

wie das Recht auf Leben, obersten Verfassungsrang.[583] Wenn auch meines Erachtens an der Rangordnung der beiden Rechtsgüter im Rahmen der Interessenabwägung kein Zweifel bestehen kann, ist diese Ansicht im Ergebnis vorzugswürdig. Das grundgesetzlich gewährleistete Selbstbestimmungsrecht wurde von einem Lebenden ausgeübt, so dass durch die verweigerte und trotzdem durchgeführte Organentnahme nicht nur das postmortale Selbstbestimmungsrecht des Toten sondern bereits das Persönlichkeitsrecht des Lebenden tangiert sein kann, weil der Betroffene der Möglichkeit beraubt wird, über den Tod hinaus verbindliche Anordnungen zu treffen.[584] Dieselbe bindende Wirkung, die einer Verfügung von Todes wegen über Vermögensgegenstände zukomme, müsse auch für Persönlichkeitsrechte gelten.[585] Allein die Vorstellung, eine Organentnahme trotz ausdrücklich gegenteiliger Erklärung nicht wirksam verhindern zu können, vermag bereits für den Lebenden eine tiefgreifende Belastung darzustellen und sein Lebensgefühl in entscheidender Weise negativ zu beeinflussen.[586] Unerheblich erscheint mir das dahinter stehende Motiv zu sein; eine Bewertung der Gründe, seine körperliche Integrität schützen zu wollen, durch Dritte darf nicht stattfinden.[587] Es geht um innerste Bereiche menschlicher Gestaltungsfreiheit, über die keine Rechenschaft abgelegt werden muss.

Ein Notstandszugriff erscheint also nicht möglich[588], denn das Recht auf Selbstbestimmung ist ein fundamentales Grundrecht.[589] Solange man jedem einräumt, über den Tod hinaus hinsichtlich seiner Wirtschaftsgüter zu disponieren, muss man ihn auch verbindlich über den Umgang mit seiner Leiche entscheiden lassen. Das folgt aus Art. 2 I GG und aus Art. 4 GG. Eher könnte man das Recht der Vererbung abschaffen, als derart in das Bestimmungsrecht über den eigenen Körper einzugreifen, so Schreiber.[590] Ein allgemeiner Grundsatz, wonach jeder verpflichtet ist, etwa seine Nieren nach dem Tode zur Verfügung zu stellen, geht über die Sozialpflichtigkeit des Einzelnen hinaus.[591]

---

583 Voll, Die Einwilligung im Arztrecht, 1996, 262

584 vgl. Schreiber, FS für Klug, 341 (351); Voll, Die Einwilligung im Arztrecht, 1996, 262

585 Wolfslast, Deutsche Krankenpflegezeitschrift 7/1988, 507 (509); Schreiber, FS für Klug, 341 (352)
Fraglich erscheint in diesem Zusammenhang allerdings, ob nicht auch testamentarische Verfügungen über Wirtschaftsgüter den Beschränkungen der Notstandsregelung unterliegen müssen, sollte es zu einer entsprechenden Fallkonstellation kommen (vgl. Deutsch, Medizinrecht, Rn. 513 Fn. 79).

586 vgl. Penning/Liebhardt, Entnahme von Leichenteilen zu Transplantationszwecken, in: FS für Spann, 1986, 440 (443); Schreiber/Wolfslast, in: Dietrich, Organspende, 1985, 33 (55)

587 so auch: Wolfslast, MMW 124 (1982), 105 (106)

588 Eichholz, NJW 1968, 2272 (2275); Schreiber, Internist, 551 (555)

589 Schreiber, FS für Klug, 341 (352)

590 Schreiber, FS für Klug, 341 (352)

591 Samson, NJW 1974, 2030 (2032); Schreiber, FS für Klug, 341 (352)

Angemerkt sei an dieser Stelle, dass es, wenn es sich tatsächlich um eine so fundamental wichtige Frage der Selbstbestimmung handelt, dass sogar das Leben eines anderen Menschen dafür im Rahmen des § 34 StGB zurücktreten muss, wohl auch zumutbar gewesen wäre, eine Verweigerung schriftlich zum Ausdruck bringen zu müssen, um die Güterabwägung zu seinen Gunsten verändern zu können.[592] Das liefe allerdings auf eine Widerspruchslösung hinaus, die im jetzigen Gesetzgebungsverfahren gar nicht mehr zur Debatte stand, die sich aber auch im Zusammenhang mit § 34 StGB als die sauberere Lösung erwiesen hätte.

Die andere mögliche Fallgestaltung betrifft die Organentnahme ohne Befragung bzw. entgegen der geäußerten Bedenken der Angehörigen.

Präsente Angehörige wegen einer Notstandssituation nicht zu befragen, würde die Angemessenheit des Notstandes in Zweifel ziehen.[593] Im Übrigen ist auch sonst, wo eine gesetzliche Güterabwägung stattfindet, anerkannt, dass bei disponiblen Rechtsgütern in einem Rechtsstaat zuerst gefragt werden muss, ob man das Rechtsgut zur Verfügung stellt. Erst nach einer Verneinung ist die Erwägung zulässig, ob das andere Interesse derart überwiegt, dass es sich durchzusetzen vermag.[594] Wenn also zur Rettung eines Menschenlebens einem Verstorbenen früher unter Verletzung des § 168 StGB, heute unter Verletzung der Vorschriften des Transplantationsgesetzes ein Organ entnommen wird, brauchten, da die Interessenabwägung zu Gunsten der Transplantation ausfällt, die Angehörigen des Verstorbenen gar nicht erst um ihre Einwilligung ersucht zu werden.[595]

Mit der Angemessenheitsklausel aber sollen die schutzwürdigen Belange der Betroffenen noch einmal besonders in den Blick gerückt werden. Niemand soll aus Gründen mitmenschlicher Solidarität verpflichtet sein, etwa seine körperliche Integrität aufzuopfern.[596]

Dennoch spricht sehr viel dafür, im Verhältnis zur Verweigerung der Explantation durch einen Angehörigen den Interessen des Kranken am ihn rettenden Organ den Vorzug zu geben.[597] Denn in dieser Situation spricht nur eine mehr oder minder große Wahrscheinlichkeit für eine Verletzung des Persönlichkeitsrechtes, welches von den Angehörigen geltend gemacht wird.[598]

---

592 vgl. Kramer, Rechtsfragen der Organtransplantation, S. 142

593 Deutsch, Medizinrecht, Rn. 512

594 Deutsch, Medizinrecht, Rn. 512; anders: Schreiber, FS für Klug, 341 (351)

595 Roxin, Strafrecht AT, § 16 Rn. 20; Geilen, JZ 1971, 41 (47); Roxin, JuS 1976, 505 (508); Samson, NJW 1974, 2030 (2030)

596 Samson, NJW 1974, 2030 (2032)

597 Schreiber, FS für Klug, 341 (351)

598 vgl. Geilen, JZ 1971, 41 (46); Kohlhaas, NJW 1967, 1489 (1489); Schreiber, Internist 1974, 551 (554)

Die Situation, in der es an einer Willensäußerung völlig fehlt, ist aber nicht vergleichbar mit derjenigen, in der eine ausdrücklich ablehnende Entscheidung vorliegt. Das auf diese Weise *ausgeübte* Persönlichkeitsrecht kann nicht mehr gegenüber dem Interesse des Organempfängers als wesentlich nachrangig angesehen werden.[599] Die Angehörigen können hier ein Fremdbestimmungsrecht ausüben, das durch das Transplantationsgesetz ebenso schutzwürdig erscheint wie das Selbstbestimmungsrecht.

Wo aber vom Selbstbestimmungsrecht weder durch denjenigen selbst noch durch seine Angehörigen Gebrauch gemacht worden ist bzw. wird, sollte nicht etwas geschützt werden, worauf erkennbar kein Wert gelegt wird.

Unabhängig vom Willen des Verstorbenen - geschweige dem der Angehörigen - gibt § 32 BSeuchenG der zuständigen Behörde die Befugnis, eine innere Leichenschau anzuordnen, wenn das Gesundheitsamt eine Obduktion zur Feststellung einer übertragbaren Krankheit für erforderlich hält. Ebenso bietet die Strafprozessordnung gem. § 87 StPO die Möglichkeit, im Interesse der Strafrechtspflege eine Leichenöffnung anzuordnen, sofern ein hinreichender Tatverdacht besteht, dass der Tote Opfer einer fahrlässigen oder vorsätzlichen Tat geworden ist. Die Angehörigen sind vor Öffnung der Leiche, wenn möglich zu hören. Stellen sie die Leiche nicht freiwillig zur Verfügung, so muss sie nach § 94 StPO beschlagnahmt werden. Der wegen des Totensorgerechts der Angehörigen zu beachtende Verhältnismäßigkeitsgrundsatz spielt praktisch keine Rolle.[600] Grundsätzlich ist eine richterliche Anordnung der Leichenöffnung erforderlich - wenn der Untersuchungserfolg durch Verzögerung gefährdet würde, zum Beispiel wegen des Zustandes der Leiche oder der Notwendigkeit sofortiger Aufklärung der Todesursache, genügt die Anordnung der Staatsanwaltschaft, § 87 Abs. 4 StPO. Die Leichenschau, d. h. die Besichtigung der äußeren Beschaffenheit des Leichnams bedarf keiner richterlichen Anordnung, § 87 Abs. 1 StPO. Eine richterliche Anordnung wird also nur sehr eingeschränkt für nötig gehalten - die Angehörigenrechte spielen zumindest nur eine sehr untergeordnete Rolle.[601]

Der Anwendungsbereich des § 34 StGB beschränkt sich deshalb auf absolute Ausnahmefälle, in denen der Betroffene nicht widersprochen hat und Angehörige fehlen, nicht erreichbar oder unbekannt sind oder sich schlicht nicht äußern wollen.

---

599 vgl. Möx, Arztrecht 2/1994, 39 (41); Kramer, Rechtsfragen der Organtransplantation, S. 112

600 Kleinknecht/Meyer-Goßner, StPO, § 87 Rn. 9

601 ähnlich: Penning/Liebhardt, Entnahme von Leichenteilen zu Transplantationszwecken, in: FS für Spann, 1986, 440 (444)

b) Lebendspende

Hier soll es um den Fall gehen, dass ein Lebendspender Geld von dem Empfänger seiner Niere erhält. Abstrakt gesehen bestehen keine Zweifel, dass die Menschenwürde und die körperliche Unversehrtheit desjenigen Lebendspenders schwerer wiegen als sein Vermögen. Die Besonderheit liegt aber darin, dass sämtliche Rechtsgüter der Sphäre des Spenders entstammen und dass dieser nicht in fremde Rechtsgüter eingreift, sondern vielmehr dem Empfänger zur Wiederherstellung seiner Gesundheit bzw. zur Lebensrettung verhilft.[602]
Ausgeschlossen würde eine Rechtfertigung nach § 34 StGB dann wahrscheinlich spätestens wieder im Rahmen der Angemessenheitsprüfung mit dem Argument des Absolutheitscharakters[603] der Menschenwürde. Das aber würde bedeuten, dass § 34 StGB tatsächlich nie zur Anwendung kommen dürfte, da die Menschenwürde stets durch den Organhandel beeinträchtigt ist, so die Begründung des Gesetzentwurfes.[604] Diese verweist den Spender auf § 60 StGB und die Opportunitätsvorschriften der Strafprozessordnung sowie auf § 18 Abs. 4 TPG.[605] Andererseits geht aus derselben Begründung hervor, dass § 34 StGB nach der gesetzgeberischen Intention in Frage kommen soll.[606] Dies stellt zumindest einen Anhaltspunkt dafür dar, dass der Gesetzgeber es grundsätzlich für möglich hält, dass andere Interessen die Menschenwürde überwiegen können.
Ein gutes Beispiel findet sich bei König[607]:
Der Lebendspender hat eine schwerkranke, kurz vor dem Tode stehende Tochter, deren einzige Hoffnung in einer Operation durch einen ausländischen Spezialisten besteht. Der Vater kann dessen Honorar nicht aufbringen; auch die Krankenkasse zahlt nicht. Deshalb spendet er seine Niere einem guten Freund, der gern bereit und in der Lage ist, dafür 100.000 DM zu zahlen und so der Tochter seines Spenders die letzte Chance zu erhalten.

---

602 König, Strafbarer Organhandel, S. 204

603 etwa Roxin, StrafR AT I, § 16 Rn. 86

604 Begründung des Entwurfes, BT-Drs. 13/4355, S. 29: der Verkauf von Organen sei generell menschenunwürdiges Unrecht, und zwar unabhängig von einzelnen Beweggründen -

605 Beschlussempfehlung und Bericht, BT-Drs. 13/8017, S. 44; Begründung des Entwurfes, BT-Drs. 13/4355, S. 31

606 Begründung des Entwurfes, BT-Drs. 13/4355, S. 31 (linke Spalte Mitte): ausdrücklich genannt wird nur der Empfänger, für den eine solche Straflosigkeit nach §§ 34, 35 StGB in Betracht kommen soll. Die Motive zur Absehens-/Milderungsklausel des § 18 Abs. 4 TPG sprechen davon, dass „der Empfänger...das begehrte Organ möglicherweise im Einzelfall zur Lebensrettung dringend benötigt" (Beschlussempfehlung und Bericht, BT-Drs. 13/8017, S. 44).

607 ders., Strafbarer Organhandel, S. 205

Hier sind das Leben der Tochter gegen die Menschenwürde sowie die körperliche Unversehrtheit des Vaters abzuwägen, der beides wiederum gern, völlig autonom aufgegeben hat. Der Absolutheitscharakter der Menschenwürde, der bei einer aufgezwungenen Nierenspende jegliche Rechtfertigung verbietet, richtet sich nunmehr gegen den Spender selbst. Hier würde sich der ansonsten wesentlich auf den Schutz der Autonomie ausgerichtete Menschenwürdesatz in einen Schutz *vor* Autonomie verkehren.
Den Fall kann man insoweit abändern, dass nicht einmal Geld für diese Nierenspende geflossen sein muss, sondern nur das Verwandtschafts- bzw. Nähekriterium des § 8 TPG nicht erfüllt war, da es für eine Strafbarkeit bereits genügt, dass nicht alle Voraussetzungen des § 8 TPG eingehalten wurden.
An der Angemessenheit der Tat als Mittel der Gefahrabwendung soll es beispielsweise ebenfalls fehlen, wenn ein mittelloser Schwerkranker einem Millionär das für eine lebensnotwendige Operation oder Kur erforderliche, legal nicht beschaffbare Geld entwendet. Die Behebung einer solchen Notlage sei allein Aufgabe der Sozialgemeinschaft. Versagt sie ihre Hilfe, so dürfen auch dem Einzelnen keine weitergehenden Duldungspflichten als Sonderopfer auferlegt werden.[608] Oder anders ausgedrückt: die Besserstellung einzelner gegenüber der Allgemeinheit, die auf die staatliche Krankenversorgung beschränkt ist, soll nicht unter Berufung auf den rechtfertigenden Notstand herbeigeführt werden.[609]
Ansonsten muss man bei der Menschenwürde selbst ansetzen und ihr die vor allem im verfassungsrechtlichen Schrifttum zu Recht angemahnte enge Auslegung verleihen. Die Entwurfsbegründung sieht die Menschenwürde als verletzt an, weil der Mensch oder seine sterblichen Überreste Objekt finanzieller Interessen würden. Tatsächlich werden heutzutage Sport- oder Filmstars tagtäglich für die Werbebranche zum Objekt finanzieller Interessen – selbst ein toter Mensch wird zum Gegenstand massiver kommerzieller Interessen.[610] Die Frage ist, ob ein nutzbringender, gesundheitsfördernder oder sogar lebenserhaltender Zweck - wie eine Lebendspende - dann wirklich einen Verstoß gegen die Menschenwürde darstellen kann.[611]
Bei der Menschenwürde geht es um die Wahrung der Subjektqualität des Menschen.[612] Sie ist betroffen, wenn der konkrete Mensch zum Objekt, zu einem bloßen Mittel, zur vertretbaren Größe herabgewürdigt wird[613], und zwar unab-

---

608 vgl. Wessels/Beulke, StrafR AT, Rn. 317
609 vgl. LK-Hirsch, StGB, § 34 Rn. 69
610 vgl. König, Strafbarer Organhandel, S. 109, der auf die Ereignisse um das Begräbnis von Lady Di hinweist
611 vgl. König, Strafbarer Organhandel, S. 110
612 Dreier, GG, Art. 1 Rn. 44
613 Maunz/Dürig, GG, Art. 1 Rn. 28; Jarass/Pieroth, GG, Art. 1 Rn. 4; von Mangoldt/Klein/Starck, GG, Art. 1 Rn. 10; BVerfGE 27, 1 (6); 45, 187 (228); 50, 166 (175)

hängig davon, ob von öffentlicher oder privater Seite.[614] Für den Staat bedeutet das ein Eingriffsverbot; hinsichtlich der Menschen untereinander kann sich die Menschenwürdegarantie in einer Verbots- und Sanktionierungs*pflicht* des Staates auswirken.[615] Es ist aber auch Inhalt der Menschenwürdegarantie, dass sich jeder grundsätzlich „in Freiheit und Selbstbewusstsein" selbst bestimmen können soll[616] und dass ihr Schutzbereich über den Tod hinaus wirkt.[617]

Die Reichweite der Einwilligung im Allgemeinen und die Zulässigkeit der Explantation eines Organs im Speziellen werden auch unter dem Aspekt diskutiert, ob der Staat nicht auch das Recht bzw. die Befugnis oder gar die Pflicht habe, einen Menschen um seiner selbst willen zu schützen. Dabei wird zur Auslegung des § 226a StGB a. F., § 228 StGB n. F. insbesondere der Schutz vor nicht genügend überlegter Selbstschädigung ins Feld geführt.[618] Dazu gehört immer die Unterstellung, dass der zur Tatzeit fest entschlossene Einwilligende seinen Entschluss später bereuen wird.

Diese Frage gehört im weitesten Sinne auch zu der Frage der Schutzpflichten des Staates, die dieser allerdings nur selektiert wahrnimmt, wenn er zum Beispiel Nikotin, Alkohol, andere Arten von Drogen und gefährliche Sportarten wie Autorennen, Boxen etc. zulässt.

Den Sinn des § 226a StGB a. F., § 228 StGB n. F. im Schutz des Verletzten vor sich selbst zu sehen, widerspricht jedoch der grundsätzlichen Einordnung der körperlichen Unversehrtheit als Individualrechtsgut.[619] Eine Begrenzung der Einwilligung aus diesem Grund entspräche auch nicht der verfassungsrechtlichen Würdegarantie, die von dem Menschen als ein Wesen ausgeht, dass in elementaren Fragen in Freiheit über sich selbst bestimmt.[620] Dazu gehört auch das Recht, auf Grund des allgemeinen Persönlichkeitsrechtes der Art. 2 Abs. 1 i. V. m. Art. 1 Abs. 1 GG irrationale Entscheidungen zu treffen.[621]

Allerdings geht es hier nicht allein um die Frage, was ein mündiger Mensch sich selbst antun darf, sondern um die Beurteilung von Dritten. Gerade bei der Lebendspende ist ein Arzt mit im Spiel, der letztendlich den frei Entscheidenden bzw. dessen körperliche Unversehrtheit verletzt. Gerade bei Eingriffen, die nur durch einen Arzt vorgenommen werden können, ist der Rechtsgutsträger noch weit mehr dem Urteil eines anderen Menschen ausgeliefert, der eventuell

---

614 Zippelius, Bonner Kommentar, Art. 1 Rn. 63

615 von Mangoldt/Klein/Starck, GG, Art. 1 Rn. 26

616 Seifert/Hömig, GG, Art. 1 Rn. 4

617 Dreier, GG, Art. 1 Rn. 52ff.; Zippelius, Bonner Kommentar, Art. 1 Rn. 53ff.

618 Sasse, Zivil- und strafrechtliche Aspekte der Veräußerung..., S. 140; Kübler, Verfassungsrechtliche Aspekte der Organentnahme, S. 130

619 SK-Horn, StGB, § 226a Rn. 9

620 Schmidt-Didczuhn, ZRP 1991, 264 (265)

621 Schmidt-Didczuhn, ZRP 1991, 264 (265)

gewisse Barrieren überwinden helfen kann. Der Arzt macht den Eingriff überhaupt erst möglich und schon allein der Umstand, dass der Arzt die Verantwortung dafür übernimmt, wird den Entschluss über die Zustimmung zur Lebendspende erheblich beeinflussen und auch erleichtern.[622]

Letztendlich kommt man wieder zu der Frage, ob nun jede Lebendspende einer Niere gegen einen gewissen Geldbetrag oder unter Umgehung des § 8 Abs. 1 Satz 2 TPG eine Menschenwürdeverletzung darstellt, die dann in der Folge dazu führen muss, dass die Angemessenheit des § 34 Satz 2 StGB nicht mehr gegeben wäre. Es sei generell menschenunwürdig, menschliche Körperteile zum Kaufobjekt zu degradieren, so Sasse.[623] Der Körper würde „für Zwecke genutzt, die außerhalb seiner selbst liegen".[624] Der Staat habe eine Schutzpflicht, Verkäufer davor zu bewahren, sich selbst zum Objekt zu machen.[625]
Gerade in Anbetracht der oben geschilderten Fallgestaltungen erscheint doch sehr fraglich, ob der Lebendspender davor geschützt werden muss, sich selbst zum Objekt zu machen. Nach der genannten Definition muss der *konkrete* Mensch zum Objekt degradiert werden, was hier sicherlich nicht der Fall ist. Im Übrigen muss bei der Betrachtung des Einzelfalles bedacht werden, dass der einzelne Vorgang keine Menschenwürdeverletzung sein kann, obwohl eine Vielzahl von denkbaren ähnlichen Fällen im Rahmen möglicher Fehlentwicklungen selbstverständlich solche Verletzungen darstellen können. Solchen Fehlentwicklungen kann durch entsprechende Regularien, wie dem Transplantationsgesetz, vorgebeugt werden.
Grundsätzlich ist im geschilderten Fall des nierenspendenden Vaters für einen Freund gegen Zahlung eines Geldbetrages festzuhalten, dass nicht der Staat oder ein anderer Dritter den Spender oder dessen Körperteile zum Objekt macht, sondern – dies vorausgesetzt – er sich selbst aus freiem Willen.[626] Ist dann der Staat für diesen Fall gehalten oder auch nur berechtigt, den Einzelnen durch ein Verbot davon abzubringen, seine eigene Gesundheit zu beeinträchtigen und damit zwei Leben zu retten, nämlich dasjenige des Empfängers und dasjenige seiner Tochter, die durch den Spezialisten im Ausland gerettet werden kann?
Ethisch und moralisch handelt der Lebendspender wünschenswert – in einem anderen Rahmen wäre seine Lebendspende nach dem Transplantationsgesetz zulässig, nämlich dann, wenn er direkt an seine Tochter gespendet hätte, wenn

---

622 vgl. Sasse, Zivil- und strafrechtliche Aspekte der Veräußerung..., S. 141
623 Sasse, Zivil- und strafrechtliche Aspekte der Veräußerung von Organen, S. 93ff. (96)
624 Sasse, Zivil- und strafrechtliche Aspekte der Veräußerung von Organen, S. 93ff. (100) unter Verweis auf Kants Metaphysik der Sitten (S. 423)
625 Sasse, Zivil- und strafrechtliche Aspekte der Veräußerung von Organen, S. 93ff. (102)
626 König, Strafbarer Organhandel, S. 112, 113

sie eben durch Zufall schwer nierenkrank gewesen wäre. Ähnlich verhält es sich bei den bereits geschilderten Überkreuzspenden zwischen verschiedenen Ehepaaren. Das Ergebnis der Heilung von zwei Menschen bleibt aber selbst dann nutzbringend, wenn kommerzielle Interessen mit im Hintergrund gestanden haben sollten.[627]

Der Gesetzgeber hat in § 8 TPG Voraussetzungen formuliert, die vor einer Lebendspende erfüllt sein müssen, um denkbaren Beeinträchtigungen der Menschenwürde des Spenders vorzubeugen.[628] Wenn alle diese Voraussetzungen erfüllt sind, würde dann ein „Akt der Dankbarkeit" des Empfängers an den Spender in Form einer Reise oder einer Erbeinsetzung den gesamten Vorgang würdelos machen?[629]

Menschen betreiben gefährliche Sportarten, bei denen sie mindestens ihr eigenes, meist auch noch fremde Leben aufs Spiel setzen, oder tun andere Dinge, um an Geld zu kommen – selten wird dabei zugleich kranken Menschen geholfen wie in den in Rede stehenden Fällen.

Klargestellt sei an dieser Stelle noch einmal, dass es hier nicht um den „klassischen Organhandel" geht, bei dem Menschen, die keinen anderen Ausweg wissen, als ihre Organe zu verkaufen, um sich ernähren oder medizinisch behandeln lassen zu können, ausgebeutet werden. In Deutschland will niemand ein solches System des „Organtourismus" etablieren oder gar legitimieren, in welchem sich reiche Kranke bei armen Menschen der Dritten Welt bedienen können, um ihr eigenes Leben zu retten und dabei die Not dort ausnutzen. Die skizzierten Fälle des spendenden Vaters oder der Überkreuzspenden haben damit nichts gemeinsam – niemand wird dort zum Objekt degradiert.

Selbst wenn man aber eine Menschenrechtsverletzung annimmt, bleibt immer noch die Frage, ob daraus die Notwendigkeit oder die Legitimation eines staatlichen Verbots zwingend resultiert, welches definitiv in die Selbstbestimmung des nichtverwandten Lebendspenders eingreift.[630]

Solche Regelungen, mit denen der Staat den Konflikt zwischen der Selbstbestimmung einerseits und der Unterbindung würdelosen, gegebenenfalls auch selbstschädigenden Verhaltens andererseits in der Weise löst, dass er letzteres

---

[627] vgl. König, Strafbarer Organhandel, S. 113

[628] vgl. oben 1.Kap.D: Einwilligung des volljährigen Spenders nach eingehender Aufklärung; keine Gefährdung der eigenen Gesundheit über das Operationsrisiko hinaus; Aussicht auf Heilerfolg beim Empfänger; beschränkter Spenderkreis

[629] das sog. „rewarded gifting" wird von einem Teil der Literatur in der Transplantationsethik als nicht anstößig angesehen: vgl. Gutmann, ZRP 1994, 111 (114); ders., ZTxMed 2/1993, 75 (86); Land, ZTxMed 2/1993, 59 (60); Daar, in: Land/Dossetor, Organ Replacement Therapy: Ethics, Justice, Commerce 1991, S. 291ff.

[630] vgl. Schroth, JZ 1997, 1149 (1150)

trotz Entschluss- und Handlungsfreiheit des Einzelnen komplett verbietet[631], werden teilweise unter dem Stichwort des „Paternalismus" erörtert.[632]
Trotz erheblicher Streitigkeiten im Einzelnen zu diesem Bereich ist doch weitgehend anerkannt, dass solche Regelungen die Ausnahme bleiben müssen.[633] Der im Achtungsanspruch verwurzelte Autonomieanspruch habe grundsätzlich Vorrang, so das Bundesverfassungsgericht.[634]
Die Autonomie, die bei der postmortalen Organentnahme dazu führt, dass ein geäußerter Widerspruch des Verstorbenen oder seiner Angehörigen in jedem Fall den Rückgriff auf § 34 StGB ausschließt, sollte nunmehr auch im Rahmen der Lebendspende anerkannt werden.
Fraglich ist, ob die Menschenwürdeverletzung des Lebendspenders, der Geld annimmt oder das Nähekriterium des § 8 Abs. 1 Satz 2 TPG nicht erfüllt, so groß ist, dass ein staatliches Verbot verbunden mit der vorgesehenen Sanktion im Transplantationsgesetz gerechtfertigt erscheint. Als übergeordnete Belange der Allgemeinheit, die ein solches Vorgehen rechtfertigen würden, kommen die Verhinderung der Privilegierung Wohlhabender und eines sog. Zweiklassensystems der Organverteilung sowie die Wahrung der Integrität des Transplantationswesens in Betracht. Interessant ist die Überlegung, ob nicht die Belange der Allgemeinheit ganz andere sind: vielleicht brächte die Zusicherung einer finanziellen Entschädigung durch den Staat oder seine Solidarsysteme eine Verbesserung der derzeitigen Organmangelsituation.[635] Die konkrete Organspende im eingangs gebildeten Fall oder im Fall einer Überkreuzspende zweier Ehepaare nützt der Solidargemeinschaft, da hohe Dialysekosten eingespart werden.
Das Recht, über seine höchstpersönliche Angelegenheiten selbst zu befinden, bedeutet auch, selbst zu entscheiden, was seiner Menschenwürde entspricht.[636] Das bedeutet weiter, dass die Menschenwürde bis zur Grenze extremer Auswüchse disponibel ist.[637] Eine Transplantation zu Heilzwecken kann kein solcher extremer Auswuchs sein, auch wenn das Transplantationsgesetz gerade die Verfügung über die Menschenwürde in Gestalt des Organverkaufs durch die §§ 17ff. TPG unterbinden will.
Im Ergebnis würde die Menschenwürde es gebieten, den todkranken Empfänger weiter leiden oder sogar sterben zu lassen, da kein Arzt in einer solchen Situation transplantieren und kein Empfänger sich die Niere übertragen lassen dürfte.

---

[631] vgl. dazu: v. Münch/Kunig, GG, Art. 1 Rn. 34; Dreier, GG, Art. 1 Rn. 91
[632] Schroth, JZ 1997, 1149 (1153)
[633] v. Münch/Kunig, GG, Art. 1 Rn. 34; Schroth, JZ 1997, 1149 (1154); Zippelius, Bonner Kommentar, Art. 1 Rn. 39; Dreier, GG, Art. 1 Rn. 91
[634] BVerfGE 49, 286 (298)
[635] Vgl. etwa Carstens, Das Recht der Organtransplantation, S. 73f.; Schroeder, ZRP 1997, 265 (266f.)
[636] Zippelius, Bonner Kommentar, Art. 1 Rn. 81
[637] Zippelius, Bonner Kommentar, Art. 1 Rn. 81

Einen derartig scharfen Durchgriff des Gesetzgebers gibt es sonst nur in den §§ 29ff. BtMG, wobei es dort nicht um die Heilung eines anderen Menschen sondern um den Umgang mit *gesundheitsgefährdenden* Betäubungsmitteln geht, die den Einzelnen und die Bevölkerung abhängig machen können.[638] Für den Empfänger stellt sich das Transplantationsgesetz noch strenger dar als das Betäubungsmittelgesetz, denn dort ist der Eigenkonsum als solcher straffrei, während hier – obwohl heilbringend oder lebenserhaltend – das Sichübertragenlassen mit Strafe bedroht wird.[639] Es ist wirklich fraglich, ob dies alles die Menschenwürde gebieten soll, auf die sich die Entwurfsbegründung beruft.
Interessant ist auch der Vergleich mit der sog. Leihmutterschaft[640], die hinsichtlich ihres Verstoßes gegen die Menschenwürde nicht einheitlich beurteilt wird. Der Gesetzgeber hat in § 1 Abs. 1 Nr. 7 Embryonenschutzgesetz (ESchG), § 14b Adoptionsvermittlungsgesetz (AdVermiG) Verbote geschaffen und dabei auf das Kindeswohl und die menschenunwürdigen Konflikte bei den betroffenen Frauen und Kindern nach der Geburt abgestellt.[641] Entscheidend ist, dass gleichwohl weder die Leihmutter noch die Person, die das Kind hinterher aufziehen will, eine strafrechtliche Sanktion zu befürchten haben, denn der Gesetzgeber hat sich für eine Straffreistellung entschieden.[642]
Dagegen sind Transplantationen als solche erwünscht oder wenigstens erlaubt, haben inzwischen sogar eine eigene rechtliche Grundlage im Transplantationsgesetz gefunden[643] – trotzdem werden Empfänger und Spender unter Strafe gestellt, und zwar laut Entwurfsbegründung unter Rückgriff auf die Menschenwürdegarantie.[644] Ansonsten wären die Organhandelstatbestände lediglich symbolisches Strafrecht; der Werteappell stünde sicherlich im Vordergrund. Aber gerade im Hinblick darauf, dass der Schwerpunkt der Strafzwecke von der ganz herrschenden Lehre auf der präventiven Seite gesehen wird und eine „echte Ef-

---

638 vgl. König, Strafbarer Organhandel, S. 117
639 vgl. auch die obigen Ausführungen zu den Strafvorschriften (2. Kap. A. III.)
640 Legaldefinition in § 13a Adoptionsvermittlungsgesetz
641 vgl. zum ESchG: BT-Drs. 11/5460, S. 6f.; zum AdVermiG: BT-Drs. 11/5283, S. 8f.
642 §§ 1 Abs. 3 Nr. 2 ESchG, 14b Abs. 3 AdVermiG
643 Trotz umfangreicher Expertenanhörungen zu den Hauptpunkten des Gesetzes hat sich das Parlament gerade hinsichtlich der Straftatbestände bzw. der Phänomene des Organhandels kein vollständiges Bild schaffen können (König, Strafbarer Organhandel, S. 132, 133). Die Schwerpunkte dieser Anhörungen lagen eindeutig im Bereich des Hirntodes, der erweiterten oder engen Zustimmungslösung und eventuell noch im Bereich der Organverteilung (vgl. Heuer/Conrads, MedR 1997, 195ff. zur Auswertung der Anhörungsprotokolle).
644 Das Bundesverwaltungsgericht hatte die Teilnahme an einer Peepshow als Menschenwürdeverletzung angesehen (BVerwGE 64, 274 (278)), da die Würde - trotz freiwilliger Mitwirkung - ein objektiv unverfügbarer Wert sei. Nach zahlreicher Kritik aus der Literatur hat das Bundesverwaltungsgericht diesen Standpunkt aufgegeben und nunmehr in einem Folgeurteil auf die bloße Sittenwidrigkeit abgestellt (BVerwGE 84, 314 (317f.)).

fektivitätskontrolle" von Strafgesetzen ohnehin nicht möglich ist[645], wäre das vielleicht auch gar nicht so tragisch.

c) Notstandsrechtfertigung des Arztes?

Der transplantierende Arzt ist bei den soeben dargestellten Fallgestaltungen etwas aus dem Blickfeld geraten, aber auch bei ihm stellt sich die Frage nach der Anwendung des § 34 StGB. In den Motiven findet sich keine Aussage dazu. Vom Arzt wird verlangt, dass er die Integrität des Transplantationswesens in besonderem Maße wahrt und schützt.

Gerade für den Arzt findet man in § 17 Abs. 2 TPG eine gesetzliche Regelung vor, die ihm selbst solche Handlungen *ausnahmslos* verbietet, zu denen er im Einzelfall gem. § 323c StGB bzw. auf Grund seiner Garantenstellung durch die Übernahme der Behandlung sogar verpflichtet wäre.[646]

Wir gehen auch hier von einer Fallgestaltung aus, bei der der Eintritt des Todes oder eine dramatische Gesundheitsverletzung unmittelbar bevorsteht, die nicht anders als durch eine Transplantation abgewendet werden kann, so dass die tatbestandlichen Voraussetzungen des § 34 StGB auch für den Arzt als Nothelfer gegeben sind. Wenn dieser Arzt dann durch seine Handlung ein Leben retten kann, muss eine Rechtfertigung möglich sein. Man stelle sich den Fall vor, dass ein Arzt, der bereits die Niere des Lebendspenders entnommen hat, diese aber noch nicht beim entsprechenden Empfänger eingesetzt hat, zwischendurch davon erfährt, dass der Lebendspender doch einen hohen Geldbetrag für sein Organ erhält. Die Rechtsordnung kann dann nicht ernsthaft verlangen, dass der Arzt dieses Organ nicht verpflanzen darf.

Denkt man an dieser Stelle zunächst einmal unter Ablehnung des § 34 StGB noch einen Schritt weiter, dann kommt für den Arzt auch § 35 StGB, der entschuldigende Notstand, nicht in Betracht, da es sich in aller Regel bei dem Empfänger nicht um eine dem Arzt nahestehende Person handeln wird. Als Folge käme man dann in den höchst umstrittenen Bereich der rechtfertigenden Pflichtenkollision[647], wobei den Arzt mit Sicherheit die höchstrangige Pflicht zur Lebensrettung träfe, genau dies ihm aber gem. § 17 Abs. 2 TPG verboten wäre.[648] Übrig bliebe der übergesetzliche Notstand, dessen Existenzberechti-

---

[645] Vgl. Schreiber, in: Schäffer/Triffterer, Rationalisierung der Gesetzgebung, S. 178 (180ff.)

[646] König, Strafbarer Organhandel, S. 210

[647] vgl. Küper, Rechtfertigender Notstand, Pflichtenkollision und übergesetzlicher Notstand, JuS 1971, 474ff.; Roxin, StrafR AT I, § 16 Rn. 101ff.; Jescheck/Weigend, StrafR AT, § 33 V; LK-Hirsch, StGB, vor § 32 Rn. 74ff.

[648] Es wäre schon umstritten, ob diese Konstellation überhaupt ein Fall der rechtfertigenden Pflichtenkollision wäre, da es sich genaugenommen um eine Handlungspflicht (Lebensret-

gung umstritten ist[649] und dessen übliche Fallgestaltungen, wie etwa die Handlungen der NS-Ärzte, nicht unbedingt auf die Konstellation der Organtransplantation passen. Hier müsste sonst eine Abwägung des drohenden Unheils des Todes eines Patienten gegen den mit der Rettungshandlung verbundenen Normverstoß stattfinden, die wohl eine Nachrangigkeit des Normverstoßes ergeben würde.

9) Ergebnis

Die konkrete Art des Vorgehens beim Organhandel macht die Menschenwürdeverletzung aus und sollte auch die Strafbarkeit ausmachen. Die aggressive Kommerzialisierung durch an sich unbeteiligte Organhändler ist zu Recht unter Strafe gestellt worden und kann auch in keinem Fall gerechtfertigt werden. Dort werden gesundheitliche Notlagen ausgenutzt und die Entscheidungsfreiheit der finanziell schlechter gestellten Menschen verletzt.

Genauso aber wie man die Grundversorgung der Bevölkerung durch eine gesetzliche Krankenkasse sicherstellen will, sollte das Transplantationsgesetz die Grundlage bilden, um Ausuferungen vorzubeugen. Ausnahmen für Einzelfälle müssen aber möglich bleiben, insbesondere im Rahmen der zuletzt angesprochenen Fälle der Lebendspende. Die Angemessenheit im Rahmen einer Notstandsrechtfertigung kann hier nicht pauschal verneint werden, denn eine Menschenwürdeverletzung kann im konkreten Fall ausscheiden.

Damit soll natürlich nicht erreicht werden, dass auf Grund von § 34 StGB sämtliche Vorgaben des Transplantationsgesetzes umgangen werden können und die §§ 17 ff. TPG leerlaufen – es bleibt eine Entscheidung des Einzelfalles. Zur alltäglichen Rechtfertigung von Organentnahmen darf der rechtfertigende Notstand sicherlich nicht herangezogen werden.[650]

Probleme bereitet der Gedanke, dass nach außen immer eine uneigennützige Haltung angenommen werden kann, unabhängig davon, wie viel Geld vielleicht tatsächlich gezahlt worden ist. Dabei handelt es sich aber letztendlich um Beweisschwierigkeiten, die nicht dazu führen dürfen, § 34 StGB gar nicht mehr anzuwenden.

---

tung) und eine Unterlassungspflicht (Verbot gem. § 17 Abs. 2 TPG) handeln würde, worauf eigentlich nur § 34 StGB Anwendung finden würde (vgl. Wessels/Beulke, StrafR AT, Rn. 735, 297ff.).

[649] vgl. Lackner/Kühl, StGB, vor § 32 Rn. 31; LK-Hirsch, StGB, vor § 32 Rn. 212; Roxin, StrafR AT I, § 22 Rn. 156ff.; Jescheck/Weigend, StrafR AT, § 47 I; Küper, Rechtfertigender Notstand, Pflichtenkollision und übergesetzlicher Notstand, JuS 1971, 474ff.

[650] Schreiber, in: Hiersche/Hirsch/Graf-Baumann, Organtransplantation, 1990, Diskussion 2, 89

Selbst wenn man dem Willen des Gesetzgebers bei einem aktuell erlassenen Gesetz einen hohen Stellenwert einräumt[651], heißt das nicht zwangsläufig, dass ein Rechtfertigungsgrund wie § 34 StGB dermaßen restriktiv ausgelegt werden muss und jegliche extreme Ausnahmefälle als menschenunwürdig etikettiert werden.[652]

C. Rechtfertigung der Explantation durch Sozialadäquanz?

Sozialadäquat ist nach der von Welzel entwickelten Lehre ein Eingriff, der nach der geschichtlich gewachsenen Sozialordnung hingenommen wird.[653] Das gilt in jedem Fall für kleinste Verletzungen, die im sozialen Leben nicht zählen. Bei der Entnahme von Körperteilen eines Toten ist ein solcher unerheblicher Eingriff allein dann gegeben, wenn es nur zu einer geringfügigen Verletzung und Entnahme kommt, nicht aber wenn ein ganzes Organ betroffen ist.[654] So kann man die Organtransplantation nicht unter dem Gesichtspunkt der Sozialadäquanz rechtfertigen. Es wurde aber wohl bis zur Verabschiedung des Transplantationsgesetzes als zulässig angesehen, geringfügige Mengen an Knochenmaterial, die Hirnhaut oder die Hornhaut zu anderen dringenden medizinischen Zwecken zu entnehmen.[655] Die Integrität des Verstorbenen wurde hier nur in geringster Weise als betroffen angesehen, so dass ein gerechtfertigtes Interesse der Angehörigen an der Nichtentnahme fehlte. Deshalb erscheint es als zu weitgehend, wenn nach § 1 TPG jedes Gewebe eines Verstorbenen mit Ausnahme von Blut und Knochenmark als Organ behandelt und den strengen Vorschriften der Organtransplantation unterworfen wird.[656] Man sollte hier zwischen durchbluteten und nicht durchbluteten Körperteilen unterscheiden und Gewebe einer eigenen angemessenen Regelung unterwerfen.
Eine Rechtfertigung der Entnahme kleinerer Gewebe auf Grund von Sozialadäquanz ist nunmehr im Hinblick auf die spezialgesetzlichen Regelungen der §§ 3, 4 TPG ausgeschlossen.[657]

---

651 Jede Form von Organhandel ist eine Menschenwürdeverletzung.
652 König, Strafbarer Organhandel, S. 206
653 Tröndle/Fischer, StGB, vor § 32 Rn. 12; Deutsch, Medizinrecht, Rn. 507
654 vgl. Österr. OGH ÖJZ 1987, 386: In dieser Entscheidung ging es allerdings um die Entfernung der Hypophyse nach einer Obduktion.
655 Laufs, Arztrecht, Rn. 279; Kern, in: Rechtliche Grundlagen der augenärztlichen Tätigkeit, 1988, 814 f.; Deutsch, Medizinrecht, Rn. 507
656 vgl. Begründung zum Transplantationsgesetz-Entwurf, S. 15
657 vgl. Nickel, Die Entnahme von Organen, S. 171

3. Kapitel: Konkurrenz von Rechtfertigungsgründen

Zunächst soll anhand eines immer wieder genannten Falles des OLG Frankfurt, der zum Vergleich mit der Organtransplantation und ihrer Rechtfertigung nach § 34 StGB herangezogen wird, in das Problem eingeführt werden.
Das OLG Frankfurt berief sich auf den rechtfertigenden Notstand, um den Vertreter einer Berufsgenossenschaft straffrei zu sprechen, der wegen Störung der Totenruhe (§ 168 StGB) angezeigt worden war, weil er ohne ausdrückliche gesetzliche Befugnis einem tödlich Verunglückten Blut hatte entnehmen lassen, um Beweismittel gegen Rentenansprüche der Hinterbliebenen zu sichern.[658] Der Sache nach handelte es sich um die Blutentnahme bei einem alkoholisierten Unfallopfer, um die spätere unberechtigte Zahlung einer Hinterbliebenenrente zu vermeiden.
Im Ergebnis ist dem OLG Frankfurt wohl zuzustimmen, weil es im Sozialverwaltungsrecht zwar eine Aufgabenzuweisung hinsichtlich der Aufklärung tödlicher Unfälle des Versicherten gab, aber an einer speziellen Eingriffsermächtigung - zumindest damals - fehlte, die aber zur amtlichen Entnahme von Leichenteilen nötig ist.[659] Inzwischen wurde 1981 eine gesetzliche Eingriffsermächtigung in § 1559 Abs. 4 RVO bzw. in § 63 Abs. 3 SGB VII geschaffen. Die erheblichen Vermögensinteressen der Versichertengemeinschaft überwogen das Pietätsgefühl der Witwe wesentlich im Sinne des § 34 Satz 1 StGB, da dieses nur geringfügig berührt wurde und einen niedrigeren Rang als die übrigen persönlichen Rechtsgüter einnimmt.[660]
Die Probleme werden hier eventuell aber verkürzt, wenn man diese Fälle auf die strafrechtliche Frage der Konkurrenz von Rechtfertigungsgründen reduziert, anstatt sie in ihrer öffentlich-rechtlichen Dimension zu betrachten. Das bedeutet, man muss die Frage stellen, inwieweit obrigkeitliche Eingriffsbefugnisse überhaupt durch § 34 StGB erweitert werden können.
Durch den „Fall Traube“, bei dem sich staatliche Repräsentanten mehr oder weniger deutlich auf „übergesetzlichen Notstand“ beriefen[661],als es um die Überwachung der Privaträume einzelner Bürger ging, und durch den „Fall Stamm-

[658] OLG Frankfurt NJW 1975, 271 oder JZ 1975, 379 mit Besprechung von Geilen, JZ 1975, 380; vgl. auch: Roxin, JuS 1976, 505 ff.
[659] vgl. Roxin, JuS 1976, 505 (509); Geilen, JZ 1975, 380 (382); Sch/Sch/Lenckner, StGB, § 34 Rn. 7; **a. A.**: Amelung, NJW 1977, 833 (837); Grebing, GA 1979, 81 (95 ff.); Jescheck/Weigend, StrafR, § 33 IV 3d
[660] Sch/Sch/Lenckner, StGB, § 34 Rn. 43; Roxin, JuS 1976, 505 (510)
[661] Der damalige Bundesinnenminister Maihofer, Der Spiegel Nr. 11 vom 07.03.1977, S. 21; der damalige Bundesjustizminister Vogel, Westdeutsche Allgemeine Zeitung vom 04.03.1977

heim"[662], in dem es um die heimliche Überwachung von Verteidigergesprächen ging, hatte diese Thematik an ungeahnter Aktualität und Brisanz gewonnen. In Frage gestellt wurde neben der generellen Anwendbarkeit des § 34 StGB für diese Bereiche, ob überhaupt die einzelnen Voraussetzungen des Notstandsparagraphen gegeben waren: So kann man etwa bei der totalen Kontaktsperre terrorismusverdächtiger Inhaftierter, die entgegen § 148 StPO und vor Einführung der §§ 31 ff. EGGVG verhängt wurde, fragen, ob eine solche Maßnahme erforderlich bzw. nicht anders abwendbar im Sinne des § 34 StGB gewesen ist.[663]

A. Rechtfertigender Notstand und hoheitliches Handeln

Nach herrschender Ansicht ist § 34 StGB auf hoheitliche Eingriffe in Individualrechtsgüter grundsätzlich anwendbar[664], wobei hinsichtlich des Umfangs der Anwendbarkeit unterschiedliche Auffassungen vertreten werden.

Der staatliche Rückgriff soll - darüber besteht wohl Einigkeit - wegen der Anforderungen des staatlichen Gesetzesvorbehalts für die Eingriffsverwaltung nur in außerordentlicher, unvorhersehbarer Lage bei tatsächlicher Gefahr für höchste Rechtsgüter zulässig sein[665] oder zumindest dann, wenn öffentlich-rechtliche Sonderregelungen fehlen.[666] Für bereits durchnormierte Bereiche wird entweder die Anwendbarkeit des § 34 StGB ausgeschlossen[667] oder die Interessenabwägung als gesetzlich vorweggenommen[668] bzw. die Angemessenheit nach Satz 2 als nicht gegeben angesehen[669].

Die Gefahr liegt augenscheinlich darin, dass der Rückgriff auf § 34 StGB zu unbedacht vollzogen wird und somit die staatlich begrenzten Eingriffsrechte ausgeweitet werden.[670]

---

662 § 34 StGB wurde von den baden-württembergischen Ministern Bender und Schiess ausdrücklich zur Rechtfertigung herangezogen (Frankfurter Allgemeine Zeitung vom 18.03.1977)

663 für ein Vorliegen der Voraussetzungen: BGHSt 27, 260 ff.; Lange, NJW 1978, 784 ff.; dagegen: Jakobs, StrafR, 13/42 Fn. 81; OLG Frankfurt NJW 1977, 2177 ff.

664 vgl. etwa: BGHSt 27, 260 (262)

665 BGHSt 31, 304 ff.; BGHSt 34, 39 (51); Maurach/Zipf, StrafR AT, § 27 III 5b; Roxin, StrafR AT I, § 16 Rn. 88; Tröndle/Fischer, StGB, § 34 Rn. 24;

666 BGHSt 31, 304 (307); BGHSt 34, 39 (51 f.); Sch/Sch/Lenckner, StGB, § 34 Rn. 7; Blei, StrafR I, § 44 VII; Tröndle/Fischer, StGB, § 34 Rn. 24; Lackner/Kühl, StGB, § 34 Rn. 14; Schwabe, JZ 1974, 634 (639); ders., NJW 1977, 1902 (1907); Stratenwerth, StrafR AT, Rn. 450

667 Schwabe, NJW 1977, 1902 (1907)

668 Sch/Sch/Lenckner, StGB, § 34 Rn. 7

669 Jescheck/Weigend, StrafR AT, § 33 IV 3d Fn. 44

670 vgl. Geilen, JZ 1975, 380 (382); Grebing, GA 1979, 81 (83)

Die andere Ansicht schließt deshalb eine Rechtfertigung des Staates durch den strafrechtlichen Notstand gem. § 34 StGB aus und erkennt nur speziell normierte Eingriffsrechte des Verwaltungs-, Verfahrens- und Verfassungsrechts als Rechtfertigung für hoheitliches Handeln an.[671] Allerdings wird auch hier differenziert: Auf staatliches Eingriffshandeln in Individualrechte sei § 34 StGB ohne Ausnahme nicht anwendbar; seien dagegen staatliche Rechtsgüter oder solche der Allgemeinheit betroffen, wird eine Rechtfertigung gem. § 34 StGB für unbedenklich oder zumindest für möglich gehalten.[672]
Der freiheitserweiternde Gehalt des § 34 StGB würde in sein Gegenteil verkehrt, wenn dieser auch eine den Hoheitsträger berechtigende Eingriffsnorm wäre, die staatliche Befugnisse zu Lasten des Einzelnen erweitert.[673] Hinter diesem Argument verbirgt sich die Angst, dass der § 34 StGB auf diese Art und Weise seinen Ausnahmecharakter verlöre und in seiner praktischen Handhabung systemwidrig vornehmlich als öffentlich-rechtliche Generaleingriffsermächtigung missbraucht würde.[674]
Die Vorschrift des § 34 StGB genüge dabei aber den an eine öffentlich-rechtliche Eingriffsnorm zu stellenden verfassungsrechtlichen Anforderungen nicht.[675] Nach dem Grundsatz der Gesetzmäßigkeit der Verwaltung sind hoheitliche Eingriffe in den grundrechtlich geschützten Freiheitsbereich des Bürgers nur mittels oder auf Grund eines speziellen Gesetzes und nur durch die hierfür zuständigen Organe öffentlicher Gewalt zulässig.[676] § 34 StGB enthält weder eine gegenständliche Konkretisierung zulässigen Eingriffshandelns noch eine Kompetenzzuweisung für einen Träger derartiger Befugnisse.[677] Im Übrigen hat der Gesetzgeber darauf verzichtet, dem Zitiergebot des Art. 19 Abs. 1 Satz 2 GG nachzukommen.[678]

---

671 LK-Hirsch, StGB, § 34 Rn. 6 ff. (7); Amelung/Schall, JuS 1975, 565 (568); Amelung, NJW 1977, 833 ff.; Jakobs, StrafR AT, 13/42; SK-Rudolphi, StGB, vor § 331 Rn. 12; Grebing, GA 1979, 81 (83, 105); SK-Samson, StGB, § 34 Rn. 5a ff.

672 Amelung, NJW 1977, 833 (839); SK-Rudolphi, StGB, vor § 331 Rn. 12 (15); LK-Hirsch, StGB, § 34 Rn. 6 (20): da in diesen Fällen kein Überordnungsverhältnis bestehe, seien die verfassungsrechtlichen Bedenken hier nicht einschlägig; beispielsweise in den Fällen der gegen §§ 120, 258a StGB verstoßenden Freilassung von Häftlingen zur Rettung von Geiseln, aber auch bei der Ausstellung falscher Papiere, um Fahndern oder bedrohten Kronzeugen den Aufbau einer anderen Identität zu ermöglichen.

673 Böckenförde, NJW 1978, 1881 (1882); LK-Hirsch, StGB, § 34 Rn. 8

674 Geilen, JZ 1975, 380 (382); Amelung, NJW 1977, 833 (837); Böckenförde, NJW 1978, 1881 (1883)

675 LK-Hirsch, StGB, § 34 Rn. 9; Amelung, NJW 1977, 833 (835 f.); SK-Rudolphi, StGB, vor § 331 Rn. 12; SK-Samson, StGB, § 34 Rn. 5a

676 BVerfGE 8, 274 (325); BVerfGE 9, 137 (147); BVerfGE 13, 153 (160)

677 Amelung, NJW 1977, 833 (837); LK-Hirsch, StGB, § 34 Rn. 9

678 LK-Hirsch, StGB, § 34 Rn. 10

Allerdings hat § 34 StGB die Funktion eines zwar außerordentlichen, aber für die gesamte einheitliche Rechtsordnung gültigen strafrechtlichen Erlaubnissatzes[679], der eine unüberschaubare Anzahl von Güterkollisionen regeln soll, die sich gerade einer exakten legislatorischen Beschreibung entziehen, weil es sich um unvorhersehbare Katastrophensituationen handelt.[680] Dem Staat müssen auf Grund seiner Schutzaufgabe (Art. 2 II 1 i.V.m. Art. 1 I 2 GG) und des daraus folgenden Handlungsgebots außerordentliche Befugnisse eingeräumt werden, die über das normierte Recht und den Regelungsgehalt des § 34 StGB hinausgehen können, weil sie sogar einen - dem § 34 StGB fremden - Beurteilungsspielraum erlauben.[681]

In jedem Fall bleibt für die Anwendung des § 34 StGB nur in sehr engen Grenzen Raum, da er z. B. einem Amtsträger niemals eine Ermächtigungsnorm ersetzen kann, sondern immer nur als ultima ratio ein bereits vollzogenes Handeln eines Amtsträgers nach strafrechtlichen Grundsätzen zu rechtfertigen vermag.[682] Keine Auffangnorm soll § 34 StGB deshalb sein, wenn und soweit speziellere Normen einplanbare Interessenkonflikte und bestimmte Eingriffsrechte nach Art und Umfang abschließend regeln.[683] Dies gebietet der Grundsatz der Spezialität. Ein anderes Verständnis hätte eine Relativierung aller derjenigen Regelungen des öffentlichen Rechts zur Folge, die staatliche Gewaltausübung ausdrücklich begrenzen und an besondere Voraussetzungen binden.[684]

Ob es sich um einen für den konkreten Fall exakt durchnormierten Bereich handelt, kann unter Umständen höchst zweifelhaft sein[685], wie das Beispiel der

---

679 daher erscheint auch die teilweise geforderte Aufspaltung des Rechtswidrigkeitsurteils in eine strafrechtliche Rechtfertigung des einzelnen Amtsträgers bei gleichzeitiger bleibender Rechtswidrigkeit der jeweiligen staatlichen Maßnahme nicht glücklich; so aber: v.Sydow, JuS 1978, 222 (224); Böckenförde, NJW 1978, 1881 (1883); dagegen: LK-Hirsch, StGB, § 34 Rn. 16, diese Frage ließe sich nur einheitlich für das Strafrecht und das öffentliche Recht beantworten. Der Staat könne schließlich nicht anders als durch seine Organe handeln; deshalb ließe sich die Annahme rechtswidriger staatlicher Eingriffstätigkeit nicht von der Unrechtsverwirklichung durch den Amtsträger trennen. Dies zeigt sich besonders deutlich auf Seiten des jeweils Betroffenen, der strafrechtlich einer Duldungspflicht unterliegen würde, öffentlich-rechtlich aber nicht.

680 Maurach/Zipf, StrafR AT, § 27 III 5b; Tröndle/Fischer, StGB, § 34 Rn. 24; Roxin, JuS 1976, 505 (510), der von nicht normierbaren Eingriffssituationen spricht

681 BVerfGE 46, 160; Tröndle/Fischer, StGB, § 34 Rn. 24

682 Tröndle/Fischer, StGB, § 34 Rn. 24

683 BGHSt 31, 304 (307); BGHSt 34, 39 (51); Roxin, JuS 1976, 505 (509, 510); ders., StrafR AT I, § 16 Rn. 88; Sch/Sch/Lenckner, StGB, § 34 Rn. 7; Schwabe, NJW 1977, 1902 (1907); Jakobs, StrafR AT, 13/42; Jescheck/Weigend, StrafR AT, § 33 IV 3d Fn. 44; Blei, StrafR I, § 44 VII

684 LK-Hirsch, StGB, § 34 Rn. 13

685 vgl. Roxin, JuS 1976, 505 (510); Sch/Sch/Lenckner, StGB, § 34 Rn. 7; Tröndle/Fischer, StGB, § 34 Rn. 24a

Entnahme von Leichenblut zum Beweis im Sozialversicherungsrecht gezeigt hat.[686] Selbst wenn also eine Spezialnorm vorliegt, bedeutet dies nicht zwingend, dass es sich um eine abschließende, den Rückgriff auf § 34 StGB verbietende Regelung handelt.[687]

Für die Anwendbarkeit des § 34 StGB kommt es wie bei nichthoheitlichem Handeln darauf an, ob der Gesetzgeber den speziell geregelten Bereich abschließend regeln wollte und der Natur der Sache nach auch abschließend regeln konnte, ob er also den konkreten Fall in seiner Typisierung so, das bedeutet mit einschränkender Wirkung für § 34 StGB, regeln wollte und konnte.[688]

Es sind Fallgestaltungen denkbar, in denen auch bei geregelten prozessualen Eingriffsbefugnissen, wenn eine unmittelbare Gefahr für Leib oder Leben droht, im Interesse der Funktionsfähigkeit des Staates gesetzliche Lücken vorübergehend in Kauf genommen werden und der Eingriffsnorm widersprechende oder von ihr nicht gedeckte sofortige Abwehrmaßnahmen nach § 34 StGB gerechtfertigt sein müssen.[689] Dies muss insbesondere bei Verletzungen von bloßen Formvorschriften gelten.

Diese Diskussion erscheint unter dem Eindruck der Vorkommnisse des 11. Septembers 2001 in New York aktueller denn je zu sein, denn eine gesetzliche Eingriffsermächtigung für derartige terroristische Akte, die eine Vielzahl von Menschenleben kosten, vermag sich kein Gesetzgeber auszudenken - gleichwohl kann an einem sofortigen Handlungsbedarf im Sinne einer wirksamen Gefahrenabwehr zur Abwendung schwerster Gefährdungen von weiteren Menschenleben kein Zweifel bestehen; und zwar unabhängig davon, ob es in diesem Bereich abschließende gesetzliche Eingriffsnormen gibt oder nicht.[690] Das bedeu-

---

[686] für eine Rechtfertigung nach § 34 StGB: OLG Frankfurt, NJW 1975, 271 ff.; Roxin, JuS 1976, 505 (510); Sch/Sch/Lenckner, StGB, § 34 Rn. 7; dagegen: Grebing, GA 1979, 81 (95)

[687] Tröndle/Fischer, StGB, § 34 Rn. 24a

[688] Tröndle/Fischer, StGB, § 34 Rn. 24a

[689] Jescheck/Weigend, StrafR AT, § 33 IV 3d; Grebing, GA 1979, 81 (106); Tröndle/Fischer, StGB, § 34 Rn. 24a

[690] Erstaunlicherweise hält auch LK-Hirsch (§ 34 Rn. 17) Situationen besonders extremer Art für vorstellbar, die - sollten sie eintreten - die Zulässigkeit auch außergewöhnlicher hoheitlicher Reaktionen erfordern, selbst wenn diese von vorhandenen Eingriffsermächtigungen nicht gedeckt wären. (Nachdem er zuvor die Notwendigkeit eines Rückgriffs auf § 34 StGB kategorisch abgelehnt hatte, u. a. mit dem Hinweis darauf, dass jede Rechts- und Gesellschaftsordnung von Zeit zu Zeit außergewöhnliche Belastungen hinzunehmen habe.) Zu denken sei an den Fall der Drohung von Privatpersonen mit ihnen zur Verfügung stehenden atomaren Massenvernichtungswaffen oder an andere in ihrer Gefährlichkeit ähnlich weitgehende Situationen, denen die normale Staatstätigkeit nicht gewachsen ist und die eine Bedrohung gesellschaftlicher und staatlicher Existenz enthalten. Die Rechtmäßigkeit von solchen außerordentlichen Eingriffen könne sich aber ausschließlich aus besonderen für die Ausübung hoheitlicher Gewalt geltenden, übergeordneten Prinzipien des Verfassungsrechts ergeben. Anhaltspunkte lieferten die Notstandsartikel des GG sowie das Widerstandsrecht des Art. 20 Abs. 4

tet nicht, dass man sich vom Rechtsstaat entfernen soll, sondern nur mit Hilfe von Notrechten seine Preisgabe verhindern muss.[691] All dies setzt natürlich voraus, dass sich der Gesetzgeber nicht den ihm obliegenden Konfliktentscheidungen aus politischer Opportunität entzieht und so die Machtpositionen von Verwaltung und Justiz verstärkt werden, denn der Gesetzgeber hat hoheitliche Eingriffsbefugnisse festzulegen, nicht der später handelnde einzelne Richter oder die handelnde Behörde.[692]

Oft wird gerade das Polizeirecht zu einem Vergleich mit § 34 StGB herangezogen. Dabei stellt sich die polizeiliche Generalklausel auch nicht gerade bestimmter als der § 34 StGB dar und wird ebenfalls als Auffangnorm hinter den spezielleren Ländervorschriften herangezogen. Die Bedenken hinsichtlich der Unbestimmtheit der polizeilichen Generalklausel werden nur durch jahrzehntelange Rechtsprechung in diesem Bereich ausgeräumt.[693] Außerdem enthält § 34 StGB der Sache nach nichts anderes als eine restriktive Ausformung des im öffentlichen Recht geltenden Verhältnismäßigkeitsgrundsatzes.

Die in den Polizeigesetzen der Länder enthaltenen Notrechtsvorbehalte begründeten keine Anwendbarkeit des § 34 StGB für die Ausübung unmittelbaren Zwangs und des Schusswaffengebrauchs, so die eine Ansicht.[694] Indem diese Vorbehalte ihrem Wortlaut nach die Vorschriften über Notwehr und Notstand *unberührt* lassen, träfen sie selbst keine Aussage darüber, ob sich hoheitliche Notrechte aus den §§ 32, 34 StGB überhaupt ergeben oder aber nicht bereits aus anderen Erwägungen ausscheiden.[695] Lediglich für den persönlichen Notstand des Amtsträgers enthielten die Vorbehalte die Klarstellung, dass dem Amtsträger zu seinem eigenen Schutz die privaten Selbsthilferechte im Rahmen des Verhältnismäßigkeitsgrundsatzes erhalten bleiben und dass die Regelungen des Polizeirechts insoweit zurücktreten.[696]

Die andere Ansicht geht dagegen davon aus, dass die allgemeinen Rechtfertigungsgründe auf sämtliche Fälle der hoheitlichen Ausübung unmittelbaren Zwangs uneingeschränkt bzw. nur durch den Verhältnismäßigkeitsgrundsatz

---

GG. Vgl. dazu auch: Böckenförde, NJW 1978, 1881 ff.; SK-Rudolphi, StGB, vor § 331 Rn. 13

[691] freilich in ganz anderem Zusammenhang: Bockelmann/Volk, StrafR AT, § 15 B II 7e; Tröndle/Fischer, StGB, § 34 Rn. 24a

[692] LK-Hirsch, StGB, § 34 Rn. 14

[693] Maunz/Dürig/Herzog/Scholz, Art. 2 Abs. 1 Rn. 81

[694] Amelung, NJW 1977, 833 (839); Jakobs, StrafR AT, 13/42 ff.; LK-Hirsch, StGB, § 34 Rn. 18

[695] LK-Hirsch, StGB, § 34 Rn. 18

[696] Amelung, NJW 1977, 833 (839); Maurach/Zipf, StrafR AT, § 26 II B 2a; SK-Rudolphi, StGB, vor § 331 Rn. 14

beschränkt anwendbar seien.[697] Auch hier stellt sich die Frage, ob dadurch nicht alle dezidierten Vorschriften, die das Polizeirecht für die polizeilichen Befugnisse bei der Anwendung unmittelbaren Zwangs und bei dem Gebrauch von Schusswaffen aufgestellt hat, jegliche Bedeutung verlören; denn es unterfiele praktisch der gesamte Bereich einschlägiger Polizeiaufgaben den Voraussetzungen der Nothilfe.[698] Dabei sind die Grenzen, denen Polizisten dann im Rahmen des allgemeinen Notwehrmaßstabes unterliegen würden, sicherlich weiter als die bereits existierenden, den Verhältnismäßigkeitsgrundsatz eher restriktiv ausformenden Regelungen des Polizeirechts.[699]
Der Sinn der Notrechtsvorbehalte im Polizeirecht kann eigentlich nur darin gesehen werden, dass dem jeweiligen Amtsträger seine privaten Selbstschutzrechte auch im Dienst nicht völlig abgeschnitten werden sollen. Damit wird seiner Doppelstellung Rechnung getragen, die bei einer Selbstgefährdung seine dienstlichen und persönlichen Rechte und Pflichten verschmelzen lässt.[700] In dieser Situation müssen dann aber die einschränkenden polizeirechtlichen Bestimmungen hinter den weitergehenden Selbstschutzrechten zurücktreten.[701] Auch hier wird man allerdings im Rahmen der Prüfung der einzelnen Voraussetzungen etwa des § 34 StGB bedenken müssen, dass ein hoheitlich Handelnder eventuell besonderen Duldungspflichten unterliegen kann, da er auf bestimmte Situationen anders vorbereitet ist als der normale Bürger.[702] Die Straftatbestände, insbesondere die Amtsdelikte, umfassen häufig hoheitliches Handeln - unzweifelhaft sind diese hoheitlich handelnden Amtsträger dann auch bei Vorliegen der tatbestandlichen Voraussetzungen durch den Erlaubnissatz des § 34 StGB gerechtfertigt.[703]

Das rechtsstaatliche Erfordernis gesetzlicher Vertypung wird auch durch den Umstand unterstrichen, dass die unter Berufung auf den rechtfertigenden Notstand erfolgten Rechtfertigungsversuche hoheitlicher Eingriffspraxis vielfach weitaus weniger strengen Anforderungen unterlegen haben, als der Gesetzgeber sie später dann bei der Schaffung der entsprechenden Ermächtigungsnorm auf-

---

697 Jescheck/Weigend, StrafR AT, § 32 II 2c; Sch/Sch/Lenckner, StGB, § 32 Rn. 42b; LK-Spendel, StGB, § 32 Rn. 268 ff.; Stratenwerth, StrafR AT, Rn. 443

698 LK-Hirsch, StGB, § 34 Rn. 19

699 LK-Hirsch, StGB, § 34 Rn. 19

700 LK-Hirsch, StGB, § 34 Rn. 19

701 Blei, JZ 1955, 625 (627, 630); Amelung, NJW 1977, 833 (839 f.); SK-Rudolphi, StGB, vor § 331, Rn. 14; **a. A.**: Jakobs, StrafR AT, 13/42; Seelmann, ZStW 89 (1977), 36 (56), die beide auch in diesen Fällen die §§ 32, 34 StGB für unanwendbar halten.

702 LK-Hirsch, StGB, § 34 Rn. 19

703 Sch/Sch/Lenckner, StGB, § 32 Rn. 42b; Schwabe, JZ 1974, 634 (635); ders., NJW 1977, 1902 (1903)

gestellt hat.[704] Oft hat der Gesetzgeber relativ schnell reagiert und dort, wo er ein dringendes Eingriffsbedürfnis gesehen hat, entsprechende Vorschriften geschaffen.[705] Die Frage etwa, inwieweit der Einsatz verdeckter Ermittler ohne spezielle gesetzliche Regelung nach § 34 StGB gerechtfertigt werden kann, hat sich weitgehend durch die Vorschriften der §§ 110a ff. StPO erledigt.
Der BGH hat bei der Frage, ob eine Beweismittelbeschaffung durch heimliche Gesprächsaufzeichnung gem. § 34 StGB gerechtfertigt werden kann, festgestellt, dass unterschieden werden müsse, ob die heimliche Aufnahme durch Private oder durch staatliche Stellen erfolgt sei.[706] Nur für den ersten Fall hat das Bundesverfassungsgericht festgestellt, dass es nicht ohne Belang sein könne, ob die Heranziehung der Tonbandaufnahme eines Privaten sich nach Ausschöpfung aller anderen rechtlich zulässigen Möglichkeiten als das einzige Mittel zur Überführung des Täters bei schweren Straftaten oder zur Entlastung eines Beschuldigten erweist.[707] Für den zweiten Fall hat der Bundesgerichtshof klargestellt, dass § 34 StGB dann nicht zur Rechtfertigung herangezogen werden könne, wenn die behördliche Maßnahme einzig und allein dem Zweck diene, ein Beweismittel für die spätere Überführung des Angeklagten zu schaffen.[708] Aber selbst der Bundesgerichtshof hat sich insofern zwiespältig verhalten, als er den Notstand nicht völlig ausschließen wollte, um in Fällen, in denen ein Schwerstkrimineller vielleicht nur mit Hilfe eines rechtswidrig gewonnenen Beweismittels überführt werden kann, noch eine Möglichkeit offen zu haben.[709]
Die meisten Bürger kommen nur in Ausnahmefällen in die Lage, sich auf einen Rechtfertigungsgrund berufen zu können bzw. zu müssen. Real betrachtet fungieren die Rechtfertigungsgründe weniger als Handlungsermächtigungen denn als nachträglicher Beurteilungsmaßstab für die Abwicklung eines Sozialkonfliktes.[710] Wenn dagegen dem Staat zur Erfüllung seiner Aufgaben erlaubt wird, Individualrechtsgüter zu beeinträchtigen, dann beziehen sich solche Erlaubnis-

---

[704] vgl. Amelung, NJW 1977, 833 (836) unter Hinweis auf OLG München NJW 1972, 2275 und die spätere engere gesetzliche Regelung der sog. Lockspitzelfälle. Das OLG hatte damals entschieden, die Polizei sei befugt, entgegen den damaligen Regeln über Hausdurchsuchungen (§§ 102 ff. StPO) zur Beschlagnahme von Rauschgift notfalls Spitzel in die Wohnung von Verdächtigen einzuschleusen. Nur wenig später wurden die Eingriffsbefugnisse der Polizei zur Bekämpfung der Rauschgiftkriminalität erweitert (Ergänzung der §§ 100a, 104 II StPO durch das 1. Strafverfahrensreformgesetz vom 09.12.1974), ohne dass dabei eine so weitgehende Ermächtigung positiviert wurde.
[705] LK-Hirsch, StGB, § 34 Rn. 17 unter Hinweis auf die rasche Einführung der §§ 31 ff. EGGVG in Folge der „Kontaktsperre-Fälle" unter Verstoß gegen § 148 StPO
[706] BGHSt 34, 39 ff. mit Anm. Wolfslast, NStZ 1987, 104 (105)
[707] BVerfGE NJW 1973, 891 (893)
[708] BGHSt 31, 304 (309); BGHSt 34, 39 (51f.)
[709] Wolfslast, NStZ 1987, 104 (105)
[710] Amelung, NJW 1977, 833 (837)

normen nicht nur auf die Handlung eines Einzelnen sondern immer auch auf die Maßnahmen einer öffentlichen, für ein bestimmtes Sachgebiet spezialisierten Organisation, die häufiger in die Lage kommen wird, eben diese Erlaubnisnorm anzuwenden.[711] Damit würde aber § 34 StGB seinen Ausnahmecharakter verlieren.
Letztendlich werden Befugnisse auf die Rechtsprechung bzw. den einzelnen Richter verlagert, die eigentlich in einem demokratischen Staat der Gesetzgeber zu erfüllen hat, wenn § 34 StGB als öffentlich-rechtliche Eingriffsnorm interpretiert würde.[712]
Eine ganz andere Ansicht will die rechtsstaatlichen Gefahren dadurch umgehen, dass eine Aufspaltung des Rechtswidrigkeitsurteils vorgenommen wird. Danach sollen die §§ 32, 34 StGB zwar hoheitliche Eingriffe erfassen können, jedoch in ihren Wirkungen auf die strafrechtlichen Rechtsfolgen beschränkt sein, so dass eine Beurteilung der Rechtmäßigkeitsfrage für das öffentliche Recht hiervon unberührt bliebe.[713] Das bedeutet in der Folge, dass der Amtsträger, dessen Eingriff nicht durch eine öffentlich-rechtliche Eingriffsbefugnis gedeckt ist, aber unter den Voraussetzungen des § 34 StGB erfolgt, zwar keiner strafrechtlichen wohl aber einer disziplinarrechtlichen Sanktion unterliegen kann[714] bzw. das staatliche Vorgehen als solches nicht als gerechtfertigt anzusehen ist.[715] Dagegen lässt sich der Grundsatz der Einheit der Rechtsordnung ins Feld führen.[716]

Fraglich ist, ob die Ausführungen zu § 34 StGB und dem hoheitlichen Handeln für die in dieser Arbeit besprochenen Fälle der Organentnahme vom Verstorbenen oder vom Lebenden weiterhelfen.
Es kann keinen Unterschied machen, ob der handelnde Arzt ein Amtsträger ist, weil er Universitätsprofessor oder zumindest Aufgaben der öffentlichen Verwaltung Wahrnehmender im Sinne von § 11 Abs. 1 Nr. 2 StGB ist, oder ob er kein solcher Amtsträger ist, etwa weil er ausschließlich an einer Privatklinik transplantiert.
Parallelen finden sich hinsichtlich der auftretenden Bedenken, dass der Rückgriff auf § 34 StGB zu unbedacht vollzogen wird und somit die staatlich begrenzten Eingriffsrechte bzw. die Vorgaben des Transplantationsgesetzes ausgeweitet werden. Für bereits durchnormierte Bereiche hoheitlichen Handelns wird entweder die Anwendbarkeit des § 34 StGB ausgeschlossen oder die Inte-

[711] Amelung, NJW 1977, 833 (837)
[712] Amelung, NJW 1977, 833 (836)
[713] Kirchhoff, NJW 1978, 969 (972); Böckenförde, NJW 1978, 1881 (1883); v. Sydow, JuS 1978, 222 (224)
[714] Kirchhoff, NJW 1978, 969 (972)
[715] v. Sydow, JuS 1978, 222 (224)
[716] Sch/Sch/Lenckner, StGB, § 34 Rn. 7; ders. § 32 Rn. 42b; Schwabe, NJW 1977, 1902 (1904 ff.); LK-Hirsch, StGB, § 34 Rn. 16

ressenabwägung als gesetzlich vorweggenommen bzw. die Angemessenheit nach Satz 2 als nicht gegeben angesehen. Dabei handelt es sich um genau dieselben streitigen Voraussetzungen, die in der obigen Prüfung der Möglichkeit einer Rechtfertigung der Organentnahme durch § 34 StGB ebenfalls diskutiert worden sind.
§ 34 StGB soll keine Auffangnorm sein, wenn und soweit speziellere Normen einplanbare Interessenkonflikte und bestimmte Eingriffsrechte nach Art und Umfang abschließend regeln. Es bleibt die Frage, ob das Transplantationsgesetz den in Rede stehenden Bereich möglicher Organtransplantationskonstellationen abschließend und ausreichend geregelt hat.

B. Vorrang einer spezialgesetzlichen Regelung vor § 34 StGB?

Die spezialgesetzlich geregelten Rechtfertigungsgründe sollen in der Mehrzahl der Fälle ihren Bereich abschließend regeln. Sie legen Voraussetzungen fest, unter denen ein bestimmtes Verhalten gerechtfertigt sein soll. Werden diese Voraussetzungen nicht erfüllt, so liegt nach einer Ansicht ein nicht geregelter Notstandsfall vor, der nach § 34 StGB gelöst werden darf, soweit dessen Voraussetzungen vorliegen. § 34 StGB wird als Auffangtatbestand oder als selbstständiger Rechtfertigungsgrund verstanden, der neben anderen angewendet und geprüft werden darf. Der Straftäter hat das Recht, dass zu seinen Gunsten alle Rechtfertigungsmöglichkeiten ausgeschöpft werden.
Nach anderer Ansicht kann nicht auf § 34 StGB zurückgegriffen werden, da sonst sämtliche gesetzliche Wertungen in den Spezialgesetzen umgangen würden. Der Gesetzgeber hat die jeweiligen Interessenabwägungen schon vorgenommen. Nur unter den strengen Voraussetzungen der jeweiligen Norm kann ein bestimmtes Verhalten als gerechtfertigt gelten. Für eine Anwendung des § 34 StGB bleibt kein Raum.

I. Grundsätzliches zu Rechtfertigungsgründen

1) Unrechtsausschluss

Rechtfertigungsgründe sind unrechtsausschließende Erlaubnisnormen, welche diejenigen Bedingungen enthalten, bei deren Vorliegen ein tatbestandsmäßiges Verhalten gleichwohl nicht rechtswidrig ist.[717] Sie sind normentheoretisch ge-

---

[717] Baumann/Weber/Mitsch, StrafR AT, § 16 Rn. 43; Lackner/Kühl, StGB, vor § 32 Rn. 2; Maurach/Zipf, StrafR AT 1, § 24 Rn. 3

währende Erlaubnissätze, welche die Verbots- bzw. Gebotsnormen des Strafrechts unter bestimmten Voraussetzungen aufheben, und zwar in Form einer Regel-Ausnahme-Beziehung.[718] Kurz gesagt, verhalten sich Tatbestand und Rechtfertigung zueinander wie Unrechtstypus und atypische Erlaubnissituation.[719]

Durch die Tatbestandserfüllung wird das deliktstypische Unrecht verwirklicht, steht aber unter dem Vorbehalt, dass das tatbestandsmäßige Verhalten gerechtfertigt sein kann, weshalb die Tatbestandsmäßigkeit nur ein vorläufiges Unwerturteil impliziert, während erst der Ausschluss der Rechtfertigung ein endgültiges Unwerturteil über die konkrete Tat ermöglicht; so gesehen indiziert die Tatbestandsmäßigkeit die Rechtswidrigkeit bzw. das Unrecht.[720]

Während die Tatbestandsmäßigkeit die Grenze zwischen strafrechtlich relevanten und solchen Rechtsgutsbeeinträchtigungen markiert, die die strafrechtliche Erheblichkeitsschwelle nicht überschreiten, geht es bei der Rechtfertigung immer um einen weiteren Wertungsvorgang, in welchem die Rechtsordnung sozial auffällige Verhaltensweisen trotz der generell verbotenen, deliktstypischen Beeinträchtigung rechtlich geschützter Güter akzeptiert oder zumindest toleriert.[721]

Zum Wesenszug der Erlaubnissätze gehört, dass ihre den Täter *entlastende* Wirkung sich für den von der Tat Betroffenen in einer entsprechenden *Belastung* äußert. Soweit der einschlägige Rechtfertigungsgrund (wie im Regelfall) zugleich mit der Handlungserlaubnis eine Eingriffsbefugnis in die Rechtsgüter anderer gewährt, folgt daraus die Duldungspflicht dessen, der die gerechtfertigte Handlung mit ihren Eingriffsfolgen hinzunehmen hat.[722] Oder anders formuliert, greift jede Rechtfertigungshandlung in fremde Rechtsgüter ein und dient zugleich der Abwendung der Gefahr bzw. der Rettung aus der Not. Folglich handelt es sich stets um eine *actio duplicis effectus*, d. h., das Täterverhalten kann bzw. wird sowohl positive als auch negative Auswirkungen haben.[723]

Die gemeinsame Rechtsfolge aller Rechtfertigungsgründe ist der Ausschluss der Rechtswidrigkeit oder eben bei ihrem Nichtvorliegen das endgültige Rechtswidrigkeitsurteil[724] - *tertium non datur*. Auch wenn also die tatbestandliche Rechtsgutsbeeinträchtigung in menschlich problematischen Konfliktsituationen

---

[718] Welzel, Lehrbuch, S. 50; Jescheck/Weigend, StrafR AT, S. 323, 324

[719] Sch/Sch/Lenckner, StGB, vor § 13 Rn. 18

[720] Tröndle/Fischer, StGB, vor § 13 Rn. 8, 27; Lackner/Kühl, StGB, vor § 13 Rn. 17; Welzel, Lehrbuch, S. 53; BGHSt 35, 270 (275)

[721] Welzel, Lehrbuch, S. 81f.; Jakobs, StrafR AT, 6/51, 11/1; Sch/Sch/Lenckner, StGB, vor § 13 Rn. 18;

[722] BGHSt 39, 305 (309); LK-Hirsch, StGB, vor § 32 Rn. 65; Roxin, StrafR AT I, § 14 Rn. 105; Sch/Sch/Lenckner, StGB, vor § 32 Rn. 10; Wessels/Beulke, StrafR AT, Rn. 284

[723] Thiel, Konkurrenz von Rechtfertigungsgründen, S. 58, 59

[724] Welzel, Lehrbuch, S. 80, 83; Jescheck/Weigend, StrafR AT, S. 332; LK-Hirsch, StGB, vor § 32 Rn. 64; Baumann/Weber/Mitsch, StrafR AT, § 16 Rn. 43

erfolgt, kann es keinen Bereich weder rechtswidriger noch gerechtfertigter Verhaltensweisen geben, in dem das Recht seine Normen zurückzieht, sich einer Wertung enthält und dem Einzelnen die eigenverantwortliche Entscheidung überlässt.[725] Das Recht würde sonst seine Ordnungsaufgabe und seine Schutzfunktion vernachlässigen.[726]

2) Rechtfertigungsprinzipien

Auf welche Prinzipien die Rechtfertigungsgründe zurückzuführen sind bzw. ob es ein einheitliches System der Rechtfertigungsgründe überhaupt gibt, ist strittig.
Es existieren einerseits die sog. *monistischen Theorien*, denen zufolge es ein einheitliches Grundprinzip gibt, auf dem alle Rechtfertigungsgründe beruhen. Zu nennen sind hier die Zwecktheorie, nach der eine Tat nicht rechtswidrig ist, wenn sie sich als die Anwendung eines angemessenen Mittels zur Erreichung eines rechtlich anerkannten Zweckes darstellt, das Mehr-Nutzen-als-Schaden-Prinzip, die Beachtung des vorgehenden Gutsanspruches sowie die sozial richtige Regulierung von Interessen und Gegeninteressen.[727]
Zum anderen werden *pluralistische Theorien* vertreten, denen zufolge es eine Mehrheit von allgemeinen Rechtfertigungsprinzipien gibt. Hier sind das Prinzip des mangelnden Interesses[728], des überwiegenden Interesses[729] sowie der Güterabwägungs- und Zweckgedanke einzuordnen.[730] Im Wesentlichen sind hier zwei Grundsituationen festzuhalten, entweder das Interesse am Schutz des verletzten Rechtsgutes gerät in Widerstreit mit anderen, wichtigeren Interessen und wird durch diese im Einzelfall verdrängt, oder es entfällt, weil für das Recht kein Anlass besteht, ein Gut gegen einen bestimmten Eingriff zu schützen, wenn es der Inhaber gegen diese Verletzung nicht geschützt haben will.[731]
Die Entscheidung für einen der beiden Ansätze kann unterbleiben, da es für die Konkurrenz von Rechtfertigungsgründen auf deren materiellen Gehalt an-

---

[725] Es darf keine rechtsfreien Raum geben, so die h. L.: Baumann/Weber/Mitsch, StrafR AT, § 16 Rn. 16; Jescheck/Weigend, StrafR AT, S. 333; Sch/Sch/Lenckner, StGB, vor § 32 Rn. 8; Roxin, JuS 1988, 425 (430); für die Unverbotenheit bestimmter tatbestandsmäßiger Verhaltensweisen: Blei, StrafR AT, S. 213f.
[726] Lenckner, Notstand, S. 19ff.; Roxin, JuS 1988, 425 (430)
[727] Schmidthäuser, StrafR AT, 6/16-18
[728] Mezger, StrafR AT, S. 205; Blei, StrafR AT, S. 130f.; Haft, StrafR AT, S. 80; Lenckner, GA 1985, 295 (302f.)
[729] Roxin, StrafR AT I, § 14 Rn. 40; ders., JuS 1988, 425 (426); Seelmann, Verhältnis des § 34 StGB, S. 32; Rudolphi, in: GS für Kaufmann, 371 (392f.)
[730] Lenckner, Notstand, S. 134
[731] Lenckner, Notstand, S. 135; ders., GA 1985, 295 (302f.); Haft, StrafR AT, S. 80

kommt. Neben der Interessenabwägung im Einzelfall ist der Grundsatz der Autonomie als ein wichtiges den Rechtfertigungsgründen zu Grunde liegendes Prinzip zu nennen, welches bei jeder Beeinträchtigung individueller Interessen bedeutsam wird.[732]
Das Autonomieprinzip hat das Recht auf Selbstbestimmung und die Respektierung der Person zum Inhalt und betrifft die innere und äußere Handlungsfreiheit.[733] Alle Rechtfertigungsgründe mit Ausnahme der Einwilligung setzen eine Beeinträchtigung fremder Autonomie dort, wo das in der Gefährdung oder Verletzung eines Individualrechtsguts liegende Unrecht kompensiert werden soll, gerade voraus.[734] Wie oben schon ausführlich dargestellt, ist die Autonomie zusätzlich ein gewichtiger Abwägungsfaktor im Bereich des rechtfertigenden Notstands.[735]

II. Grundsätzliches zur Konkurrenz von Rechtfertigungsgründen

Die Möglichkeit des Zusammentreffens mehrerer Rechtfertigungsgründe bei einer tatbestandlichen Handlung wird allgemein anerkannt. Diese, wenn auch selten so bezeichnete, Konkurrenz von Rechtfertigungsgründen stellt einen in der strafrechtlichen Wissenschaft bisher kaum untersuchten und diskutierten Fragenkreis dar, wenn sich auch in allen gängigen Kommentaren und Lehrbüchern kurze Hinweise zu diesem Thema finden.[736]
Einigkeit besteht darüber, dass immer mehrere Rechtfertigungsgründe einschlägig sein müssen, d. h. die zu überprüfende Handlung darf nicht von vornherein aus ihrem Anwendungsbereich auszuschließen sein, und die Voraussetzungen von mindestens einem der einschlägigen Gründe müssen erfüllt sein. Dabei können Rechtfertigungsgründe begriffsnotwendig nur dann konkurrieren, wenn sie sich auf ein und dasselbe Verhalten einer bestimmten Person beziehen.[737]

---

[732] Stratenwerth, Prinzipien der Rechtfertigung, ZStW 68 (1956); 41 (44f., 70)
[733] etwa: LK-Hirsch, StGB, § 34 Rn. 68; Renzikowski, Notstand, S. 178f.
[734] Stratenwerth, ZStW 68 (1956), 41 (66f.); Jescheck/Weigend, StrafR AT, S. 377; Maurach/Zipf, StrafR AT 1, § 17 Rn. 36; Sch/Sch/Lenckner, StGB, vor § 32 Rn. 33a
[735] vgl. LK-Hirsch, StGB, § 34 Rn. 68; Roxin, StrafR AT I, § 16 Rn. 41ff.; Jakobs, StrafR AT, 13/25; Sch/Sch/Lenckner, StGB, § 34 Rn. 38; Seelmann, Verhältnis von § 34 StGB, S. 71f. – vgl. auch die obigen Ausführungen zur Blutentnahme gegen den Willen des Spenders
[736] LK-Hirsch, StGB, vor § 32 Rn. 46; Sch/Sch/Lenckner, StGB, vor § Rn. 28; Lackner/Kühl, StGB, vor § 32 Rn. 7; Tröndle/Fischer, StGB, vor § 32 Rn. 2; Baumann/Weber/Mitsch, StrafR AT, § 16 Rn. 60; Blei, StrafR AT, S. 131; Jakobs, StrafR AT, 11/16f.; Jescheck/Weigend, StrafR AT, S. 333 Fn. 43; Maurach/Zipf, StrafR AT 1, § 25 Rn. 23; Roxin, StrafR AT, § 14 Rn. 44; Schmidhäuser, StrafR AT, 9/24; Wessels/Beulke, StrafR AT, Rn. 287
[737] Warda, in: FS für Maurach, 143 (148)

1) Rückgriff auf allgemeine Konkurrenzregeln

Für die Bestimmung der Konkurrenz von Rechtfertigungsgründen wird mangels einer geltenden Regel auf die Regeln zur Konkurrenz von Gesetzen zurückgegriffen, wobei ausschließlich die Spezialität und die Subsidiarität zur Anwendung kommen.[738]

Als *lex specialis* wird eine aus Tatbestand und Rechtsfolge bestehende Gesetzesvorschrift dann bezeichnet, wenn ihr Tatbestand alle Tatbestandsmerkmale einer anderen Vorschrift enthält und darüber hinaus zumindest ein weiteres Merkmal aufweist, durch das die Vorschrift zu einer engeren, nur einen Ausschnitt der allgemeinen Vorschrift erfassenden Regelung wird.[739] Bei der Rechtsanwendung geht das spezielle Gesetz dem generellen Tatbestand vor.[740]

Unter *Subsidiarität* werden - nicht bereits in andere Rubriken der Gesetzeskonkurrenz einzuordnende - Konstellationen zusammengefasst, in denen kraft ausdrücklicher gesetzlicher Anordnung oder ohne eine solche als Ergebnis einer wertenden Betrachtung eine Gesetzesvorschrift nur hilfsweise für den Fall Anwendung findet, dass nicht eine andere Bestimmung eingreift.[741]

Die Frage nach der Konkurrenz von Rechtfertigungsgründen meint also die Frage danach, ob ein Rechtfertigungsgrund durch einen anderen verdrängt bzw. ausgeschlossen werden kann. Sie erlangt immer dann Bedeutung, wenn es darum geht, ob eine Norm trotz Vorliegens ihrer tatbestandlichen Voraussetzungen nach Maßgabe allgemeiner rechtlicher Konkurrenzregeln auszuscheiden hat, die Tat also rechtswidrig bleibt.

2) Kollision von Rechtfertigungsgründen

Es soll an dieser Stelle um Fallkonstellationen gehen, in denen von zwei in Betracht kommenden Rechtfertigungsgründen der eine erfüllt ist, der andere jedoch nicht (sog. Kollision von Rechtfertigungsgründen).[742] Die Subsumtion un-

---

738 Warda, in: FS für Maurach, 143 (151)

739 vgl. Tröndle/Fischer, StGB, vor § 52 Rn. 18

740 Wessels/Beulke, StrafR AT, Rn. 789

741 Wessels/Beulke, StrafR AT, Rn. 790; Tröndle/Fischer, StGB, vor § 52 Rn. 19

742 Man kann unter die Konkurrenz von Rechtfertigungsgründen auch Fallgestaltungen fassen, in denen mehrere Rechtfertigungsgründe ihren Voraussetzungen nach vollständig erfüllt sind, so dass der betreffende Täter in jedem Fall nicht rechtswidrig handelt, aber darüber gestritten wird, ob dieses Ergebnis durch mehrere Rechtfertigungsgründe begründet wird oder ob einer vielleicht durch den anderen verdrängt wird (sog. Kumulation von Rechtfertigungsgründen). Vgl. etwa: Baumann/Weber/Mitsch, StrafR AT, § 16 Rn. 60; Jakobs, StrafR AT, 11/16

ter die verschiedenen Erlaubnissätze führt zu unterschiedlichen Resultaten. Der seinen Voraussetzungen nach vorliegende Rechtfertigungsgrund kann aber eventuell wegen der engeren, spezielleren Voraussetzungen des nicht erfüllten Rechtfertigungsgrundes nicht zur Anwendung kommen oder muss einschränkend ausgelegt werden. Letzteres betrifft streng genommen keine Konkurrenzfrage sondern eher die Bestimmung der tatbestandlichen Reichweite im Sinne einer zu klärenden Vorfrage, die dann aber Auswirkungen auf das Konkurrenzverhältnis haben kann.[743]

Hier wird eine Entscheidung darüber getroffen, ob das tatbestandsmäßige Verhalten überhaupt gerechtfertigt ist oder ob strafbares Unrecht vorliegt. In der juristischen Methodenlehre wird ein solcher Unterfall der Normenkonkurrenz, in dem mehrere auf denselben Sachverhalt anwendbare Vorschriften in ihren Rechtsfolgen miteinander unvereinbar sind, Normenkollision genannt.[744]

Das Resultat einer Prüfung mit zwei verschiedenen Ergebnissen – nämlich des Erlaubtseins oder der Rechtswidrigkeit – kann so aber keinen Bestand haben, da dem Normadressaten etwas Unerfüllbares und dem Rechtsanwender ein unlösbares, widersprüchliches Rechtsproblem aufgegeben würde.[745] Je nachdem, ob der Normwiderspruch sich schon durch Auslegung bereinigen lässt oder nicht, liegt eine scheinbare oder eine echte Normenkollision vor.[746]

Es bedarf also zusätzlicher Erwägungen, um die Verdrängung des verwirklichten Rechtfertigungsgrundes durch den seinen Voraussetzungen nach nicht erfüllten Rechtfertigungsgrund annehmen zu können, denn grundsätzlich kann eine nachrangige Norm sehr wohl Anwendung finden, wenn nicht alle Merkmale der vorrangigen Norm erfüllt sind.[747] Im Gegenzug ist aber auch eine Verdrängung nicht ausgeschlossen, weil etwa der zu prüfende Sachverhalt der Regelungssituation der ihren Voraussetzungen nach nicht erfüllten Norm unterfällt und es sich bei dieser um eine abschließende Sonderregelung handelt.[748]

Diese Situation soll hier aber nicht interessieren, da es für die an einer Transplantation beteiligten Menschen, die nicht alle Voraussetzungen des Transplantationsgesetzes eingehalten haben, um eine existenzielle Rechtfertigung durch § 34 StGB geht.

[743] vgl. Warda, in: FS für Maurach, 143 (144f).; Thiel, Die Konkurrenz von Rechtfertigungsgründen, 2000, S. 33, der darauf hinweist, dass Kollisionen zwischen Rechtfertigungsgründen nie ganz vermieden werden können, selbst wenn sie übereinstimmend ausgelegt werden.

[744] BVerfGE 36, 342 (363); Schmalz, Methodenlehre, Rn. 67

[745] vgl. etwa: Bydlinski, Methodenlehre, S. 463 f.

[746] Bydlinski; Methodenlehre, S. 328f.: Eine scheinbare Normenkollision liegt vor, wenn sich der Widerspruch im Wege der Auslegung beheben lässt. Im Fall der echten Normenkollision heben sich die kollidierenden, nicht durch Auslegung in Übereinstimmung zu bringenden Rechtsvorschriften auf, so dass auf Grund der Unanwendbarkeit beider Vorschriften eine Kollisionslücke entsteht, die der Richter durch Rechtsfindung zu schließen hat.

[747] Thiel, Die Konkurrenz von Rechtfertigungsgründen, 2000, S. 41 m.w.N.

[748] Schmalz, Methodenlehre, S. 79ff. (81); Zippelius, Methodenlehre, S. 38; Warda, in: FS für Maurach, 143 (159)

Das bedeutet für die hier interessierenden Fallgestaltungen, dass grundsätzlich § 34 StGB Anwendung finden kann, wenn er seinen Voraussetzungen nach erfüllt ist, auch wenn nicht alle Voraussetzungen des Transplantationsgesetzes erfüllt sind. Es sei denn, er würde verdrängt, weil eben diese Fallgestaltungen den Regelungssituationen des Transplantationsgesetzes unterfielen und es sich dabei um eine abschließende Sonderregelung handelte.

3) Abschließende Sonderregelung

Es stellt sich wiederum die Frage, was einen Rechtfertigungsgrund oder ein Spezialgesetz zu einer solchen abschließenden Sonderregelung macht.
Neben einer umfassenden teleologisch-systematischen, historischen und am Wortlaut orientierten Auslegung sind das Verhältnis der betreffenden Normen untereinander sowie ihr Sinn und Zweck zu ergründen.[749] Insbesondere ist darauf zu achten, ob die Anwendung der an sich nachrangigen Bestimmung den Zweck der Spezialisierung ganz oder zumindest teilweise vereitelte.[750]
Rechtstechnisch lässt sich die Ausschlusswirkung einer nicht erfüllten Norm dadurch begründen, dass in die speziellere Norm das Wort „nur“ hineingelesen wird.[751] Die besondere Vorschrift wird also erweiternd ausgelegt, indem ihr Regelungsbereich auf vom Wortlaut nicht erfasste Fallgruppen erstreckt und zugleich ihre darauf bezogene Ausschlusswirkung festgestellt wird.[752]
Für *Jakobs* gilt als Grundsatz, „dass ein genereller Rechtfertigungsgrund für eine bestimmte Rechtfertigungssituation oder eine bestimmte zu rechtfertigende Person ausscheidet, wenn ein speziell für die Rechtfertigungssituation oder die zu rechtfertigende Person formulierter Rechtfertigungsgrund das gerechtfertigte Verhalten zumindest partiell *enger* regelt als der generelle Rechtfertigungsgrund, insbesondere die Rechtfertigung an ein *bestimmtes Verfahren* bindet, das der generelle Rechtfertigungsgrund nicht nennt“.[753] Darin enthalten ist das von einigen Verfassern angegebene Kriterium der speziellen Regelung eines Teilbereiches.[754]

---

[749] Schmalz, Methodenlehre, S. 79ff.; Warda, in: FS für Maurach, 143 (166)
[750] Jakobs, StrafR AT, 31/41; BGHSt 19, 320 (321)
[751] Schmalz, Methodenlehre, Rn. 80
[752] Thiel, Die Konkurrenz von Rechtfertigungsgründen, 2000, S. 43
[753] Jakobs, StrafR AT, 11/17
[754] vgl. Warda, in: FS für Maurach, 143 (166); LK-Hirsch, StGB, vor § 32 Rn. 46; Roxin, StrafR AT I, § 14 Rn. 44

Schmidhäuser will prüfen, ob ein teleologisches Inbezugsetzen der Rechtfertigungsgründe zueinander ergibt, dass der an sich den Voraussetzungen nach erfüllte Unrechtsausschließungsgrund verdrängt wird.[755]
Warda nennt drei Anhaltspunkte, die helfen sollen, den gesetzlichen Willen zu ermitteln: engere oder zusätzliche Voraussetzungen, Beschränkung der Rechtfertigungsfolge auf bestimmte Tatbestandshandlungen oder in sonstiger Weise nach Art und Umfang sowie die Anordnung oder den Ausschluss zusätzlicher Rechtsfolgen für den Regelungsbereich.[756]
Seelmann schlägt vor, bei der Interpretation von Rechtfertigungsgründen den jeweiligen *Konflikttypus* herauszuarbeiten.[757] § 34 StGB soll dann nur auf gesetzlich nicht typisierte Konfliktsituationen anzuwenden sein, z. B. wenn in einem Sachverhalt der an sich „typische Konflikt" durch ein zusätzliches Merkmal seine Typizität verliert.[758]
Eine Ausschlusswirkung der rechtfertigenden Spezialregelung kommt insbesondere dann in Betracht, wenn diese einen *Sonderbereich des Soziallebens* normiert.[759] Dieser Lebensbereich lässt sich anhand der herkömmlichen Auslegungsmethoden feststellen, insbesondere durch ein „teleologisches Inbezugsetzen der Rechtfertigungsgründe zueinander".[760]

4) Vergleichbarer Fall: Schwangerschaftsabbruch?

Der Wortlaut des § 218a Abs. 2, 3 StGB ergibt, dass sich die dort normierten besonderen Notstandsregeln nur auf Schwangerschaftsabbrüche beziehen. Die Perforation fällt daher nicht mehr in den Regelungsbereich des § 218a StGB sondern auf Grund der Menschqualität des Kindes in der Geburt in den des § 34 StGB. Auch im Fall des sog. „Erlanger Babys" ging es nicht um eine Kollision der §§ 218a Abs. 2, 34 StGB, denn eine Rechtfertigung durch § 218a Abs. 2 setzt eine lebende, einwilligungsfähige Frau voraus. Der Konflikt zwischen dem Abschalten der Geräte der hirntoten Schwangeren und der damit verbundenen Tötung des ungeborenen Lebens musste über § 34 StGB gelöst werden.
Der Schwangerschaftsabbruch durch einen Nichtarzt bei Lebensgefahr der Schwangeren ist ebenfalls durch § 34 StGB gerechtfertigt; der Regelungsbereich des § 218a Abs. 2 StGB umfasst nur das übliche Verfahren durch einen

---

755 Schmidhäuser, StrafR AT, 9/24
756 Warda, in: FS für Maurach, 143 (166); so auch Roxin, StrafR AT I, § 14 Rn. 44f.
757 Seelmann, Verhältnis von § 34 StGB, S. 60f., 76; vgl. auch Schroeder, JuS 1980, 336 (338)
758 Seelmann, Verhältnis von § 34 StGB, S. 65ff.; Roxin, StrafR AT I, § 16 Rn. 47
759 Schmidhäuser, StrafR AT, 9/24
760 Schmidhäuser, StrafR AT, 9/24

Arzt.[761] Es kann nicht Sinn und Zweck des § 218a StGB sein, Situationen zu regeln, in denen der Eingriff faktisch gar nicht durch einen Arzt vorgenommen werden kann, obwohl das Leben der Schwangeren als höchster Rechtswert auf dem Spiel steht.
Eine Sperrwirkung des § 218a Abs. 2, 3 StGB kommt daher nur hinsichtlich solcher Eingriffe in das werdende Leben in Betracht, die im vorausgesetzten Verfahren vorgenommen werden und bei denen die Schwangere noch lebt.[762]

Regelt ein Rechtfertigungsgrund für einen bestimmten Lebensbereich über seine *tatbestandlichen Voraussetzungen* die Möglichkeiten der Rechtfertigung *enger* als der allgemeine Erlaubnissatz, wird dieser nach einer verbreiteten Ansicht in der Literatur auf Grund negativer Spezialität verdrängt.[763] *Hirsch* schlägt vor danach zu fragen, ob der engere Rechtfertigungsgrund im Vergleich zur allgemeineren Norm der Verdeutlichung von „Rechtfertigungs*un*möglichkeiten" für einen bestimmten Sachbereich zu dienen bestimmt ist.[764]
Kommen wir auf das **Transplantationsgesetz** zurück: der Gesetzgeber verfolgt mit der Schaffung dieses Gesetzes das Ziel, die Möglichkeiten einer zulässigen Organentnahme zu verdeutlichen und angesichts der ethischen, juristischen und politischen Brisanz dieses Themas auch zu begrenzen. Die Zulässigkeitsvoraussetzungen der §§ 3, 4 TPG für die Leichenspende und des § 8 TPG für die Lebendspende enthalten eine gesetzliche Vorwegbewertung, die nicht mit Hilfe von § 34 StGB überspielt werden darf. Dies erklärt sich insbesondere aus dem im ersten Kapitel ausführlich dargestellten, sehr streitigen Gesetzgebungsverfahren, welches als Ergebnis eine konsensfähige Lösung hervorgebracht hat, die nunmehr nicht durch den Rückgriff auf § 34 StGB z. B. der Sache nach in eine Widerspruchslösung oder in eine unbegrenzte Lebendspende-Möglichkeit umgedeutet werden darf.
Der Effekt der Spezialisierung der Voraussetzungen eines Erlaubnissatzes liegt in diesen Fällen in der *Beschränkung der Rechtfertigungsfolge*, die in der Regel durch die Aufnahme zusätzlicher Voraussetzungen in das Spezialgesetz realisiert wird.[765]
So umschreibt beispielsweise § 32 Abs. 2 StGB mit dem gegenwärtigen, rechtswidrigen Angriff auf ein rechtlich geschütztes Interesse eine sehr viel en-

---

[761] vgl. NK-Neumann, StGB, § 34 StGB; Sch/Sch/Eser, StGB, § 218 Rn. 37; SK-Rudolphi, StGB, § 218 Rn. 22, § 218a Rn. 15; Lackner/Kühl, StGB, § 218a Rn. 2
[762] vgl. Thiel, Konkurrenz von Rechtfertigungsgründen, S. 192
[763] LK-Hirsch, StGB, vor § 32 Rn. 46; Jakobs, StrafR AT, 11/17; Roxin, StrafR AT, § 14 Rn. 44; Warda, in: FS für Maurach, 143 (166)
[764] vgl. LK-Hirsch, StGB, vor § 32 Rn. 46
[765] vgl. Warda, in: FS für Maurach, 143 (166); Roxin, StrafR AT, § 14 Rn. 44

gere Rechtfertigungssituation als § 34 Satz 1 StGB, der jede gegenwärtige Gefahr für ein Rechtsgut genügen lässt, insbesondere auch eine Dauergefahr.[766] Die präzisere Situationsbeschreibung genügt allerdings allein noch nicht, um den abschließenden Charakter eines Rechtfertigungsgrundes zu begründen, denn die Spezifizierung kann theoretisch auch ausschließlich der positiven Verdeutlichung oder der Erweiterung von Rechtfertigungsmöglichkeiten dienen.[767] Eine *Gesamtbetrachtung* der betreffenden Erlaubnissätze ist vorzunehmen.
Die Transplantationsmediziner haben sich sicherlich zunächst von einer gesetzlichen Regelung eine solche Verdeutlichung ihrer Handlungsmöglichkeiten, vielleicht sogar eine Erweiterung der Zugriffsmöglichkeiten im Sinne einer österreichischen Regelung erhofft. Spätestens aber seit im letzten Gesetzgebungsverfahren feststand, dass schon der Hirntod als Voraussetzung angezweifelt wurde und dass man sich zwischen enger und erweiterter Zustimmungslösung nicht einigen konnte und die Widerspruchslösung gar keine Rolle mehr spielte, war auch für die Ärzte erkennbar, dass es ganz klar um eine Begrenzung ihrer Möglichkeiten und um den Schutz der Menschen vor Missbrauch gehen sollte. Insofern ist beim Transplantationsgesetz davon auszugehen, dass die Spezifizierung nicht zu einer Erweiterung sondern zu einer Beschränkung der Rechtfertigungsmöglichkeiten führen sollte.

5) Nebeneinander von Rechtfertigungsgründen?

Grundsätzlich schließen sich Rechtfertigungsgründe nicht aus, und jeder kann im Normalfall völlig selbstständig und unabhängig vom anderen zum Ausschluss der Rechtswidrigkeit führen.[768] Allerdings gibt es Ausnahmen, die unter anderem für den uns hier interessierenden Fall gemacht werden: Der spezielle Erlaubnissatz soll dem generellen vorgehen, zumindest wenn der eine vorliegt und der andere nicht.[769] Der Ausschluss eines Rechtfertigungsgrundes müsse dann angenommen werden, wenn die Rechtfertigungsvoraussetzungen gegenüber der allgemeinen Regelung spezifiziert werden sollen bzw. für einen be-

---

766 etwa Baumann/Weber/Mitsch, StrafR AT, § 17 Rn. 58; Sch/Sch/Lenckner, StGB, § 32 Rn. 2
767 vgl. Renzikowski, Notstand, S. 21
768 LK-Hirsch, StGB, vor § 32 Rn. 46; Wessels/Beulke, StrafR AT, Rn. 287; Warda, in: FS für Maurach, 143 (149, 170); Baumann/Weber/Mitsch, StrafR AT, S. 342; Delonge, Interessenabwägung, S. 3
769 Jakobs, StrafR AT, 11/17; Jescheck/Weigend, StrafR AT, S. 333 Fn. 43; Warda, in: FS für Maurach, 143 (165, 170)

stimmten Sachbereich eine Verdeutlichung von Rechtfertigungsmöglichkeiten erfolgen soll.[770]

Nach früher vertretener Ansicht konnten bei einer Straftat mehrere Unrechtsausschließungsgründe zusammentreffen, ohne dass zwischen diesen eine Konkurrenz in dem Sinne, dass ein Rechtfertigungsgrund oder sein Fehlen das Vorliegen eines anderen ausschließen würde, gegeben wäre. Jeder von ihnen gebe vielmehr eine völlig selbstständige Möglichkeit, die Strafe zu vermeiden.[771] Dieser Satz muss nach Mezger jedoch dahingehend eingeschränkt werden, dass innerhalb eines Rechtfertigungsgrundes bestimmte Gesichtspunkte einschränkend eine Rolle spielen können.[772] *Mezger* hat dabei allerdings nur die tatbestandliche Reichweite der einzelnen Rechtfertigungsgründe bestimmt und verneint ausnahmslos die Verdrängung eines Rechtfertigungsgrundes durch einen anderen.[773]

Heute wird nur noch vereinzelt vorgetragen, dass ein Rückgriff auf die generelle Norm nur für den Fall ausscheiden dürfe, wenn dies im jeweiligen Gesetz ausdrücklich angeordnet sei.[774]

Dabei geht *Delonge* davon aus, dass auf die Kollision von Rechtfertigungsgründen nicht einfach die allgemeinen Konkurrenzregeln für Tatbestände anzuwenden seien, sondern auf Grund der gleichen Rechtsfolge aller Rechtfertigungsmöglichkeiten - Unrechtsausschluss - müssten alle Erlaubnissätze nebeneinander anwendbar sein.[775]

---

770 LK-Hirsch, StGB, vor § 32 Rn. 46

771 Mezger, StrafR AT, 9. Aufl., S. 131: Eine Tat sei rechtwidrig, wenn ein Straftatbestand, aber kein Rechtfertigungsgrund erfüllt sei; sofern dagegen ein Rechtfertigungsgrund gegeben sei, liege keine Straftat vor; jede Rechtfertigungsnorm könne die Strafe völlig selbstständig ausschließen.

772 Mezger, StrafR AT, 9. Aufl., S. 131

773 Warda, in: FS für Maurach, 143 (144)

774 vgl. Delonge, Interessenabwägung, S. 202

Diese Ansicht würde allerdings übereinstimmen mit dem Gesetzentwurf von Bündnis 90/Die Grünen, die bei fehlender Einwilligung eine Berufung auf § 34 StGB ausdrücklich ausschließen wollten (vgl. § 7 E-TPG) – Gesetzentwurf der Abgeordneten Monika Knoche, Gerald Häfner und der Fraktion BÜNDNIS 90/DIE GRÜNEN; Entwurf eines Gesetzes über die Spende, Entnahme und Übertragung von Organen (Transplantationsgesetz - TPG), BT-Drs. 13/2926

775 Delonge, Interessenabwägung, S. 2f.

Delonge sieht § 34 StGB ebenfalls als lex generalis zu einigen Rechtfertigungsgründen, nämlich denjenigen, die wie § 34 StGB dem Prinzip des bestmöglichen Güterschutzes folgen. Diese seien Konkretisierungen des Notstandsprinzips. Er fordert aber, dass für die Fälle, in denen ein spezieller Rechtfertigungsgrund nur annähernd erfüllt sei, zu differenzieren sei. Der Einzelfall sei anhand von § 34 StGB zu untersuchen; die Nähe zu einem speziellen Rechtfertigungsgrund könne je nach Sachlage sowohl ein Indiz dafür sein, dass eine Rechtfertigung

Dem ist entgegen zu halten, dass die Anwendbarkeit eines im Falle des Zusammentreffens mehrerer Erlaubnissätze nicht schon damit begründet werden kann, dass seine tatbestandlichen Voraussetzungen vorliegen; ob dies die hinreichende Bedingung für die Straflosigkeit ist, muss vielmehr erst geklärt werden.[776] Nur weil alle Rechtfertigungsgründe dieselbe Rechtsfolge haben, müssen sie nicht völlig selbstständig sein, denn die tatbestandlichen Voraussetzungen, die zu dieser Rechtsfolge führen, sind sehr unterschiedlich.[777]
Nach den allgemeinen methodischen Grundsätzen sollen zudem Generalklauseln hinter ihren spezifischen Konkretisierungen zurücktreten, zumindest soweit deren Anwendungsbereich reicht.[778]
Wardas Ansicht nach ist mangels entgegenstehender Anhaltspunkte im Gesetz davon auszugehen, dass alle Rechtfertigungsgründe grundsätzlich nebeneinander stehen.[779] Jedoch sollen einzelne Ausnahmen bestehen, die mangels besonderer Regeln aus Rechtsprechung und Lehre durch einen Rückgriff auf die allgemeine strafrechtliche Konkurrenzlehre zu bestimmen sind.[780] Warda zieht die Regeln über logische Spezialität heran, kommt aber zu dem Schluss, dass Spezialität nicht zwangsläufig bedeutet, dass die generelle Norm ausgeschlossen sei. Einen allgemeingültigen Satz „lex specialis derogat leges generales" gäbe es nicht[781], es sei vielmehr im Einzelfall durch teleologische Auslegung zu ermitteln, ob die logisch spezielle Norm die generelle verdränge.
Es hängt demnach von Wortlaut, Sinn und Zweck der fraglichen Norm und auch von Gegenstand und Sinnzusammenhang ihrer Rechtsfolgenanordnung ab, ob die lex specialis eine Derogationswirkung gegenüber der lex generalis entfaltet.
Ein Heranziehen der Regeln über die Spezialität ergibt laut Warda, dass abschließende Sonderregelungen vorliegen können, wenn die Rechtfertigung an strengere oder zusätzliche Voraussetzungen geknüpft sei, weil hier ein dahingehender Wille des Gesetzgebers deutlich werde. Dann habe bei Vorliegen der Regelungssituation, aber Nichtvorliegen der Voraussetzungen zu gelten, dass kein Rückgriff auf die Regelung mit der gleichen Rechtsfolge, aber geringeren Anforderungen möglich sei. Eine echte Subsidiarität kann nach Warda bei Rechtfertigungsgründen im Prinzip nur ausdrücklich, d.h. wenn sie expressis verbis im Gesetz steht, vorliegen.[782]

---

auch hier möglich sein soll, sie kann aber auch dafür sprechen, dass der Gesetzgeber den Fall tatsächlich als rechtswidrig betrachtet (a.a.O., S. 202-204).
[776] vgl. Thiel, Konkurrenz von Rechtfertigungsgründen, S. 91
[777] Warda, in FS für Maurach, 143 (166); Renzikowski, Notstand, S. 18
[778] Schmalz, Methodenlehre, Rn. 80; Bydlinski, Methodenlehre, S. 446f.
[779] Warda, FS für Maurach, 149
[780] Warda, FS für Maurach, 151
[781] Warda, FS für Maurach, 155
[782] so auch: Roxin, StrafR AT I, § 14 Rn. 44; Maurach, StrafR AT 1, § 25b Rn. 23

6) Ergebnis

Die heute einhellige Ansicht geht daher davon aus, dass die speziellere Rechtfertigungsnorm die generelle im Kollisionsfall verdrängt, wenn es sich bei ihr um eine abschließende Sonderregelung handelt.[783] Gerade im Hinblick auf § 34 StGB wird aber auch immer wieder erörtert, ob nicht der verdrängte Erlaubnissatz doch noch herangezogen werden dürfe bzw. müsse, insbesondere dann, wenn die gesetzliche Konkretisierung zu Vergröberungen geführt hat.[784]

III. Das Verhältnis des § 34 StGB zu den übrigen Rechtfertigungsgründen

Es soll nunmehr überprüft werden, ob es bei aller Gleichheit in den Wesenszügen und in der Rechtsfolge zwischen § 34 StGB und den anderen Rechtfertigungsgründen eine unterschiedliche Gewichtung im Sinne eines Vorranges oder eines Zurücktretens gibt.

1) Vorrang der Spezialgesetze?

Die Konkurrenz von Rechtfertigungsgründen ist insbesondere seit 1975 mit der Positivierung des übergesetzlichen Notstands in § 34 StGB in das Blickfeld der Strafrechtsdogmatik gerückt.[785] Das hat seine Ursache sicherlich in dem generalklauselartigen Charakter des § 34 StGB, der sehr offen formuliert ist und demgemäss viele Fallgestaltungen erfassen kann.[786] Nach heute fast einhellig vertretener Ansicht müssen Spannungen im Verhältnis zu § 34 StGB in irgendeiner Weise zu Gunsten der anderen Rechtfertigungsgründe beseitigt werden.[787] Gegenüber den speziellen Regelungen, die das Gesetz in §§ 228, 904 BGB getroffen hat, tritt § 34 StGB als ultima ratio für Konfliktlagen außergewöhnlicher

---

[783] Jescheck/Weigend, StrafR AT, S. 333 Fn. 43; Roxin, StrafR AT I, § 14 Rn. 44f.; Jakobs, StrafR AT, 11/17; Sch/Sch/Lenckner, StGB, vor § 32 Rn. 28; LK-Hirsch, StGB, vor § 32 Rn. 46; Blei, StrafR AT, S. 131; Baumann/Weber/Mitsch, StrafR AT, S. 342f.; Renzikowski, Notstand, S. 27; Warda, in: FS für Maurach, 143 (165, 170)

[784] Roxin, StrafR AT I, § 14 Rn. 49f.; Haft, StrafR AT, S. 82

[785] auch wenn der übergesetzliche Notstand schon seit 1927 in ständiger Rechtsprechung existierte (vgl. obige Ausführungen zur Geschichte des § 34 StGB); Peters, GA 1981, 445 (446)

[786] Roxin, JuS 1976, 505 (507); Peters, GA 1981, 445 (447)

[787] Sch/Sch/Lenckner, § 34 Rn. 6; Tröndle/Fischer, StGB, § 34 Rn. 23; SK-Samson, vor § 32 Rn. 29; Schmidhäuser, StrafR AT, 9/24 (S. 295), 9/64 (S. 329)

Art regelmäßig zurück.[788] Kontrovers beurteilt wird aber auch schon die inhaltliche Reichweite des § 34 StGB.

a) Reichweite des § 34 StGB

Rechtfertigungsprinzip des § 34 StGB ist das der Güter- bzw. Interessenabwägung.[789] Die inhaltliche Reichweite geht dabei von einer engen Regelung des Aggressivnotstands[790] bis zur inhaltsleeren Deklaration des Interessenabwägungsprinzips und damit gegenüber allen anderen Erlaubnissätzen bis auf die Einwilligung logisch genereller Rechtfertigungsnorm.[791] Letztere Annahme beruht allerdings auf einem Verständnis des § 34 StGB als einer Vorschrift, aus der nur hervorgehe, dass die Rechtswidrigkeit bei Interessenübergewicht ausgeschlossen sei, nicht aber wann dieses Überwiegen gegeben sei.[792] Dem muss selbstverständlich entgegengehalten werden, dass § 34 StGB genaue Tatbestandsvoraussetzungen nennt, die bereits oben ausführlich beschrieben worden sind, wie etwa die „gegenwärtige Gefahr“ oder das „wesentliche Überwiegen“, die sehr wohl Vorgaben für den Eintritt der Rechtfertigung liefern.[793] Allerdings lässt sich ebenso klar darüber streiten, wie bestimmt diese Vorgaben tatsächlich sind.

Allgemein lässt sich formulieren, dass sich der rechtfertigende Notstand durch die Gefahrensituation für das Erhaltungsgut und die konkrete Abwägung der widerstreitenden Interessen auszeichnet.

---

[788] Wessels/Beulke, StrafR AT, Rn. 287; Lackner/Kühl, § 34 Rn. 14; Seelmann, Verhältnis zu § 34 StGB, S. 75; Warda, in: FS für Maurach, S. 143

[789] Welzel, Lehrbuch, S. 91; Stratenwerth, StrafR AT, Rn. 449; Maurach/Zipf, StrafR AT 1, § 27 Rn. 13; Jescheck/Weigend, StrafR AT, S. 360f.

[790] Jakobs, StrafR AT 13/6, der davon ausgeht, dass etwa § 228 BGB und der durch Menschen ausgelöste Defensivnotstand nicht in § 34 StGB eingeschlossen sind

[791] Seelmann, Verhältnis des § 34 StGB, S. 32f., 74f.

Vgl. auch: Roxin, StrafR AT I, § 14 Rn. 47, der § 34 StGB als allgemeine Vorschrift hinsichtlich der Abwehr gegenwärtiger Gefahren ansieht; oder vgl.: LK-Hirsch, StGB, vor § 32 Rn. 69, der § 34 StGB als allgemeine Regelung des defensiven und aggressiven Gutnotstands beschreibt; oder vgl.: Delonge, Interessenabwägung, S. 193, 199, der § 34 StGB als lex generalis des konkreten Rechtsgüterschutzes sieht.

[792] Seelmann, Verhältnis des § 34 StGB, S. 33; Lenckner, GA 1985, 295 (306)

[793] vgl. Renzikowski, Notstand, S. 24; Grebing, GA 1979, 81 (82 Fn. 10a); Peters, GA 1981, 445 (454); Hellmann, Die Anwendbarkeit zivilrechtlicher Rechtfertigungsgründe im Strafrecht, 1987, S. 113;

b) Verhältnis zur Einwilligung

Für das Verhältnis der Einwilligung zu § 34 StGB ergibt sich, dass beide nebeneinander stehen.[794] Ein Subsidiaritätsverhältnis zwischen Einwilligung und Notstand kann nicht angenommen werden. Beide verfolgen verschiedene Zwecke. Sie können je für sich genommen die Rechtswidrigkeit ausschließen, ohne in funktionaler Beziehung zueinander zu stehen.[795]
Die Einwilligung könne, so *Seelmann*, keinen speziellen Konflikttypus im Verhältnis zu § 34 StGB darstellen, da es bei ihr schon am Interessenkonflikt, also erst recht an einer Wertung, fehlt. Erst ihre Nichtbeachtung begründe eine Rechtsgutsverletzung und schaffe die Notwendigkeit einer Interessenabwägung, die Voraussetzung für die Prüfung einer speziellen oder generellen Notstandsrechtfertigung sei.[796]
Ihrem Wesen nach entspricht die Einwilligung einem durch das Selbstbestimmungsrecht legitimierten freiwilligen Verzicht auf den durch die Rechtsordnung gebotenen Rechtsschutz.[797] Das Selbstbestimmungsrecht des Menschen ist der fundamentale Grundstein unserer demokratischen Verfassung und bildet den rechtsdogmatischen Ursprung der Einwilligung.[798]
Da der Einwilligung nicht das Prinzip der Interessenabwägung zugrunde liegt, trennt Seelmann diesen Bereich vollständig von den übrigen Konkurrenzerwägungen ab. Sie könne keinesfalls in einem logischen Spezialitätsverhältnis zu § 34 StGB stehen. Das schließe aber nicht aus, dass dennoch wie bei den besonderen Interessenabwägungen teleologische Gesichtspunkte auch einen Vorrang der Einwilligung gegenüber dem strafrechtlichen Notstand geboten erscheinen lassen.[799]
Materiell aber lässt sich ein solcher Vorrang nicht begründen. In der Einwilligung selbst liegt noch keine Interessenabwägung. Bei disponiblen Rechtsgütern führt die Einwilligung zur Rechtfertigung, *ohne* dass es noch einer Abwägung der Interessen bedürfte. Die Einwilligung ist also einer Interessenabwägung vorgeschaltet und macht, wenn sie ein Verhalten rechtfertigt, jede Abwägung überflüssig. Erst die Nichtbeachtung des entgegenstehenden Willens begründet überhaupt eine Rechtsgutsverletzung. Eine Interessenabwägung wird nur dann

---

[794] so auch: Antwort der Bundesregierung auf die Große Anfrage der Abgeordneten Schmidt (Hamburg) und der Fraktion DIE GRÜNEN, 26.09.1990, Drucksachen 11/5163, 11/5166, 11/5167, 11/5168, Probleme der modernen Transplantationsmedizin I bis IV, BT-Drs. 11/7980, 38
[795] Schreiber, FS für Klug, 341 (351)
[796] Seelmann, Verhältnis des § 34 StGB, S. 70
[797] Voll, Die Einwilligung im Arztrecht, 1996, 37
[798] Voll, Die Einwilligung im Arztrecht, 1996, 47
[799] Seelmann, Verhältnis des § 34 StGB, S. 69

notwendig, wenn der Berechtigte keine Einwilligung gibt. Nicht nur lässt sich kein Gesichtspunkt erkennen, unter dem der Rückgriff auf § 34 StGB beim Fehlen einer Einwilligung als die Umgehung einer gesetzlichen Entscheidung zu verstehen wäre: Das „Hintereinander" in der Prüfung von Einwilligung und Interessenabwägung erweist sich sogar als unumgänglich.[800] Ein Eingriff in die Autonomie muss deshalb auch Gegenstand einer Abwägung nach § 34 StGB sein dürfen.[801]

Selbst der Wille völlig Unbeteiligter ist für die Rechtsordnung kein Tabu. Das zeigt wieder einmal § 904 BGB, wonach jemand unter bestimmten Voraussetzungen zur Duldung eines Eingriffs in sein Eigentum verpflichtet wird. Sogar die körperliche Integrität darf ohne Einwilligung gem. § 81a StPO oder nach den Impfgesetzen verletzt werden, wenn gewichtige Interessen dies erfordern und die Art des Eingriffs nicht besonders schwer wiegt. Dem Autonomieprinzip stehen eben ungefährliche und keine Dauerwirkung hinterlassende körperliche Eingriffe zur Wahrung überragender Rechtsgüter nicht im Wege.

Die Einwilligung geht also dem strafrechtlichen rechtfertigenden Notstand nicht vor, sondern erweitert lediglich den Bereich des gerechtfertigten Handelns. Wird eine Einwilligung verweigert, so darf auf § 34 StGB für eine Interessenabwägung zurückgegriffen werden, wobei dann aber selbstverständlich auch die verletzte Autonomie mit in Rechnung zu stellen ist.

Selbst wenn man die Einwilligung als Widerstreit zwischen dem Willen des Rechtsgutsinhabers und dem gesamtpolitischen Gegeninteresse an der Erhaltung des aufgegebenen, disponiblen Rechtsguts ansieht[802], würde sie nicht als besondere Notstandsvorschrift im eben genannten Sinne gelten.

Die Einwilligung folge nicht dem gleichen Prinzip wie der Notstand. Liegt sie vor, so sei laut *Delonge* zu differenzieren: Schütze der betroffene Tatbestand nur Individualinteressen, so entfalle er; schütze der Tatbestand auch allgemeine Interessen, so stehen die übereinstimmenden Interessen von Täter und Opfer dem Interesse der Allgemeinheit gegenüber, und es habe eine Abwägung nach den allgemeinen Regeln zu erfolgen.[803]

Die ganz herrschende Meinung geht aber davon aus, dass eine einzelfallbezogene Abwägung im Sinne des § 34 StGB bei der Zustimmung des Rechtsgutsträgers in die Beeinträchtigung disponibler Rechtsgüter nicht notwendig ist, da die gegebene Einwilligung für den Unrechtsausschluss genügt.[804] Es muss keine für den Notstand typische Konfliktsituation vorliegen, damit der Disposi-

---

[800] Seelmann, Verhältnis des § 34 StGB, S. 70

[801] Seelmann, Verhältnis des § 34 StGB, S. 70

[802] so Delonge, Interessenabwägung, S. 218

[803] Delonge, Interessenabwägung, S. 214

[804] Seelmann, Verhältnis von § 34 StGB, S. 70 m. w. N.

tionsberechtigte sein Rechtsgut aufgeben kann.[805] Außerdem wird die Autonomie des Rechtsgutsträgers bei der Einwilligung nicht verletzt, während § 34 StGB eine solche Verletzung zulässt, eigentlich sogar voraussetzt, um ein überwiegendes Interesse zu schützen.[806]
Ist dagegen bereits die Dispositionsbefugnis auf Grund von besonders wichtigen Gemeinwohlinteressen beschränkt, wie z. B. in § 216 StGB, so soll die Möglichkeit zur Abwägung nach § 34 StGB wieder eröffnet sein.[807]

c) Vergleichbarer Fall: Sterbehilfe und § 34 StGB?

Auch bei der sog. indirekten aktiven Sterbehilfe, das heißt in den Fällen, in denen die Möglichkeit der Lebensverkürzung als unbeabsichtigte Nebenfolge einer schmerzlindernden Behandlung in Kauf genommen wird, kommt rechtfertigender Notstand in Betracht.[808] Die Befreiung von Angst, Unruhe und im Einzelfall unerträglichen Schmerzen überwiegt die Erhaltung des erlöschenden Lebens um eine kurze Frist. Eine solche Einbeziehung des Lebens in eine Güterabwägung wird man beschränkt auf die Phase des Sterbens vornehmen dürfen.[809]
Selbst im Fall Hackethal, das heißt einer Tötung auf Verlangen im Sinne einer aktiven Sterbehilfe, wurde über eine Notstandsrechtfertigung nachgedacht[810] - auch wenn Prof. Hackethal letztendlich mangels entstandener Garantenpflicht nicht verurteilt worden ist, da das von ihm zur Verfügung gestellte Mittel zu schnell gewirkt hatte. Durch die Ermöglichung des Selbstmordes wird zwar der Wert eines menschlichen Lebens geopfert, aber er wiegt ausnahmsweise weniger als der Wert der Erlösung, weil der Todkranke selbst sein Leben nur noch als quälende Last erleidet und preisgibt.[811] Auch in dieser Darstellung der Gü-

---

805 Thiel, Konkurrenz von Rechtfertigungsgründen, S. 94
806 vgl. Stratenwerth, StrafR AT I, Rn. 398; Seelmann, Verhältnis von § 34 StGB, S. 70, 76
807 Thiel, Konkurrenz von Rechtfertigungsgründen, S. 94 Fn. 378
808 Schreiber, NStZ 1986, 337 (338); ders., Zur Debatte, Heft 3, 1996, 3f.; Heuer, Der Onkologe 1996, 624 (627); Herzberg, NJW 1996, 3043ff.; ders., NJW 1986, 1635ff.
809 Schreiber, NStZ 1986, 337 (338); Heuer, Der Onkologe 1996, 624 (627); Herzberg, NJW 1986, 1635 (1639)
810 vgl. NK-Neumann, StGB, § 34 Rn. 16, 38, 85: in Ausnahmefällen sei die direkte aktive Sterbehilfe mit Zustimmung des Patienten zulässig. Dagegen die **h.M.**: LK-Jähnke, StGB, vor § 211 Rn. 14; Sch/Sch/Eser, StGB, vor § 211 Rn. 24; Tröndle/Fischer, StGB, vor § 211 Rn. 14; Lackner/Kühl, StGB, vor § 211 Rn. 7 jeweils m. w. N.: Insbesondere eine Rechtfertigung nach § 34 StGB käme angesichts der Unverfügbarkeit und des hohen Ranges des Rechtsguts nicht in Betracht.
811 Herzberg, NJW 1986, 1635 (1639); vgl. dazu: Schreiber, in: Lebensverlängerung aus medizinischer, ethischer und rechtlicher Sicht, Bottke/Fritsche/Huber/Schreiber (Hrsg.), 129

terkollision wird das qualvolle Leben noch als „Wert“ anerkannt - damit ist sichergestellt, dass ein Leidender niemals gegen seinen Willen von seinem (von anderen vielleicht als „unwert“ eingeschätzten) Leben befreit werden darf.[812]
Wenn alle Voraussetzungen des formellen Verfahrens der aktiven Sterbehilfe in den Niederlanden eingehalten werden, kommt es in der Regel nach Prüfung durch die Staatsanwaltschaft unter dem Gesichtspunkt des Notstandes zu keinem Strafverfahren.[813]
Die juristische Literatur und inzwischen auch die Rechtsprechung[814] in Deutschland haben die indirekte und wohl auch die passive Sterbehilfe längst anerkannt[815], streiten aber über die vom Bundesgerichtshof offen gelassene Begründung der Straflosigkeit insbesondere der indirekten Sterbehilfe. Teilweise wird schon der Tötungsvorsatz verneint, teilweise wird der Schutzbereich der Norm als nicht betroffen angesehen[816]. Andere Autoren sprechen vom rechtfertigenden Grund des erlaubten Risikos[817] oder einfach vom Entfallen des Schuldvorwurfes[818]. Die wohl überwiegende Meinung greift aber auf den rechtfertigenden Notstand gem. § 34 StGB zurück[819] oder hält den objektiven Tatbestand schon für nicht erfüllt.[820]
Mit Recht wird von der überwiegenden Ansicht auf den rechtfertigenden Notstand zurückgegriffen.[821] Allerdings wird dabei vorausgesetzt, dass man das

(130, 131), der zwar auch davon ausgeht, dass die aktive Sterbehilfe nicht durch den rechtfertigenden Notstand gerechtfertigt werden kann, wohl aber in Extremsituationen den übergesetzlichen entschuldigenden Notstand oder den Schuldspruch unter Strafverzicht gem. § 60 StGB für anwendbar hält.

812 Herzberg, NJW 1986, 1635 (1639)

813 Schreiber, Zur Debatte - Sterbehilfe, 1996, 3

814 BGH NStZ 1997, 182-184

815 Tröndle/Fischer, StGB, vor § 211 Rn. 17; Schreiber, NStZ 1986, 337 (340); Eisenbart, Patienten-Testament und Stellvertretung, 1998, S. 21; Sch/Sch/Eser, StGB, vor § 211 Rn. 25ff.; Lackner/Kühl, StGB, vor § 211 Rn. 6; Dölling, MedR 1987, 6 (9); Bottke, in: Bottke/Fritsche/Huber/Schreiber, 35 (115)

816 Wessels, StrafR-BT1, Rn. 22 ff. (27); LK-Jähnke, StGB, vor § 211 Rn. 15, 17

817 Sch/Sch/Eser, StGB, Vorb. § 211 Rn. 26

818 Laufs, ArztR, Rn. 217

819 Schreiber, NStZ 1986, 337 (340); LK-Hirsch, StGB, § 34 Rn. 75; Bottke, in: Lebensverlängerung aus medizinischer, ethischer und rechtlicher Sicht, Bottke/Fritsche/Huber/Schreiber (Hrsg.), 35 (115); Lackner/Kühl, StGB, vor § 211 Rn. 7; Sch/Sch/Lenckner, StGB, § 34 Rn. 39; Schreiber, in: Bottke/Fritsche/Huber/Schreiber, 129 (133); Dölling, MedR 1987, 6 (7); Kühl, StrafR AT, § 8 Rn. 163ff.
Bei der passiven Sterbehilfe sollen dagegen eher die Regeln der mutmaßlichen Einwilligung Anwendung finden (BGHSt 37, 376 (379); 40, 257 (260); Lackner/Kühl, StGB, vor § 211 Rn. 8)

820 Tröndle/Fischer, StGB, vor § 211 Rn. 17; Wessels, StrafR BT 1, Rn. 26

821 Objektiv tatbestandsmäßig liegt trotz des Einverständnisses eine Tötung nach § 216 StGB vor. Subjektiv ist der Eventualvorsatz hinsichtlich der Inkaufnahme der Lebensverkürzung

Leben überhaupt in den Kreis der in die Abwägung einbezogenen Rechtsgüter aufnimmt, den sonst absolut höchsten Wert des Lebens insoweit unter dem Aspekt der Lebensqualität relativiert.[822] In auswegloser Situation, bei unerträglichen Schmerzen ist das Risiko der Lebensverkürzung das kleinere Übel, das gerechtfertigt erscheint.

Dass in solchen Fällen die gerechtfertigte Notstandshandlung in einer vorsätzlichen Lebensgefährdung – begrenzt auf die Phase des Sterbens – bestehen darf, erklärt sich damit, dass es hier nicht um einen Eingriff in Rechtsgüter Dritter geht, sondern allein die Besserstellung des Moribunden, dessen Lebensqualität in Frage steht.[823]

d) Verhältnis zur mutmaßlichen Einwilligung

Die herrschende Meinung sieht in der mutmaßlichen Einwilligung einen eigenständigen Rechtfertigungsgrund,[824] während eine andere Ansicht einen Unterfall des rechtfertigenden Notstands annimmt.[825] Ungeachtet des Begriffs der „mutmaßlichen Einwilligung", der auf subjektive Elemente abzustellen scheint, wird von einem Teil der Literatur und Rechtsprechung der Notstandsgedanke als das eigentlich hinter diesem Rechtfertigungsgrund stehende Prinzip angesehen.[826]

Jede von der mutmaßlichen Einwilligung vorausgesetzte Rechtfertigungssituation besteht in einem „Entscheidungsnotstand"[827], denn es muss sofort gehandelt werden, ohne dass eine Entscheidung des Betroffenen eingeholt werden kann. Hier geht es – wie bei der Einwilligung – um die Respektierung der Autonomie des Betroffenen, der auf Grund der Sachlage – etwa einer Bewusstlosigkeit – nicht in der Lage ist, selbstbestimmt zu handeln. Das tatbestandsmäßi-

---

gegeben. Auf den ungeschriebenen Rechtfertigungsgrund des „erlaubten Risikos" muss nicht zurückgegriffen werden, wenn der rechtfertigende Notstand durchgreift.

822 vgl. Schreiber, in: Bottke/Fritsche/Huber/Schreiber, 129 (133); Schreiber, Zur Debatte - Sterbehilfe, 1996, 3

823 vgl. LK-Hirsch, StGB, § 34 Rn. 75; Schreiber, in: Bottke/Fritsche/Huber/Schreiber, 129 (133)

824 Sch/Sch/Lenckner, StGB, vor § 32 Rn. 54; Tröndle/Fischer, StGB, vor § 32 Rn. 4; Wessels/Beulke, StrafR AT, Rn. 380; Jescheck/Weigend, StrafR AT, S. 385; Roxin, StrafR AT I, § 18 Rn. 4f.; NK-Neumann, StGB, § 34 Rn. 19

825 Welzel, Lehrbuch, S. 92; Noll, Übergesetzliche Rechtfertigungsgründe, S. 137f.; Otto, StrafR AT, § 8 Rn. 131

826 vgl. Heidner, Mutmaßliche Einwilligung, S. 12; Otto, StrafR AT, 108

827 Rudolphi, in: GS für Kaufmann, 371 (393); Stratenwerth, StrafR AT, Rn. 390f.; ders., ZStW 68 (1956), 41 (48)

ge Handeln des Eingreifenden ist dabei nicht das entscheidende Moment, welches die Selbstbestimmung des Betroffenen ausschließt.[828]
§ 34 StGB ist darauf ausgerichtet, Rechtsgutsbeeinträchtigungen gegen den Willen des Berechtigten zu erlauben[829], während die mutmaßliche Einwilligung versucht, dem Willen des Rechtsgutsträgers gerecht zu werden, und insoweit auch nur eine schlichte Handlungsbefugnis gewährt.
Bei § 34 StGB kollidieren typischerweise Rechtsgüter verschiedener Personen, während bei der mutmaßlichen Einwilligung Rechtsgüter desselben Inhabers aufeinandertreffen;[830] auch wenn § 34 StGB bei widerstreitenden Rechtsgütern derselben Person nicht per se ausgeschlossen ist.[831] Notstand sei auch analog oder direkt in Betracht zu ziehen, wenn die kollidierenden Rechtsgüter ein und derselben Person zustehen.[832]
Es wird an dieser Stelle allerdings immer wieder auf die Gefahr hingewiesen, dass das Selbstbestimmungsrecht des Rechtsgutsträgers in einer solchen Interessenabwägung seiner eigenen Rechtsgüter übergangen wird.[833] Daher spricht viel dafür, grundsätzlich den § 34 StGB nur auf Interessenkollisionen verschiedener Personen anzuwenden; zumindest für die Fälle, in denen der Rechtsgutsträger einwilligungsfähig und die Rechtsgüter disponibel sind.[834]
Bei der mutmaßlichen Einwilligung wird nämlich ein hypothetisches Wahrscheinlichkeitsurteil über den Willen des Betroffenen gefällt, während beim rechtfertigenden Notstand eine objektive Interessenabwägung vollzogen wird.[835]
Die mutmaßliche Einwilligung lässt sich daher als gewohnheitsrechtliches Rechtsinstitut zwischen Einwilligung und rechtfertigendem Notstand einordnen.[836] Sobald Anhaltspunkte für die individuellen Wertvorstellungen und da-

---

828 vgl. Stratenwerth, ZStW 68 (1956), 41 (48)
829 LK-Hirsch, StGB, vor § 32 Rn. 129; BGH NJW 1989, 2479 (2481)
830 Jescheck/Weigend, StrafR AT, S. 386; Baumann/Weber/Mitsch, StrafR AT, § 16 Rn. 53; Rudolphi, in: GS für Kaufmann, 371 (393)
831 Welzel, Lehrbuch, S. 91f.; LK-Hirsch, StGB, § 34 Rn. 59; Stratenwerth, StrafR AT, Rn. 452; Tröndle/Fischer, StGB, § 34 Rn. 7
832 Sch/Sch/Lenckner, StGB, § 34 Rn. 8; LK-Hirsch, StGB, § 34 Rn. 69 (vor § 51 alt); Lackner/Kühl, StGB, § 34 Rn 2c; Welzel, Lehrbuch, S. 91; Lenckner, Notstand, S. 99 FN 71
833 NK-Neumann, StGB, § 34 Rn. 32; Maurach/Zipf, StrafR AT 1, § 27 Rn. 28; Baumann/Weber/Mitsch, StrafR AT, § 17 Rn. 54
834 NK-Neumann, StGB, § 34 Rn. 32; Roxin, StrafR AT I, § 16 Rn. 87; Maurach/Zipf, StrafR AT 1, § 28 Rn. 11; Sch/Sch/Lenckner, StGB, § 34 Rn. 8a; LK-Hirsch, StGB, § 34 Rn. 61
835 Sch/Sch/Lenckner, StGB, vor § 32 Rn. 54; LK-Hirsch, StGB, vor § 32 Rn. 129, § 34 Rn. 93; Wessels/Beulke, StrafR AT, Rn. 381
836 Müller-Dietz, JuS 1989, 280 (281); Jakobs, StrafR AT, 15/16; Roxin, StrafR AT I, § 18 Rn. 4; Tröndle/Fischer, StGB, vor § 32 Rn. 4; Baumann/Weber/Mitsch, StrafR AT, § 17 Rn. 114

mit für einen mutmaßlichen Willen des Berechtigten vorliegen, muss § 34 StGB zurücktreten.[837]

e) Vergleichbarer Fall: Ärztlicher Heileingriff?

Grundsätzlich besteht die Möglichkeit, als Rechtfertigungsgrund für eine verweigerte, zur Lebensrettung notwendige Operation den Gesichtspunkt des rechtfertigenden Notstandes heranzuziehen.
Für die Frage der Anwendbarkeit des § 34 StGB in der Situation einer verweigerten Einwilligung zu einem medizinisch indizierten Heileingriff ist nach dem vorher Gesagten entscheidend, ob ein für diese Situation typischer Rechtfertigungsgrund existiert. Dies ist im Normalfall die Einwilligung oder die mutmaßliche Einwilligung des Patienten.
In der Praxis gibt es zahlreiche Fälle, in denen das ärztliche Eingreifen zur Lebensrettung oder zur Verhinderung einer beträchtlichen Verschlechterung des Gesundheitszustandes erforderlich ist, aber Anhaltspunkte zur Ermittlung des mutmaßlichen Willens nicht vorhanden sind. Dasselbe gilt, wenn Angehörige eines potentiellen Organspenders nicht erreichbar sind oder nichts über den Willen aussagen können – nur mit dem Unterschied, dass in den Fällen der Organentnahme die Lebensrettung eines *anderen* Menschen auf dem Spiel steht.
Die kollidierenden Werte der Lebenserhaltung einer Person und der absolut freien Selbstbestimmung derselben Person führen zu schwerwiegenden Interessengegensätzen zwischen Heilauftrag des Arztes und dem Patientenrecht.[838] Hier zeigt sich aber auch schon der Unterschied zu den hier besprochenen Fallkonstellationen der lebensrettenden Organentnahme gegen bzw. ohne vorliegende Einwilligung. Die kollidierenden Werte sind auf zwei Personen verteilt, was im Übrigen auch den Normalfall jeder Interessenabwägung darstellt; der Wert der Lebensrettung auf Seiten des Organempfängers und der Wert der freien Selbstbestimmung bzw. des postmortalen Persönlichkeitsrechtes auf Seiten des „Organspenders“.
Bei Kindern oder sonstigen entscheidungsunfähigen Patienten bedient man sich der Institution des gesetzlichen Vertreters, bei der Organtransplantation der Angehörigen, wenn der Verstorbene selbst sich nicht geäußert hat, um die nötige Legitimation für das ärztliche Handeln zu erhalten. Solche Konstruktionen sind aber schon Formen von Fremd- statt Selbstverfügungen[839], die allerdings allgemein anerkannt sind. Letztlich kann man auch jede mutmaßliche Einwilligung

[837] Müller-Dietz, JuS 1989, 280 (281); Haft, StrafR AT, S. 80; Sch/Sch/Lenckner, StGB, § 34 Rn. 6
[838] Voll, Die Einwilligung im Arztrecht, 1996, 53
[839] Eser, GS für Schröder, 191 (211)

als einen Akt der Fremdbestimmung ansehen, denn die Entscheidung erfolgt zwar im Interesse des Bewusstlosen, wird aber vom „Täter" oder Dritten getroffen.[840]

Für den Fall, dass die Einholung einer tatsächlichen Einwilligung nicht möglich ist und für eine mutmaßliche Einwilligung keine hinreichenden Anhaltspunkte vorliegen, schlägt *Eser* zumindest für den Bereich der Humanexperimente die Heranziehung des rechtfertigenden Notstands vor.[841] Dabei geht es um die Gewinnung von Forschungserkenntnissen, durch die einer akuten Lebens- oder Gesundheitsgefahr abgeholfen werden soll.[842] Für die grundsätzliche Legitimation von Humanexperimenten gilt die Einwilligung folglich nicht als die einzige Rechtfertigungsmöglichkeit.[843]

Mutmaßliche Einwilligung bzw. rechtfertigender Notstand kommen beim Heileingriff erst dann als Rechtfertigungsgründe in Betracht, wenn eine Einwilligung nicht eingeholt werden kann. Weitgehend wird auf das Selbstbestimmungsrecht des Patienten hingewiesen mit der Folge, dass eine fehlende, jedoch nicht verweigerte Einwilligung durch die mutmaßliche ersetzt wird.[844] Nach älterer Ansicht sei der Notstand in jedem Fall heranzuziehen.[845]

Rechtfertigender Notstand soll dort zur Anwendung kommen, wo keine hinreichend deutlichen Anhaltspunkte erkennbar sind, die einen Schluss auf den mutmaßlichen Willen zulassen und andererseits der Eingriff zur Abwendung von Lebens- oder Gesundheitsgefahren erforderlich ist.[846]

Der rechtfertigende Notstand greift demzufolge als lex generalis dann ein, wenn andere Rechtfertigungsgründe speziellerer Natur, wie z.B. die mutmaßliche Einwilligung, den Sachverhalt nicht mehr erfassen.[847] Im Gegensatz zu Heileingriffen, bei denen die Berufung auf eine mutmaßliche Einwilligung fast stets dem Willen des Patienten entspricht, dient eine Organentnahme nicht von vornherein dem Interesse und Nutzen des Toten oder seiner Angehörigen. Den allgemeinen Rechtsprinzipien und den Regelungen des Transplantationsgesetzes entsprechend darf das Schweigen der Betroffenen nicht als Zustimmung in eine Entnahme umgedeutet werden. Sonst hätte man im Ergebnis eine Widerspruchslösung. Der Arzt kann nach den gegenwärtigen Wertvorstellungen innerhalb der Gesellschaft nicht von einer überwiegenden Akzeptanz der Organentnahme

[840] Heidner, Mutmaßliche Einwilligung, 123

[841] vgl. Eser, GS für Schröder, 191 (212)

[842] vgl. Eser, GS für Schröder, 191 (212)

[843] vgl. Eser, GS für Schröder, 191 (213)

[844] Heidner, Mutmaßliche Einwilligung, 105; LK-Hirsch, StGB, § 226a Rn. 35; Tröndle/Fischer, StGB, § 223 Rn. 9; SK-Horn, StGB, § 226a Rn. 15; Sch/Sch/Eser, StGB, § 223 Rn. 38; RGSt 61, 242 (256); BGHZ 29, 46 (52); BGHZ 29, 176 (185)

[845] vgl. Bockelmann, StrafR des Arztes, S. 64f.

[846] Sch/Sch/Eser, StGB, § 223 Rn. 42

[847] Voll, Die Einwilligung im Arztrecht, 1996, 150

ausgehen.[848] Denn in der Regel hat ein Rechtsgutsträger kein Interesse daran, eines seiner Rechtsgüter zu Gunsten einer anderen Person aufzugeben[849] - der Fall liegt eben anders, wenn der Träger des verletzten und des geretteten Rechtsguts identisch sind, wie es in den Fällen des Heileingriffs der Fall ist.
Eine Organentnahme des Arztes unter Berufung auf eine mutmaßliche Einwilligung des potentiellen Spenders oder seiner Hinterbliebenen entbehrt daher der rechtlichen Grundlage und ist unzulässig.
Der Notstand ist demgegenüber zur Lösung besonderer Konfliktsituationen vorgesehen. Es spricht nichts dagegen, in jenen Fällen, in denen kein entgegenstehender Wille bekannt ist, die Notstandsbestimmungen zumindest anzuwenden.[850]
In der Mehrzahl der Fälle potentieller Organspender ist ein bestimmter Wille - zumindest ein interessenwidriger - weder bekannt noch erkennbar. Bei unter 5% der Hirntoten findet sich ein Organspendeausweis mit einer eigenen Äußerung. Mediziner berichten, dass Angehörige häufig völlig ratlos sind, da niemals vorher über die entstandene Situation gesprochen worden ist. Kann man in diesen Fällen sagen, dass gar kein Wille gebildet worden ist, gegen den man verstoßen könnte? Bei allem Respekt vor dem eigenverantwortlichen Individuum darf man nicht in den Fehler verfallen, die Selbstbestimmung dort wahren zu wollen, wo dies tatsächlich nicht möglich ist.[851]
Auch der mutmaßliche Wille wird ja in der Regel aus dem objektiven Interesse geschlossen. Dies geschieht allein deshalb, weil ein anderer Anhaltspunkt regelmäßig nicht vorhanden ist.[852]
Etwas anderes gilt, wenn der Patient bereits selbst die eingetretene Situation durchdacht hat, eine Entscheidung getroffen und diese auch geäußert hat.[853]

Es herrscht aber wohl Einigkeit darüber, dass das Selbstbestimmungsrecht des Patienten sowie das daraus abgeleitete Einwilligungserfordernis für jede ärztliche Heilbehandlung es verbieten, zur Rechtfertigung ärztlicher Zwangseingriffe auf § 34 StGB zurückzugreifen. Argumentiert wird dafür aus völlig verschiedenen Richtungen:
Eine Ansicht in der Literatur hält § 34 StGB bei der Kollision verschiedener Rechtsgüter ein und desselben Rechtsgutsträgers grundsätzlich für nicht anwendbar. Die dem Notstandsparagraphen zu Grunde liegende „passive Solidari-

---

[848] vgl. Kern, in: Gramberg-Danielsen, Rechtliche Grundlagen..., 1988, 2/800 (2/814); Hirsch/Schmidt-Didczuhn, Transplantation und Sektion, 1992, 19
[849] Heidner, Mutmaßliche Einwilligung, 175
[850] Heidner, Mutmaßliche Einwilligung, 156
[851] Heidner, Mutmaßliche Einwilligung, 171
[852] Heidner, Mutmaßliche Einwilligung, 156
[853] Heidner, Mutmaßliche Einwilligung, 165

tätspflicht" gegenüber Dritten gebiete es, derartige Fallkonstellationen nicht darunter zu fassen.[854]
Nach herrschender Meinung steht dagegen die Tatsache, dass verschiedene Interessen nur einer Person kollidieren, einer Anwendung des § 34 StGB grundsätzlich nicht im Wege.[855] Die Rechtfertigung einer Zwangsbehandlung wird aber aus anderen Gründen abgelehnt.
Teilweise wird das Vorliegen eines notstandsfähigen Rechtsguts verneint, weil der Verfügungsberechtigte auf Hilfe verzichtet habe und diese insofern nicht erforderlich sei.[856] Das kann aber nur für die Fälle gelten, in denen sich der Patient vorher klar gegen eine Behandlung ausgesprochen hat. Sollte er dazu aus irgendeinem Grund nicht in der Lage sein, hat er auch von seiner Dispositionsbefugnis keinen Gebrauch gemacht und sich nicht explizit gegen Hilfe gewehrt.
Nach anderer Ansicht ist dagegen grundsätzlich auch bei verweigerter Einwilligung in den ärztlichen Heileingriff die Notstandsprüfung für eine Interessenabwägung offen. Im Rahmen dieser Abwägung könne dann jedoch von einem wesentlichen Überwiegen selbst des Lebensrechts gegenüber dem Selbstbestimmungsrecht nicht ausgegangen werden und müsse außerdem, gerade angesichts der Bedeutung dieses Selbstbestimmungsrechts, auch die Angemessenheit der Tat verneint werden.[857] Auch hier werden aber Ausnahmesituationen gesehen, in denen der zur Lebensrettung operierende Arzt durch § 34 StGB gerechtfertigt sein kann, z.B. wenn die Gefahr auf einem vorangegangenen Suizidversuch beruht.[858]
Eine andere Auffassung geht davon aus, dass in Fällen rechtswirksam verweigerter Einwilligung diese eine Sperrwirkung gegenüber der Anwendung des § 34 StGB entfalte, die einer Prüfung dieser Vorschrift entgegenstehe.
Wird die Einwilligung anstelle ihrer Erteilung vom Patienten ausdrücklich und ernstlich verweigert, ändert sich doch grundsätzlich nichts daran, dass ihre Regelungssituation vorliegt, d.h. die Rechtfertigungswirkung in dieser Situation regelmäßig nur durch Einwilligung erzeugt wird.[859] Eine andere Auffassung hätte zur Konsequenz, dass eine Befragung des Patienten entbehrlich wäre. Der Wille des Patienten und damit sein Recht auf Selbstbestimmung blieben bedeutungslos oder würden jedenfalls unerträglich ausgehöhlt. Das widerspräche der Wertentscheidung des Gesetzgebers.[860]
Mit der Einwilligung erklärt der Rechtsgutsinhaber sein Einverständnis zur Beeinträchtigung seines Rechtsguts; soweit es sich dabei um ein disponibles

---

[854] vgl. SK-Samson, StGB, § 34 Rn. 2, 12
[855] Sch/Sch/Lenckner, StGB, § 34 Rn. 8a; Lackner, StGB, § 34 Rn. 4
[856] LK-Hirsch, § 34 Rn. 25
[857] Ebert, JuS 1976, 323; Müller-Dietz, JuS 1989, 281; Sch/Sch/Lenckner, § 34 Rn. 8a, 33
[858] Ebert, JuS 1976, 323 Fn. 41 unter Hinweis auf BGHSt 6, 147; LK-Hirsch, § 226a Rn. 37
[859] Zilkens, Arztrecht 5/1986, 119 (119)
[860] Zilkens, Arztrecht 5/1986, 119 (120)

Rechtsgut handelt, ist dieses Einverständnis grundsätzlich auch zu respektieren. Der für § 34 StGB erforderliche Interessenkonflikt besteht in solchen Fällen gerade nicht mehr, da es kein *beeinträchtigtes* Rechtsgut gibt, wo dessen Inhaber auf den Schutz bereits verzichtet hat. Danach gilt, dass eine Heranziehung des § 34 StGB immer dann nicht mehr nötig ist, wenn eine rechtswirksame Einwilligung in die Beeinträchtigung eines disponiblen Rechtsgutes vorliegt.[861] Gleiches kann grundsätzlich auch für jene Fälle gelten, in denen die Einwilligung durch das Institut der mutmaßlichen Einwilligung fingiert werden kann.[862] Zu fragen bleibt, ob die Anwendung der Notstandsregeln noch möglich ist, wenn eine Einwilligung gerade nicht vorliegt, sondern verweigert wurde. In der Verweigerung liegt die Ausübung der Dispositionsbefugnis über die eigene körperliche Unversehrtheit. Es könnte somit eine abschließende Entscheidung dergestalt vorliegen, dass dieses Rechtsgut einer Interessenabwägung eben nicht mehr zugänglich ist. Im Ergebnis würde damit die Einwilligung als der speziellere Rechtfertigungsgrund qualifiziert, der bei Nichtvorliegen seiner Voraussetzungen die Anwendung des § 34 StGB ausschlösse.

Dagegen spricht, dass dem Rechtfertigungsgrund der Einwilligung gerade nicht das Prinzip der Interessenkollision zugrunde liegt und somit auch keine Sperrwirkung für einen völlig anders gearteten Rechtfertigungsgrund, wie den § 34 StGB, entfaltet werden kann. Entscheidend ist in diesem Zusammenhang jedoch, dass dann, wenn der Rechtsgutsinhaber in die Verletzung seines Rechtsguts nicht einwilligt, die für § 34 StGB charakteristische Interessenlage überhaupt erst wieder entsteht: Gerade das drohende Handeln gegen seinen Willen führt zum Vorliegen eines beeinträchtigten Rechtsgutes in Form seines Selbstbestimmungsrechts, welches gegen das geschützte Rechtsgut (Leben bzw. Gesundheit) abgewogen werden kann.[863] In diese Abwägung sind nun wiederum alle Umstände der konkreten Lebenssituation einzubeziehen.[864]

Bei umfassender Anerkennung des Selbstbestimmungsrechts auch in dem Sinne, dass es objektiv unvernünftige, den Gesundheitsinteressen zuwiderlaufende und sogar lebensgefährdende Entscheidungen einschließt, wäre es widersprüchlich, dieses Recht einerseits in dem genannten Maße zu garantieren, gleichzeitig aber im Rahmen einer Interessenabwägung wieder zu relativieren.[865] Hier geht es schließlich nur um Interessen ein und desselben Rechtsgutsträgers, der unabhängig von seinen Motiven über sich zu entscheiden hat. Man kann in dieser Situation nicht einen unterstellten Willen gegen den tatsächlich geäußerten aus-

---

861 Seelmann, Verhältnis des § 34 StGB, S. 70; Müller-Dietz, JuS 1989, 281; Sch/Sch/Lenckner, § 34 Rn. 6

862 Müller-Dietz, JuS 1989, 281; Sch/Sch/Lenckner, § 34 Rn. 6

863 Seelmann, Verhältnis des § 34 StGB, S. 70; Hartmann, Umfang und Grenzen ärztlicher Zwangsbehandlung, 128

864 Hartmann, Umfang und Grenzen ärztlicher Zwangsbehandlung, 128

865 Hartmann, Umfang und Grenzen ärztlicher Zwangsbehandlung, 129

spielen. Andererseits haben wir aber auch das Verfügungsverbot über das eigene Leben, welches unter anderem in § 216 StGB zum Ausdruck kommt, der die Tötung auf Verlangen unter Strafe stellt. Warum räumen wir aber im hier vorliegenden Fall dem Selbstbestimmungsrecht unbedingten Vorrang auch vor dem Überleben des Patienten ein und finden seine Entscheidung gegen eine lebensrettende Behandlung völlig in Ordnung, schließen sogar eine Rechtfertigung nach § 34 StGB für den behandelnden Arzt aus, lehnen aber eine aktive Sterbehilfe auf ausdrücklichen Wunsch des Patienten strikt wegen der möglichen Preisgabe lebensunwerten Lebens ab?

Dadurch, dass das Nichtvorliegen der Einwilligung kein Rückgriffsverbot auf § 34 StGB nach sich zieht, sondern dessen Anwendung lediglich am Fehlen der inhaltlichen Voraussetzungen scheitern lässt, werden schließlich auch diejenigen Ausnahmefälle erfasst, in denen die Einwilligung zu einem notwendigen Heileingriff zwar verweigert wurde, dies aber durch den gesetzlichen Vertreter in rechtsmissbräuchlicher Form erfolgte. Hier wird ganz überwiegend ein Rückgriff auf die Notstandsregelung des § 34 StGB bejaht;[866] ebenso in Fällen, in denen die Einwilligung zur Behandlung nicht eingeholt werden kann.[867]

Im Ergebnis kommt somit die Anwendung des § 34 StGB zur Rechtfertigung medizinisch indizierter Heileingriffe bei bloßer Eigengefährdung nicht in Betracht, soweit eine Behandlung rechtswirksam verweigert wurde.

Eine andere rechtliche Beurteilung ist in Fällen möglich, in denen andere Rechtsgüter als jene des Patienten selbst gefährdet sind. Hier kann im Rahmen der Interessenabwägung die Wertung geboten sein, dass in der konkreten Situation das geschützte Interesse, insbesondere die Gesundheit und das Leben Dritter, das beeinträchtigte Interesse des Betroffenen wesentlich überwiegt.[868]

Dass das Selbstbestimmungsrecht des Patienten nicht absolut geschützt ist, zeigen schon die gesetzlich zugelassenen Fälle von Zwangsbehandlung, in denen Eingriffe in die körperliche Unversehrtheit im Interesse höher bewerteter Rechtsgüter hingenommen werden müssen. Entscheidender Unterschied zur eben behandelten Fallgruppe ist, dass die Bejahung des § 34 StGB nicht im Widerspruch zum Selbstbestimmungsrecht des Patienten stünde, da die Gesundheit oder das Leben Dritter nicht seiner Dispositionsbefugnis unterliegt.

Die Rechtsprechung nennt § 34 StGB in diesem Zusammenhang nicht ausdrücklich. Weder wird in den Fällen, in denen wegen versagter Einwilligung ein Eingriffsverbot angenommen wird, eine Begründung dafür gegeben, weshalb § 34 StGB nicht eingreifen soll,[869] noch finden sich andererseits Ausführungen zu diesem Aspekt in den Entscheidungen über die Hilfspflicht des Arztes gegen-

---

[866] LK-Hirsch, § 226a Rn. 37; Sch/Sch/Eser, § 223 Rn. 52

[867] Hartmann, Umfang und Grenzen ärztlicher Zwangsbehandlung, 132

[868] Hartmann, Umfang und Grenzen ärztlicher Zwangsbehandlung, 131

[869] BGH St 11, 111 (113); BGH Z 83, 151 (152)

über Suizidpatienten.[870] Dort wird nur gesagt, der Wille des Selbstmörders sei sittenwidrig und unbeachtlich.

f) Verhältnis zu den übrigen Rechtfertigungsgründen

Die ganz herrschende Meinung geht – wie gesagt – davon aus, dass die Sonderregelungen im Ergebnis als spezialgesetzliche Konkretisierungen in irgendeiner Form dem § 34 StGB vorgehen sollen.[871] Über die genauere Ausgestaltung gibt es allerdings mindestens zwei verschiedene Ansätze.
Nach der einen Ansicht ist eine übereinstimmende Interpretation geboten, die Wertungswidersprüche ausschließt.[872] Diejenigen, die in § 34 StGB die Positivierung des Interessenabwägungsprinzips oder jedenfalls eine erste Konkretisierung dieses Grundsatzes sehen, schließen daraus, dass Widersprüche zwischen den auf dem genannten Prinzip beruhenden Rechtfertigungsgründen und dieser Vorschrift nicht bestehen können, und müssen Spannungen daher durch Auslegung bereinigen (sog. *Prinzipienlösung*).
Nach anderer Ansicht kann § 34 StGB nicht immer im Sinne der besonderen Rechtfertigungsgründe interpretiert werden, deshalb ist das Zusammentreffen von § 34 StGB mit seinen spezialgesetzlichen Ausformungen ein Konkurrenzproblem (sog. *Konkurrenzlösung*).[873]
Um kurz die Unterschiede der beiden Ansätze zu erläutern, kann das Verhältnis von § 904 BGB und § 34 StGB betrachtet werden. Die Vertreter der Prinzipienlösung würden bei jedem denkbaren Sachverhalt die Lösung nach §§ 904 BGB, 34 StGB immer genau gleich beurteilen, während es für die Vertreter der Konkurrenzlösung durchaus Fälle geben kann, in denen zwar ein wesentliches Überwiegen im Sinne von § 34 StGB, aber kein unverhältnismäßig großer Schaden im Sinne von § 904 BGB gegeben ist.
Die Vertreter einer völligen Gleichschaltung von § 34 StGB mit den spezialgesetzlichen Regelungen durch Auslegung verkennen, dass die zugegebenerma-

---

[870] BGH St 6, 147 (153)

[871] Bergmann, JuS 1989, 109 (111); Roxin, JuS 1976, 505 (507); Wessels/Beulke, StrafR AT, Rn. 287; Sch/Sch/Lenckner, StGB, § 34 Rn. 6; Maurach/Zipf, StrafR AT 1, § 25 Rn. 23, § 27 Rn. 7; Lackner/Kühl, StGB, § 34 Rn. 14; Jakobs, StrafR AT, 13/6f.

[872] Lenckner, Notstand, S. 152f.; Delonge, Interessenabwägung, S. 203; Schmidhäuser, StrafR AT, 9/24, 64, 79; Roxin, StrafR AT I, § 16 Rn. 82; Hellmann, Die Anwendbarkeit zivilrechtlicher Rechtfertigungsgründe im Strafrecht, 1987, S. 163, 167f.
Normen sind nach Möglichkeit so auszulegen, dass Widersprüche vermieden werden (Zippelius, Methodenlehre, S. 37f.)

[873] Peters, GA 1981, 445 (447), der die Terminologie entwickelt hat. Zumindest im Verhältnis von § 904 BGB und § 34 StGB auch: Warda, in: FS für Maurach, 143 (160f.); Jescheck/Weigend, StrafR AT, S. 333 Fn. 43

ßen generalklauselartige Norm des rechtfertigenden Notstands sehr wohl eigene Tatbestandsmerkmale und Voraussetzungen hat[874], die zunächst einmal unabhängig von anderen Regelungen geprüft werden sollten. Um Widersprüchen innerhalb der Rechtsordnung vorzubeugen, könnte auch noch auf die Konkurrenzlösung zurückgegriffen werden, die üblicherweise das Aufeinandertreffen von Generalklausel und Sondervorschrift zumindest im öffentlichen Recht regelt.[875]

Daher scheint zunächst einmal die Konkurrenzlösung der reinen Prinzipienlösung vorzuziehen zu sein.

Ausgangspunkt ist in jedem Fall die ganz allgemeine Frage, ob eine Tat, die bei Anwendung nur eines Rechtfertigungsgrundes - etwa des § 34 StGB - gerechtfertigt ist oder als gerechtfertigt erscheint, nicht mit Blick auf einen anderen Rechtfertigungsgrund doch noch als rechtswidrig angesehen werden muss.[876]

Eine extreme Prinzipienlösung vertritt insoweit *Seelmann*.[877] § 34 StGB sei als Ausformung der monistischen Rechtfertigungstheorien ein logisch generelles Gesetz zu allen Rechtfertigungsgründen außer der rechtfertigenden Einwilligung.[878] Damit ist nach Seelmanns Ansicht ein Rückgriff auf § 34 StGB unzulässig, wenn der Regelungsbereich eines speziellen Rechtfertigungsgrundes eröffnet ist. Problematisch erscheint ihm hierbei die Bestimmung des Regelungsbereiches eines Rechtfertigungsgrundes[879], da kein Rechtfertigungsgrund abweichende, zusätzliche oder strengere Voraussetzungen enthielte.[880]

Die Grenze des Regelungsbereiches bei einem Rechtfertigungsgrund ist Seelmann zufolge nicht identisch mit der Grenze seiner Rechtfertigungswirkung. Rechtfertigungsgründe sollen auch eine Teilklasse jener Fälle, in denen das tatbestandliche Verhalten nicht gerechtfertigt ist, regeln. Der Regelungsbereich eines Rechtfertigungsgrundes ist nach dem Typ von Konflikt zu bestimmen, den der Rechtfertigungsgrund regelt. Dies bedeutet, dass durch Interpretation der Begriffe des Sachverhaltes der Konflikttypus des jeweiligen Rechtfertigungsgrundes, d.h. das Leitbild der Situation, welches der Gesetzgeber normativ festlegt, herauszuarbeiten ist. Der Konflikttypus reicht über die im Gesetz beschriebene Situation des gerechtfertigten Handelns hinaus.[881] Hierzu ist zusätzlich der

---

[874] vgl. Thiel, Konkurrenz von Rechtfertigungsgründen, S. 93, 150

[875] vgl. Thiel, Konkurrenz von Rechtfertigungsgründen, S. 150, der in Fn. 652 auf das Verhältnis von Art. 2 Abs. 1 GG zu den anderen Grundrechten und auf das Verhältnis von polizeilicher Generalklausel zu den Spezialermächtigungen in den Polizeigesetzen der Länder hinweist.

[876] Peters, GA 1981, 445 (447/448)

[877] zum folgenden: Seelmann, Verhältnis des § 34 StGB, S. 32ff., 42ff., 60ff., 75ff.

[878] Seelmann, Verhältnis des § 34 StGB, S. 32

[879] Seelmann, Verhältnis des § 34 StGB, S. 62

[880] Seelmann, Verhältnis des § 34 StGB, S. 38

[881] Seelmann, Verhältnis des § 34 StGB, S. 63

Wertungsrahmen des in § 34 StGB Gesetz gewordenen allgemeinen Rechtfertigungsprinzips zu berücksichtigen. Zur Bestimmung des Konflikttypus seien schließlich drei Momente zueinander in Beziehung zu setzen: der allgemeine Wertungsrahmen des § 34 StGB, der besondere Rechtfertigungsgrund und der konkrete Fall.
Als Anwendungsbereich für § 34 StGB verbleiben nach dieser Ansicht gesetzlich nicht vertypte Konflikte.[882] Als Grund für die Spezialität der besonderen Rechtfertigungsgründe führt Seelmann zusätzlich den Vorrang des Gesetzes gem. Art. 20 III GG und den Grundsatz von „nulla poena sine lege", denen zufolge den gesetzlichen Wertungen gegenüber der richterlichen Abwägung der Vorzug zu geben sei.[883] Auf die verfassungsrechtlichen Vorgaben wird im Folgenden noch gesondert eingegangen.

Die Auffassung, dass Rechtfertigungsgründe, auch wenn sie im Einzelfall nicht eingreifen, andere Rechtfertigungsgründe sperren könnten, wenn der Fall in ihren „Regelungsbereich" oder unter den von ihnen beinhalteten „Konflikttypus" falle,[884] erscheine nicht geeignet, um Spannungen zwischen § 34 StGB und den anderen Rechtfertigungsgründen zu lösen, so die Gegenansicht.[885]
Peters Ansicht nach existieren im Bereich der Konkurrenz von Rechtfertigungsgründen hauptsächlich zwei Problemkreise, das Regelungsbereichsproblem und das Vorrangproblem.[886] Das Regelungsbereichsproblem betrifft nach dieser Auffassung die Frage, ob aus der mangelnden Erfüllung einiger Voraussetzungen eines Rechtfertigungsgrundes zu schließen ist, dass auch die Rechtsfolge nicht eintreten soll. Das Vorrangproblem bezieht sich auf die Frage, ob die Annahme eines Ausschlusses der Rechtfertigung über Regelungsbereichsbestimmung wegen der nachteiligen Wirkung für den Täter gegen Art. 103 II GG und, indem einem dem Wortlaut nach nicht erfüllten Gesetz der Vorrang vor einer nach Wort- und Normsinn eingreifenden Norm eingeräumt wird, gegen den Vorrang des Gesetzes verstößt.[887]
Peters zweifelt zunächst daran, dass jede Lösung einer Interessenkollision in einem speziellen Rechtfertigungsgrund abschließend sei, der Wille des Gesetzgebers könne genauso dahin gehen, jedenfalls die vorgesehene Konfliktlösung auch zuzulassen.

[882] ähnlich auch: Wessels/Beulke, StrafR AT, Rn. 287: „§ 34 StGB als ultima ratio für Konfliktlagen außergewöhnlicher Art"; Stratenwerth, StrafR AT, Rn. 450
[883] Seelmann, Verhältnis des § 34 StGB, S. 75
[884] Schroeder, JuS 1980, 336 (338); Seelmann, Verhältnis des § 34 StGB, S.62 ff.
[885] Peters, GA 1981, 445 (446)
[886] Peters, GA 1981, 445 (448)
[887] Peters, GA 1981, 445 (449)

Die herrschende Ansicht zur Typenlehre grenze den Typus vom Allgemeinbegriff ab, indem sie ihm in größerem Umfang Realitätsnähe, Sinnhaftigkeit, Abstufbarkeit, Ganzheitlichkeit und Anschaulichkeit zuschreibe, den Typus üblicherweise im Gesetz beschrieben finde.[888] Seelmann dagegen benutze seine Konflikttypen als Rechtsfindungsverfahren, gebe aber keine Hinweise, warum die Konflikttypen als über den Gesetzeswortlaut hinausgehender Regelungsbereich zu werten sind. Er müsse also erst noch Kriterien für ihre Beschreibung nennen bzw. die von ihm genannten Momente könnten bei der Abgrenzung der Rechtfertigungsgründe kaum weiterhelfen.[889] Damit bleibe gerade die Bestimmung der atypischen Fälle ungeklärt. Es liege also eine doppelte Unsicherheit vor, da zum einen mit „Unterstellungen" zu arbeiten sei, um die Konflikttypen zu beschreiben, und zum anderen keine Kriterien ersichtlich seien, mit denen sich atypische Fälle bestimmen lassen.[890]
Die Vorrangfrage kann Peters zufolge nach Seelmanns Methode nicht gelöst werden. Seelmanns Auffassung, § 34 StGB sei ein bloßes Wertungsprinzip, d.h. es gehe nicht um den Vorrang zweier Gesetze sondern um die Frage, ob richterliche Interessenabwägung mit Hilfe des § 34 StGB an die Stelle gesetzlicher Wertungen treten könne, stehe im Widerspruch zum Gesetz. Dessen Merkmale blieben nämlich einfach unbeachtet, seine sinnvolle Auslegung werde behindert, und es werde damit letztlich verfassungswidrig interpretiert.
Weder aus Art. 20 III GG noch aus Art. 103 II GG könne ein Vorrang hergeleitet werden. Dem Vorrang des Gesetzes genüge eine Rechtfertigung nach § 34 StGB, während für den Ausschluss des § 34 StGB nach Konflikttypen richterliche Rechtsfindung nötig sei. Dies führe zu einer Erhöhung der Rechtsunsicherheit auf dem Gebiet der Konkurrenz von Rechtfertigungsgründen, wenn immer dann, wenn das Ergebnis nach einem speziellen Rechtfertigungsgrund nicht befriedige, die Möglichkeit bleibe, den Fall zu einem atypischen zu erklären und ihn nach § 34 StGB zu lösen.

Andere Autoren dagegen sehen die Funktion der speziellen rechtfertigenden Notrechte wieder darin, den Wertungsrahmen des § 34 StGB konkretisierend auszufüllen.[891] Nur unter den dort aufgestellten, gegenüber § 34 StGB als abschließend zu verstehenden Voraussetzungen sei ein tatbestandsausfüllendes Verhalten gerechtfertigt.[892]

---

[888] Peters, GA 1981, 445 (462)
[889] Renzikowski, Notstand, S. 25
[890] Peters, GA 1981, 445 (463)
[891] Delonge, Interessenabwägung, S. 199; Maurach/Zipf, StrafR AT 1, § 27 Rn. 7; Roxin, StrafR AT I, § 14 Rn. 47f.; Sch/Sch/Lenckner, StGB, § 34 Rn. 6
[892] Lenckner, Notstand, S. 152f.; Baumann/Weber/Mitsch, StrafR AT, S. 343; LK-Hirsch, StGB, § 34 Rn. 82

Schließlich gelangen auch diejenigen zu demselben Ergebnis, die bei der Subsumtion unter die Voraussetzungen des § 34 StGB und der besonderen Erlaubnissätze durchaus zu unterschiedlichen Ergebnissen kommen können, aber wegen einer Spezialität im funktionalen Sinne bei einer Kollisionslage den § 34 StGB ausschließen wollen.[893]
Es gibt jedoch auch noch Autoren, die § 34 StGB in einem solchen Kollisionsfall für voll anwendbar halten[894] oder die eigentlich zwar von abschließenden Sonderregelungen in den Spezialgesetzen ausgehen, gleichwohl aber absolute Ausnahmesituationen diskutieren, in denen dann § 34 StGB doch wieder herangezogen werden darf.[895]
Interessant ist im Übrigen noch ein ganz anderer Gedanke, der immer wieder vorgebracht wird: Die konkretisierten Rechtfertigungsgründe gehen nicht nur dem in § 34 StGB normierten allgemeinen Prinzip vor, sondern bei ihrer Auslegung muss stets als Interpretationshilfe seinerseits das in § 34 StGB zum Ausdruck gebrachte Prinzip zu berücksichtigen sein.[896] Das würde bedeuten, § 34 StGB hätte schon Auswirkungen auf die Vorgaben des Transplantationsgesetzes, die in dessen Sinne auszulegen und anzuwenden wären.

Seelmann widerspricht sich selbst, wenn er behauptet, die Bestimmung eines Konflikttypus entspräche eher dem Vorrang des Gesetzes als richterliche Rechtsfindung. Denn die Auslegung des § 34 StGB durch den Richter hat immer strengen Regeln zu folgen, während er seine Konflikttypen nicht aus dem Gesetz direkt ableiten kann. Seelmann ist vielmehr der Vorwurf eines Verstoßes gegen das *nulla poena sine lege* - Gebot zu machen, da er durch seine nicht begründete Einengung der Rechtfertigungsmöglichkeiten die Strafbarkeit über den Wortlaut ausdehnt.
Zur Ermittlung und Präzisierung abschließender Sonderregelungen können jedoch auch bei der Kollision von Rechtfertigungsgründen die herkömmlichen Auslegungsfaktoren verwendet werden. Letztlich geht es um die Bestimmung von Norminhalten, die über das ausdrücklich Angeordnete hinaus abschließende Rechtswidrigkeitsbeurteilungen aufweisen. Anders als im Modell der Konflikttypen ist ferner ein Vergleich der Merkmale der in Frage stehenden Recht-

---

[893] Warda, in: FS für Maurach, 143 (160ff.)
[894] vgl. Tröndle/Fischer, StGB, § 34 Rn. 23 (§ 34 StGB bleibe voll anwendbar und werde durch spezielle Rechtfertigungsgründe nicht eingeengt); vgl. Delonge, Interessenabwägung, S. 202 (§ 34 StGB bleibe so lange voll anwendbar, sofern die spezielle Norm einen Rückgriff nicht ausdrücklich ausschließe)
[895] Roxin, StrafR AT I, § 14 Rn. 49f., § 16 Rn. 47f.; Seelmann, Verhältnis des § 34 StGB, S. 65ff.; Haft, StrafR AT, S. 82f.
[896] LK-Hirsch, StGB, § 34 Rn. 82; Roxin, StrafR AT I, § 14 Rn. 48; Stratenwerth, StrafR AT, Rn. 450

fertigungstatbestände zu ziehen, um deren Regelungsbereich zu ermitteln.[897] Denn diese Ermittlung ist unerlässlich, um herausfinden zu können, ob ein Rechtfertigungsgrund den anderen im Wege funktionaler Spezialität verdrängt.[898]

2) Lex posterior derogat legi priori

Grundsätzlich verdrängt die zeitlich nachfolgende Vorschrift die frühere Norm.[899] Dieser Grundsatz folgt aus der in der Verfassung angelegten Befugnis des aktuellen Gesetzgebers, die Rechtslage durch neue Gesetze verändern zu können.[900] Das neuere Gesetz ist dabei in der Lage, die aktuellen Verhältnisse und eventuelle Fehler der Vergangenheit zu berücksichtigen.

Das Recht wird als disponibel begriffen, es gewinnt damit Flexibilität und die Potenz, auf wechselnde Anforderungen seiner Umwelt prompt zu antworten; unverfügbare Prinzipien wären einem so verstandenen positiven Recht nur hinderlich.[901]

Eine Frage in diesem Zusammenhang ist diejenige nach den älteren Rechtfertigungsgründen des BGB, also §§ 228, 904 BGB von 1900, und ihrem Verhältnis zum relativ jungen § 34 StGB von 1975 – hier wird trotz obiger Regel davon ausgegangen, dass die besonderen Notstandsvorschriften des zeitlich früheren BGB nicht verdrängt werden.[902]

Um den Vorrang der schon vor Einführung des § 34 StGB bestehenden Spezialregelungen zu sichern, war teilweise eine ausdrückliche gesetzliche Klarstellung gefordert worden.[903] Aber auch ohne einen solchen Hinweis folgt der Vorrang zwingend daraus, dass es sich entweder um Spezifizierungen des in § 34 StGB geregelten allgemeinen Rechtsgedankens oder um Verdeutlichungen dieser Rechtfertigungsmöglichkeiten für einen bestimmten Sachbereich handelt.[904]

Das wird noch dadurch bestätigt, dass vor Inkrafttreten dieser Vorschrift schon der inhaltlich übereinstimmende, übergesetzliche rechtfertigende Notstand an-

---

897 Thiel, Konkurrenz von Rechtfertigungsgründen, S. 190

898 vgl. Lackner/Kühl, StGB, § 34 Rn. 14; Hellmann, Anwendbarkeit zivilrechtlicher Rechtfertigungsgründe, S. 114

899 Zippelius, Methodenlehre, S. 37

900 Zippelius, Methodenlehre, S. 37

901 Hassemer, FS für Maihofer, 1988, 183 (189)

902 LK-Hirsch, StGB, § 34 Rn. 82; Seelmann, Verhältnis des § 34 StGB, S. 51f.

903 vgl. § 15 II AE: Gallas, ZStW 80 (1968), 1 (27)

904 LK-Hirsch, § 34 Rn. 82; Jescheck/Weigend, StrafR AT, § 31 VI 2 Fn. 41; Warda, in: FS für Maurach, 143 (160 ff.)

erkannt war, ohne dass sich deshalb ein Anlass zur Verdrängung der vorhandenen speziellen Regelungen ergab.
Die Spezialität schließt allerdings nicht aus, dass die in § 34 StGB zum Ausdruck gelangten Grunderfordernisse bei der Auslegung der Spezialbestimmungen zu beachten sind.[905] Andererseits können die Spezialregelungen Anhaltspunkte für die nähere Auslegung des § 34 StGB bieten.
In den Gesetzesberatungen hieß es deshalb, die Spezialität schließe nicht aus, dass ein gewisses „Herüber und Hinüber" der Auslegungsgesichtspunkte stattfinde.
Entscheidend im Zusammenhang mit dem Thema der vorliegenden Arbeit ist das Verhältnis des Transplantationsgesetzes von 1997 zum rechtfertigenden Notstand von 1975. Kann aus diesem allgemeinen Grundsatz schon gefolgert werden, dass § 34 StGB von der aktuellen Sonderregelung verdrängt wird?
Die Verdrängung der älteren Bestimmung nach dem Satz „lex posterior derogat legi priori" setzt voraus, dass in dem aktuelleren Gesetz die Äußerung eines Änderungswillens erkennbar ist.[906] Dabei wird der Gesetzeswille bzw. Sinn und Zweck der neuen Regelung in den Vordergrund gestellt.[907]
§ 34 StGB hat sich im Gegensatz zum damaligen § 15 des Alternativentwurfes („Sonstige Vorschriften über rechtmäßige Notstandshandlungen bleiben unberührt.") nicht ausdrücklich dazu geäußert, ob die besonderen Notstandsregelungen fortgelten sollten. Es muss daher durch Auslegung ermittelt werden, ob etwa von einer stillschweigenden Verdrängung jener Regeln auszugehen ist. Im Zweifelsfall behält die ältere Bestimmung ihre Gültigkeit.[908]
Im Verhältnis des § 34 StGB zu den älteren zivilrechtlichen Notstandsvorschriften lässt sich der Entstehungsgeschichte entnehmen, dass § 34 StGB die §§ 228, 904 BGB nicht verdrängen, sondern vielmehr völlig unberührt lassen wollte.[909]
Die Vorschrift sollte lediglich den seit vielen Jahren existierenden übergesetzlichen Notstand und die damit verbundene rechtliche Situation gesetzlich festschreiben, so dass auch kein Änderungswille erkennbar war.[910]
Wenn man die soeben genannten Gesichtspunkte auf den hier interessierenden Konflikt zwischen Transplantationsgesetz und § 34 StGB überträgt, muss also gefragt werden, ob bei dem Transplantationsgesetzgeber ein Änderungswille zur vorherigen Situation erkennbar ist, ob es etwaige ausdrückliche Äußerungen zum Verhältnis zu § 34 StGB gibt und ob nicht im Rahmen des Transplantationsgesetzes auch eine seit langem existierende Praxis Gesetz werden sollte.

---

905 LK-Hirsch, § 34 Rn. 82
906 Seelmann, Verhältnis des § 34 StGB, S. 52
907 Zippelius, Methodenlehre, S. 37
908 Zippelius, Methodenlehre, S. 37
909 Begründung zu § 39 des Entwurfes von 1962
910 Sch/Sch/Lenckner, StGB, § 34 Rn. 2; Seelmann, Verhältnis des § 34 StGB, S. 51f.

Sinn und Zweck des Transplantationsgesetzes ist selbstverständlich, im Sinne der Rechtssicherheit klare Voraussetzungen zu formulieren, unter denen eine Organentnahme vom Verstorbenen oder vom Lebenden erlaubt sein soll. Allerdings fällt auf, dass der Bereich des § 34 StGB aus irgendeinem Grund offensichtlich ausgespart worden ist, denn der Entwurf von Bündnis 90/Die Grünen sah in seinem § 7 einen ausdrücklichen Notstandsausschluss vor.[911] Dem ist man allerdings ohne weitere Diskussionen oder Erklärungen nicht gefolgt. Das kann zumindest bedeuten, dass dieser Bereich mit Absicht offen gelassen wurde, um eben nicht jeglichen Rückgriff auf § 34 StGB auszuschließen. Im Zweifel behält die ältere Regelung ihre Gültigkeit!
Im Übrigen kann auch für das Transplantationsgesetz festgestellt werden, dass es in erster Linie die vorherige Rechtslage unter Rechtssicherheitsgesichtspunkten festschreiben und nicht unbedingt eine neuere Rechtslage etablieren wollte, denn Transplantationen fanden auch schon in den 20 bis 30 Jahren vor Entstehen des Transplantationsgesetzes statt.
Als Ergebnis kann an dieser Stelle zumindest festgehalten werden, dass der rechtfertigende Notstand nicht auf Grund des Grundsatzes „lex posterior derogat legi priori" durch die Vorschriften des Transplantationsgesetzes verdrängt wird, sondern dass mehr dafür spricht, ihn weiterhin anzuwenden, wenn die entsprechende Situation es gebietet und seine Voraussetzungen erfüllt sind.

3) Besondere Verfahrensregelungen

Der Rückgriff auf den allgemeinen Erlaubnissatz wird regelmäßig versperrt sein, wenn es zur Lösung des in Frage stehenden Konflikts *spezielle Verfahrensregelungen* gibt. Der allgemeine Rechtfertigungsgrund tritt infolge funktionaler Spezialität zurück, denn seine Anwendung würde eine Umgehung des in der spezielleren Rechtfertigungsnorm oder einem Komplex solcher Regeln[912] vorgeschriebenen Verfahrens bedeuten und mithin den Zweck vereiteln.
In vielen Fällen kommt dabei eine Verdrängung des weit gefassten § 34 StGB in Betracht, weil fundamentale Ordnungsprinzipien verletzt würden, wenn sich der Rechtsanwender durch die Annahme des rechtfertigenden Notstands über die normative Konfliktlösung hinwegsetzte.[913] Das rechtsstaatliche Gleichgewicht zwischen formellem und materiellem Recht würde erschüttert. Zwar wird § 34 StGB daher ganz überwiegend bereits tatbestandlich mangels wesentlichen

---

[911] vgl. Gesetzentwurf der Abgeordneten Monika Knoche, Gerald Häfner und der Fraktion BÜNDNIS 90/DIE GRÜNEN; Entwurf eines Gesetzes über die Spende, Entnahme und Übertragung von Organen (Transplantationsgesetz - TPG), BT-Drs. 13/2926
[912] BGHSt 34, 39 (51f.); Roxin, StrafR AT, § 16 Rn. 49
[913] Sch/Sch/Lenckner, StGB, § 34 Rn. 67; Jakobs, StrafR AT, 13/36;

Überwiegens des Erhaltungsinteresses[914] bzw. mangels Angemessenheit[915] abgelehnt, doch erscheint die Annahme von Spezialität im funktionalen Sinne sachgerechter. Denn sowohl die Interessenabwägung als auch die Angemessenheitsklausel würden überfrachtet, wollte man darin sämtliche Verfahrensregeln der Rechtsordnung integrieren.[916]
Das bewusst ausgestaltete Verfahren des § 218a Abs. 2, 3 StGB, mit dem den verfassungsrechtlichen Anforderungen in diesem sensiblen Bereich genügt werden soll, darf nicht ohne Not – d. h. solange das Verfahren praktisch durchgeführt werden kann – umgangen werden. Denn dahinter steht die normative Wertung, dass die Interessen der Schwangeren zumindest bei Einhaltung des vorgeschriebenen Verfahrens diejenigen des Kindes überwiegen.
Auch hier lässt sich die Parallele zum Transplantationsgesetz ziehen. Solange das dort vorgeschriebene Verfahren eingehalten werden kann – sprich eine eigene Erklärung des Verstorbenen vorliegt oder die Zustimmung der Angehörigen vor der Explantation eingeholt werden kann – darf nicht ohne Not davon abgewichen werden. Denn hinter dem Transplantationsgesetz steht die Wertung, dass die Interessen des überlebenden Organempfängers nur bei Einhaltung der §§ 3, 4 TPG die Interessen des verstorbenen Spenders überwiegen.
Problematisch sind die Fälle, in denen das Gesetz schweigt, obgleich eine spezifische Regelung, wie in den betroffenen Konfliktsituationen zu verfahren ist, durchaus möglich wäre.
Auf das Transplantationsgesetz bezogen bedeutet das zum Beispiel eine Regelung für den Fall, dass keine Angehörigen erreichbar sind, oder eine ausdrückliche Ausschlussklausel hinsichtlich des § 34 StGB, wie sie von Bündnis 90/Die Grünen vorgeschlagen worden war.
Das Schweigen des Transplantationsgesetzgebers kann unterschiedliche Gründe haben: entweder hat der Gesetzgeber den jeweiligen Konflikt nicht gesehen und es handelt sich um eine versehentliche Lücke oder – und davon ist hier auszugehen – er hat den potentiellen Konflikt gesehen und wollte sich vor einer Entscheidung drücken bzw. hielt sie nicht für notwendig.
Eine Rückgriffssperre ist nur dann anzunehmen, wenn die Auslegung ergibt, dass der betreffende Konflikt nicht normiert wurde, weil die diesbezüglichen Fälle endgültig rechtswidrig sein sollten.[917]

---

914 Meißner, Interessenabwägungsformel, S. 248ff.; Roxin, StrafR AT, § 16 Rn. 82; Bergmann, JuS 1989, 109 (111); Sch/Sch/Lenckner, StGB, § 34 Rn. 41
915 Jescheck/Weigend, StrafR AT, S. 364; Jakobs, StrafR AT, 13/36; NK-Neumann, StGB, § 34 Rn. 119; Renzikowski, Notstand, S. 253f.; Grebing, GA 1979, 81 (98, 101f.)
916 Thiel, Konkurrenz von Rechtfertigungsgründen, S. 213
917 vgl. Stratenwerth, StrafR AT, Rn. 450

4) Vergleichbarer Fall: Behördliche Genehmigung und rechtfertigender Notstand?

Interessant an dem Verhältnis zwischen behördlicher Genehmigung und rechtfertigendem Notstand ist die Nähe der Genehmigung zur Einwilligung[918] und damit zu den in Rede stehenden Transplantationsfällen.
Teilweise wird die behördliche Genehmigung dem Prinzip des mangelnden Interesses zugeordnet, da die Behörde über die ihr zugewiesenen Rechtsgüter disponieren kann.[919] Allerdings kann der Rechtsgutsinhaber bei der Einwilligung völlig frei – auch unvernünftig – über sein Gut entscheiden, während die Behörde nur auf Grund und im Rahmen ihrer Kompetenzen über die Inanspruchnahme des Gutes entscheiden darf.[920] Dabei muss die Behörde alle beteiligten Interessen sorgsam abwägen und die Folgen der Entscheidung für ihr weiteres Genehmigungsverhalten beachten. Damit fällt die behördliche Genehmigung eher unter das Prinzip des überwiegenden Interesses.[921]
Die Erteilung der Genehmigung ist also Resultat einer umfassenden Interessenabwägung und damit einer Ansicht zufolge ein Unterfall des rechtfertigenden Notstands.[922] Allerdings setzt die behördliche Genehmigung eben gerade nicht das Vorliegen einer gegenwärtigen Gefahr voraus, sondern geht vielmehr davon aus, dass sie rechtzeitig – ohne Not – beantragt wird. Die Behörde entscheidet vorher, der Strafrichter kann nur nachträglich die Rechtswidrigkeit ausschließen.[923] Außerdem kann auf Grund einer solchen Genehmigung im Zweifel ein neuer Sachwert geschaffen werden, während § 34 StGB immer nur der Erhaltung eines bedrohten, bereits existierenden Rechtsguts dient.
Deshalb ist die behördliche Genehmigung kein Unterfall des § 34 StGB sondern ein völlig selbstständiger Rechtfertigungsgrund.
Kollisionen gibt es insbesondere im Umweltstrafrecht, wenn es z. B. zu nicht genehmigten bzw. über die Bewilligung hinausgehenden Gewässerverunreinigungen kommt, die nur geringen Schaden anrichten. Der ohne Genehmigung handelnde Täter soll sich nur ausnahmsweise in unvorhersehbaren Notsituationen auf § 34 StGB berufen dürfen.[924]

---

918 Jakobs, StrafR AT, 16/28; Tröndle/Fischer, StGB, vor § 32 Rn. 5

919 Haft, StrafR AT, S. 80; Sch/Sch/Lenckner, StGB, vor § 32 Rn. 28; Jakobs, StrafR AT, 16/28; Tröndle/Fischer, StGB, vor § 32 Rn. 5

920 LK-Hirsch, StGB, vor § 32 Rn. 160; Jescheck/Weigend, StrafR AT, S. 355 Fn. 15

921 LK-Steindorf, § 324 Rn. 100; Rudolphi, NStZ 1984, 193 (196)

922 Lackner/Kühl, StGB, § 324 Rn. 14; Jescheck/Weigend, StrafR AT, S. 369; Roxin, StrafR AT, § 17 Rn. 50

923 Rudolphi, NStZ 1984, 193 (196)

924 Sch/Sch/Cramer, StGB, § 324 Rn. 13; SK-Horn, StGB, § 324 Rn. 9; Lackner/Kühl, StGB, § 324 Rn. 14

Die Begründungen für die grundsätzliche Ablehnung des § 34 StGB ähneln den bereits ausführlich dargestellten Meinungen zur Organtransplantation: teilweise wird auf die anderweitige Abwendbarkeit abgestellt, teilweise wird ein überwiegendes Interesse abgelehnt[925] oder das Handeln ohne Genehmigung als unangemessen im Sinne des § 34 Satz 2 StGB eingestuft.[926] Nach einer verbreiteten Ansicht sollen jedoch die der behördlichen Genehmigung zu Grunde liegenden gesetzlichen Vorgaben abschließende Sonderregelungen gegenüber dem rechtfertigenden Notstand darstellen.[927]

Über die Bestimmung des Regelungsbereichs der Vorschriften kommt man an dieser Stelle weiter. Wann immer eine Genehmigung eingeholt werden kann, muss dies auch geschehen. Selbst wenn die Behörde langsam arbeitet oder komplett untätig ist, wird der Bürger nicht auf sein Selbsthilferecht sondern auf den Verwaltungsrechtsweg zu verweisen sein, will man nicht Sinn und Zweck des Genehmigungsverfahrens unterlaufen.[928]

Nicht in den Regelungsbereich fallen unvorhersehbare Katastrophenfälle, weil diese per se nicht durch behördliche Genehmigungen regelbar sind.[929] Deshalb findet § 34 StGB dann Anwendung, wenn z. B. auslaufendes Öl mit Chemikalien gebunden werden muss. Die Gefahr für Menschenleben wird mit den Umweltschäden im Rahmen des § 34 StGB abgewogen. Solche Unfälle können aber nie in den Regelungsbereich behördlicher Genehmigungen fallen.

Alles was vorhersehbar ist, muss auch genehmigt werden. § 34 StGB darf hier nicht zu einer Erweiterung der Rechtfertigungsmöglichkeiten führen, weil die Rechtsordnung spezifische Verfahren bereitstellt, mit deren Hilfe der Bürger eine Ausnahmebewilligung für sein tatbestandsmäßiges Verhalten einholen kann und soll.[930]

5) Rückgriff infolge von Vergröberungen?

Trotzdem wird immer wieder versucht, den Rückgriff auf den allgemeineren erfüllten Rechtfertigungsgrund doch noch zu gestatten, selbst wenn es sich bei dem spezielleren Erlaubnissatz um eine abschließende Sonderregelung handelt, nämlich dann, wenn sich der spezielle Rechtfertigungsgrund als „zu grobes Ras-

---

925 Roxin, StrafR AT I, § 17 Rn. 50; Sch/Sch/Lenckner, StGB, § 34 Rn. 35, 41

926 Jakobs, StrafR AT, 13/42; SK-Samson, StGB, § 34 Rn. 5, 52

927 Lackner/Kühl, StGB, § 324 Rn. 14; Jescheck/Weigend, StrafR AT, S. 369; Rudolphi, NStZ 1984, 193 (196)

928 vgl. LK-Hirsch, StGB, vor § 32 Rn. 169; Roxin, StrafR AT, § 17 Rn. 49; SK-Horn, StGB, § 324 Rn. 7

929 Rudolphi, NStZ 1984, 193 (196)

930 Sch/Sch/Lenckner, StGB, § 34 Rn. 41; SK-Horn, StGB, § 324 Rn. 9

ter“ erweist und „der Situation nicht mehr gerecht wird“.[931] Dies kann aber nur bei ganz atypischen Sachverhalten der Fall sein.
Die Frage dürfte sich eigentlich gar nicht erst stellen, denn die wirklich atypischen Fälle fallen gar nicht in den jeweiligen Regelungsbereich der speziellen Norm, so dass es eines Rückgriffs auf den Begriff der Vergröberung gar nicht bedarf, denn § 34 StGB bleibt für diese Fälle anwendbar. Nur darf es nicht im Belieben des einzelnen Rechtsanwenders stehen, wann ein solch außergewöhnlicher Fall vorliegt; vielmehr gilt es, den „Normalfalltypus“ des betreffenden Rechtfertigungsgrundes mit dem Problemfall zu vergleichen.[932]
Das *Hinzutreten besonderer Umstände* begründet die Atypizität eines Sachverhalts. Die Methodenlehre geht ähnlich vor, wenn sie eine konkretisierende Vorschrift in Ausnahmefällen, in denen gleichgewichtig erscheinende besondere Umstände ihr fehlendes Tatbestandsmerkmal ersetzen, die Anwendbarkeit von Generalklauseln nicht ausschließen lässt.[933]
Oft verändert das Hinzutreten etwa einer konkreten Lebensgefahr die geregelte Interessenlage. Dies ist allerdings gerade im Fall der Organtransplantation schwer vorstellbar, da immer eine Lebensrettung an der Interessenabwägung beteiligt ist. Die Interessen des Organempfängers an der Erhaltung seines Lebens oder seiner Gesundheit sind aber schon in die Wertung des Transplantationsgesetzes mit eingeflossen. Auch die Beschränkungen der Lebendspende auf Verwandte oder andere nahestehende Menschen sind bewusst geschehen und lassen nur wenig Raum für atypische Situationen.
Jeder Transplantationsmediziner an einem großen Transplantationszentrum wird aktuell mehrere seiner Patienten als sog. high-urgency-Fälle einstufen, d. h. immer einen akuten Notfall zumindest im Bereich der Herz- und Lebertransplantation persönlich kennen. Dies kann aber nicht dazu führen, dass der Rückgriff auf den Notstand erlaubt wird und dadurch jegliche gesetzliche Verfahrensvorgabe umgangen wird.

6) Vorgaben des Verfassungsrechts

Wenig Beachtung gefunden hat bisher der Einfluss verfassungsrechtlicher Grundsätze auf die Beurteilung von Kollisionen von Rechtfertigungsgründen. Während die eine Seite den Artikeln 20 Abs. 3, 103 Abs. 2 GG im Hinblick auf § 34 StGB einen Vorrang der spezialgesetzlich konkretisierten gegenüber den

---

931 Roxin, StrafR AT, § 14 Rn. 49
932 vgl. Haft, StrafR AT, S. 92
933 Bydlinski, Methodenlehre, S. 447; Schmalz, Methodenlehre, Rn. 80

richterlichen Wertungen entnehmen will,[934] gelangt die andere Seite zu dem Resultat, dass sich ein Vorrang der besonderen Rechtfertigungsgründe, die vom Wortlaut her nicht erfüllt sind, verfassungsrechtlich nicht begründen lasse.[935] Daran schließt sich die weitergehende Frage an, inwieweit es verfassungsrechtlich zulässig sein kann, einen seinen Voraussetzungen nach vorliegenden Rechtfertigungsgrund hinter einer nicht erfüllten Sonderregelung zurücktreten zu lassen.[936]

Die Notstandstransplantation entgegen den Bestimmungen des Transplantationsgesetzes, also ohne eine ausdrückliche Zustimmung vom Spender selbst oder seinen Angehörigen, muss nach allgemeinem Rechtsempfinden strafbar sein, um die Umgehung genau dieser Vorschriften zu verhindern. Andererseits hat der Rechtsstaat § 34 StGB als Unrecht ausschließenden Erlaubnissatz zu Gunsten des potentiellen Täters gem. Art. 103 Abs. 2 GG zu berücksichtigen.

a) Art. 20 Abs. 3, Art. 103 Abs. 2 Grundgesetz

Die Verfassung statuiert den Grundsatz der Gesetzlichkeit. Exekutive und Judikative sind „an Recht und Gesetz gebunden" (Art. 20 Abs. 3 GG). Das bedeutet, dass Gesetze im Rechtsstaat Vorrang vor allen anderen staatlichen Willensäußerungen haben.[937] Der Gesetzlichkeitsgrundsatz enthält unmittelbar die Gebundenheit der Personen und rechtsanwendenden Staatsfunktionen an das Gesetz, soweit es bestimmte Rechtsverhältnisse regelt (sog. Gesetzesvorrang).[938]

Besonders geregelt ist der Gesetzesvorbehalt für das Strafrecht in Art. 103 Abs. 2 GG (gleichlautend § 1 StGB): Kein Verbrechen, keine Strafe ohne Gesetz (nullum crimen, nulla poena sine lege). Er gilt sowohl als objektivrechtliches Prinzip als auch als subjektiv grundrechtliche Gewährleistung, die der einzelne im Wege der Verfassungsbeschwerde gem. Art. 93 Abs. 1 Nr. 4a GG durchsetzen kann.[939]

---

934 Vgl. Seelmann, Das Verhältnis von § 34 StGB zu den anderen Rechtfertigungsgründen, 1978, S. 46f. (75)

935 Peters, GA 1981, 445 (463f.)

936 Peters, GA 1981, 445 (449, 463f.)

937 BVerfGE 8, 155 (169)

938 Köhler, StrafR, S. 74

939 Köhler, StrafR, S. 79

aa) Vorgaben des Art. 20 Abs. 3 GG

Der Grundsatz des Gesetzesvorrangs gilt auch für die Deliktsstufe der Rechtswidrigkeit,[940] umfasst also den ganzen Strafrechtssatz in allen Strafbarkeitsvoraussetzungen und Strafrechtsfolgen.[941]
Fraglich ist, ob dem Art. 20 Abs. 3 GG ein Gebot oder Verbot zu entnehmen ist, den erfüllten oder auch den nicht erfüllten Rechtfertigungsgrund zurücktreten zu lassen.
Natürlich resultiert aus dem Prinzip des Gesetzesvorrangs ein Verbot der Rechtsfindung contra legem in dem Sinne, dass Urteile keinen Bestand haben können, die sich nicht auf irgendeine Art und Weise aus dem gesamten verfassungsmäßigen Gesetzesrecht herleiten lassen.[942] Daraus lässt sich aber kein Verbot lesen, anerkannte Konkurrenzregeln wie etwa die Spezialität oder die Subsidiarität methodisch richtig auf bestimmte Sachverhalte anzuwenden. Auch der Vorwurf, die Regelungsbereiche der speziellen Rechtfertigungsgründe ließen sich nur durch richterliche Rechtsfortbildung gewinnen[943], geht insoweit ins Leere; denn die richterliche Rechtsfortbildung wird allgemein für verfassungsrechtlich zulässig erachtet.[944]
Fraglich ist allerdings, ob die richterliche Wertung im Rahmen des § 34 StGB die aus dem besonderen Erlaubnissatz hervorgehende Interessenabwägung ersetzen darf oder ob das Prinzip vom Vorrang des Gesetzes dies verbietet.[945] Es kann aus dem Art. 20 Abs. 3 GG sicherlich ein Vorrang der gesetzlichen vor richterlichen Wertungen auch im Bereich der Rechtfertigungsgründe abgeleitet werden. Stützt der Richter aber die Ablehnung einer Sperrwirkung der besonderen Notstandsvorschrift auf eine vertretbare Gesetzesinterpretation, so bleibt der Unrechtsausschluss gem. § 34 StGB in den fraglichen Fällen Gesetzesanwendung.[946] Eine gegen Art. 20 Abs. 3 GG verstoßende richterliche Entscheidung contra legem läge erst dann vor, wenn der abschließende Charakter des Unrechtsauschließungsgrundes aus Wortlaut und –sinn unmissverständlich hervorginge.[947]
Wenn nun der seinen Voraussetzungen nach vorliegende § 34 StGB im Wege der Rechtsfindung von den spezielleren Regelungen des Transplantationsgeset-

---

940 Seelmann, Verhältnis des § 34 StGB, S. 46f.
941 Köhler, StrafR, S. 79
942 vgl. Krey, JZ 1978, 465ff.; Peters, GA 1981, 445 (464)
943 Peters, GA 1981, 445 (467)
944 Krey, JZ 1978, 361 (362); Zippelius, Methodenlehre, S. 61, 77f.; vgl. auch: BVerfGE 34, 269 (287); 49, 304 (318)
945 für ein solches Verbot: Seelmann, Verhältnis des § 34 StGB, S. 47
946 vgl. Peters, GA 1981, 445 (463f.)
947 vgl. Peters, GA 1981, 445 (463f.); Krey, JZ 1978, 361 (366f.)

zes gesperrt würde, dann kann das nur in einer über den Wortlaut des Transplantationsgesetzes hinausgehenden Interpretation geschehen. Lediglich der nun schon mehrfach zitierte Gesetzentwurf von Bündnis 90/Die Grünen sah eine ausdrückliche Ausschlussregelung des § 34 StGB in § 7 des Entwurfes vor, die ein solches Vorgehen zur Verpflichtung gemacht hätte.
Es bleibt zunächst festzuhalten, dass dem Art. 20 Abs. 3 GG kein Hinweis für oder gegen eine Verdrängung des § 34 StGB zu entnehmen ist, was zunächst einmal bedeutet, dass er weiterhin angewendet wird, solange seine Voraussetzungen vorliegen.

bb) Vorgaben des Art. 103 Abs. 2 GG

Aus dem Vorbehalt des förmlichen Strafgesetzes resultieren das Erfordernis seiner Bestimmtheit, der Ausschluss nicht-gesetzlicher Strafrechtsanwendung (Verbot des Gewohnheitsrechts und Analogieverbot) sowie das Rückwirkungsverbot.[948] Art. 103 Abs. 2 GG wird als spezielle Ausgestaltung des Willkürverbotes für den Strafrichter verstanden.[949]
Als Maßstab für die Kollision von Rechtfertigungsgründen kommen das Bestimmtheitsgebot und das Analogieverbot in Betracht.

(1) Bestimmtheitsgrundsatz

Der Gesetzesvorbehalt fordert die hinreichend bestimmte Auseinandersetzung der Strafbarkeitsvoraussetzungen und der Strafrechtsfolgen - mithin des ganzen Strafrechtssatzes. Das Erfordernis hinreichender Gesetzesbestimmtheit erstreckt sich auf alle Straftatvoraussetzungen, also die allgemeinen und besonderen Merkmale des Unrechtstatbestandes, der Rechtfertigungsgründe, der Schuld sowie auf die besonderen und allgemeinen Bestimmungen des Maßes (Qualität und Quantität) der Strafe.[950] Der Bürger muss vorhersehen können, ob sein Verhalten mit Strafe bedroht ist oder nicht.[951]
Die möglicherweise zu ziehenden Schlussfolgerungen aus dem Bestimmtheitsgebot können in zwei verschiedene Richtungen gehen. Entweder verbietet sich die Anwendung des erfüllten, aber unbestimmteren Erlaubnissatzes oder es

[948] BVerfGE 26, 41 (42); Roxin, StrafR AT I, § 5 Rn. 7ff.; Köhler, StrafR, S. 75
[949] BVerfGE 64, 389 (394); Rüping, Bonner Kommentar, Art. 103 Abs. 2 Rn. 88
[950] Schmidt-Aßmann, in: Maunz/Dürig/Herzog, Art. 103 Abs. 2 GG, Rn. 197; Köhler, StrafR, S. 87
[951] BVerfGE 25, 269 (285); BGHSt 23, 167 (171); Rüping, Bonner Kommentar, Art. 103 Rn. 23ff.

könnte ein Verstoß darin liegen, dass dem nicht erfüllten, wenngleich abschließend interpretierbaren Rechtfertigungsgrund eine Derogationswirkung beigelegt wird.[952] Nur für den letzteren Fall käme dann noch eine Verletzung des Analogieverbotes in Betracht, denn diejenige Vorschrift, nach der das strafbare Unrecht ausgeschlossen ist, liegt dem Wortlaut nach vor.
In neuerer Zeit verstärkt sich eine Tendenz zur unbestimmten „Flexibilität" von Strafrechtsnormen. Die Rechtsprechung, die an sich unbestimmte „Strafgesetze" nicht anwenden dürfte, tut dies weiterhin gleichwohl. Das Bundesverfassungsgericht hält an sich unbestimmte Strafgesetze für hinreichend bestimmt, wenn die Rechtsprechung eine Kasuistik entwickelt hat.[953] Damit stellt es die Rechtsanwendung auf dieselbe Stufe wie das Gesetz. Aber dies ist ebenso unhaltbar wie eine Differenzierung der Bestimmtheitsanforderungen nach der Schwere der Strafrechtsfolge[954]; denn der Bestimmtheitsgrundsatz gilt in Anbetracht der besonderen Freiheitsrelevanz strafrechtlicher Normen uneingeschränkt nach der Natur des Gegenstandes.[955]

(a) Anwendbarkeit des Bestimmtheitsgebots auf Rechtfertigungsgründe

Es besteht keine Einigkeit über die Frage, ob das Bestimmtheitsgebot auch im Bereich des Unrechtsausschlusses gilt.[956] Hier soll davon ausgegangen werden, dass Rechtfertigungsgründe nicht generell von dem Schutzbereich des Art. 103 Abs. 2 GG ausgeschlossen sind.[957] Vielmehr umfasst Art. 103 Abs. 2 GG das Ob und Wie der Bestrafung und garantiert damit auch die Rechtfertigungsgründe.[958] Diese dürfen nicht unbestimmt zu Lasten des Täters eingeschränkt werden.[959]

---

952 vgl. Thiel, Konkurrenz von Rechtfertigungsgründen, S. 171
953 BVerfGE 45, 363 ff.; 87, 209ff. (223)
954 BVerfGE 14, 245 ff. (251)
955 Köhler, StrafR, S. 89
956 **für eine Geltung**: Köhler, StrafR, S. 90; LK-Hirsch, StGB, vor § 32 Rn. 40; Rüping, Bonner Kommentar, Art. 103 Rn. 67f.; Schmidt-Aßmann, in: Maunz/Dürig, Art. 103 Rn. 197; Meißner, Die Interessenabwägungsformel, S. 59; Kratzsch, GA 1971, 65 (72)
gegen eine Geltung: Tröndle/Fischer, StGB, § 228 (§ 226a a.F.) Rn. 1a: „Unterlägen auch Rechtfertigungsgründe dem Bestimmtheitsgebot des Art. 103 Abs. 2 GG, wären alle gewohnheitsrechtlichen Rechtfertigungsgründe grundgesetzwidrig."
957 BGHSt 39, 1 (27); Rüping, Bonner Kommentar, Art. 103 Rn. 67f.; Kratzsch GA 1971, 65 (72)
958 Rosenau, Tödliche Schüsse, S. 197 Fn. 1064
959 Köhler, StrafR, S. 90; Sch/Sch/Eser, § 1 Rn. 14, 15
Die die rechtfertigende Einwilligung zu Lasten des Täters einschränkende Generalklausel in § 228 StGB („gegen die guten Sitten") verstößt deshalb nach einer Ansicht gegen den Be-

Das Fehlen eines Rechtfertigungsgrundes ist ebenso notwendige Bedingung der Strafbarkeit wie die Tatbestandsmäßigkeit des Verhaltens eines Täters, wobei allerdings die Erfüllung des Tatbestandes die Regel, die Erfüllung eines Rechtfertigungsgrundes eher die Ausnahme darstellt.[960]

Die Merkmale eines Rechtfertigungsgrundes umschreiben das nicht generell erlaubte Verhalten, seine soziale Auffälligkeit, während sie keinesfalls allgemeine Straffreistellungen darstellen, sondern auf einer im Einzelfall vorzunehmenden Wertabwägung beruhen.[961] Zwar liegt im Ergebnis weder beim tatbestandslosen noch beim gerechtfertigten Verhalten vorwerfbares Unrecht vor. Der tatbestandsmäßigen, aber gerechtfertigten Handlung fehlt die Strafwürdigkeit aber nur deswegen, weil die Beeinträchtigung des geschützten Rechtsgutes *ausnahmsweise* kein Unrecht darstellt.[962]

Genau an dieser Stelle liegt die Angst vor der Zulassung einer Notstandsrechtfertigung der Organentnahme gem. § 34 StGB. Die Befürchtung geht dahin, dass bei einer Anerkennung dieser Möglichkeit im Einzelfall daraus eine allgemeine Straffreistellung des handelnden Arztes wird, der dann wiederum nicht mehr die Voraussetzungen des Transplantationsgesetzes einhalten würde, da er ja auf anderem Wege gerechtfertigt wäre. Den Weg über eine möglicherweise umständlich einzuholende Zustimmung der Angehörigen bzw. das dazugehörige Gespräch könnte sich der Arzt sparen, wenn denn jede Organentnahme die Voraussetzungen des § 34 StGB erfüllen würde. Dies ist jedoch nicht der Fall. Wenn Angehörige vorhanden und erreichbar sind, muss mit Ihnen gesprochen, muss von ihnen eine Einwilligung eingeholt werden; anderenfalls kommt eine Rechtfertigung unter Notstandsgesichtspunkten nicht in Betracht. Anders sieht es im oben ausführlich geschilderten Fall der Lebendspende unter Verstoß gegen § 8 TPG aus. Würde es bei einer durchgeführten Überkreuz-Spende zu einer Rechtfertigung des transplantierenden Arztes nach § 34 StGB kommen, würden sicherlich einige ähnliche Fälle folgen.

Zu bedenken ist, dass normative und allgemeine Begriffe gerade bei der Normierung von Rechtfertigungsgründen vielfach Verwendung finden.[963] Diese Vielzahl unbestimmter Rechtsbegriffe liegt in der Natur der Rechtfertigungsgründe begründet, denn sie beschreiben atypische Ausnahmesituationen, die in

---

stimmtheitsgrundsatz (vgl. Köhler, StrafR, S. 90; zum Streitstand: Sch/Sch/Stree, StGB, § 226a a.F. Rn. 6).

960 Rosenau, Tödliche Schüsse, S. 197, 198

961 Rosenau, Tödliche Schüsse, S. 198

962 Rosenau, Tödliche Schüsse, S. 198

963 etwa: „geboten“ (§ 32 Abs. 1 StGB), „wesentlich überwiegt“ (§ 34 Satz 1 StGB), „angemessenes Mittel“ (§ 34 Satz 2 StGB), „Wahrnehmung berechtigter Interessen“ (§ 193 StGB), „zumutbare Weise“ (§ 218a Abs. 2 StGB)

unvorhersehbarer Vielgestaltigkeit vorkommen können.[964] Daher werden nicht allzu hohe Anforderungen an die Bestimmtheit gestellt,[965] da wertausfüllungsbedürftige Begriffe und generalklauselartige Formulierungen oftmals unumgänglich sind, um die Wertübergänge im wichtigen Grenzbereich von Recht und Unrecht zu erfassen – die Vorhersehbarkeit der Strafe muss allerdings bei Anwendung der normalen Auslegungsmethoden gesichert sein.[966]

(b) Vorrang des erfüllten § 34 StGB?

Der verfassungsrechtliche Vorrang des seinem Wortlaut nach erfüllten § 34 StGB wäre begründet, wenn die Annahme der Sperrwirkung des besonderen Rechtfertigungsgrundes hinsichtlich des betreffenden Sachverhalts in jedem Fall gegen das Bestimmtheitsgebot verstieße. Ein solcher Verstoß läge dann vor, wenn der nicht erfüllte Erlaubnissatz gerade, was seinen abschließenden Charakter angeht, zu ungenau wäre.[967]

Aus dem Wortlaut des Transplantationsgesetzes lässt sich zunächst einmal keine abschließende Regelung gegenüber § 34 StGB entnehmen. Deutlicher wäre in dieser Hinsicht der Vorschlag im Entwurf von Bündnis 90/Die Grünen gewesen, den § 34 StGB ausdrücklich in einem eigenen § 7 auszuschließen. Des Weiteren trifft das Transplantationsgesetz keine ausdrückliche Aussage für den Fall, dass der Arzt zum Beispiel keinen Angehörigen erreichen kann. Ausdrücklich unzulässig ist eine Organentnahme gem. § 3 Abs. 2 TPG, wenn der Verstorbene selbst einen Widerspruch formuliert hatte. Andere Fälle sind nicht genannt.

An der unmittelbaren Anwendbarkeit der Normen des Transplantationsgesetzes fehlt es aber nur dann, wenn sie so ungenau sind, dass sich eine Entscheidung des in Rede stehenden Sachverhaltes nicht – gegebenenfalls unter Zuhilfenahme von Normzweck und Normzusammenhang[968] - aus ihnen selbst herleiten ließe. Bei der Feststellung einer etwaigen funktionalen Spezialität werden der von der

---

964 Erb, ZStW 108 (1996), 266 (287f.); Lenckner, JuS 1968, 304 (305); LK-Hirsch, StGB, vor § 32 Rn. 40

965 Roxin, Kriminalpolitik, S. 30, 31; Lenckner, JuS 1968, 304 (308f.); Erb, ZStW 108 (1996), 266 (290); LK-Hirsch, StGB, vor § 32 Rn. 40; Sch/Sch/Lenckner, StGB, vor § 32 Rn. 25

966 BVerfGE 45, 363 (371); BGHSt 18, 359 (362); Lenckner, JuS 1968, 249 (253); Rüping, Bonner Kommentar, Art. 103 Rn. 26; Sch/Sch/Eser, StGB, § 1 Rn. 19f.; Wessels/Beulke, StrafR AT, Rn. 47
Der Gesetzgeber ist aber gehalten, so genaue Begriffe wie möglich zu wählen (Jakobs, StrafR AT, 4/25; Sch/Sch/Eser, StGB, § 1 Rn. 20).

967 vgl. Thiel, Konkurrenz von Rechtfertigungsgründen, S. 173

968 BVerfGE 45, 363 (372); BGHSt 28, 312 (313); Sch/Sch/Eser, StGB, § 1 Rn. 21

besonderen Vorschrift geregelte Bereich und die darauf bezogene Ausschlusswirkung aber auf Grund einer teleologisch-systematischen Auslegung gefunden. Gelingt dies in dem Sinne, dass die besondere Vorschrift als abschließende Sonderegelung eingeordnet werden kann, liegt kein Verstoß gegen das Bestimmtheitsgebot vor.[969]

Selbst wenn also der Wortlaut des Transplantationsgesetzes nicht unbedingt Aufschluss darüber gibt, wie dessen Verhältnis zum rechtfertigenden Notstand aussehen soll, kann man eventuell aber aus dem Sinn und Zweck des Gesetzes und seinen einzelnen Voraussetzungen für eine Organentnahme entnehmen, dass *nur* unter den dort aufgeführten Bedingungen eine Transplantation vorgenommen werden darf und in allen anderen Fällen eben keine Rechtfertigung möglich sein soll. So findet sich in § 3 Abs. 1 TPG die Formulierung „Die Entnahme von Organen ist, soweit in § 4 nichts Abweichendes bestimmt ist, *nur* zulässig, wenn...“, was auf eine gewisse abschließende Regelung hinweist. Aus dem lange dauernden Gesetzgebungsverfahren und den oben ausführlich geschilderten Diskussionen um diesen hochsensiblen Bereich kann man sicherlich folgern, dass diese nun gefundene Lösung nicht durch die Anwendung des § 34 StGB umgangen werden soll. Es bleibt aber die Frage, ob man dies dann nicht besser ausdrücklich so formuliert hätte. Es soll zunächst noch offen bleiben, ob sich das Transplantationsgesetz mit der nötigen Sicherheit als abschließende Sonderregelung qualifizieren lässt.

(c) Vorrang der nicht erfüllten Regelungen des Transplantationsgesetzes?

Es bleibt zu prüfen, ob das Bestimmtheitsgebot vielleicht sogar gebietet, nur die Vorschriften des Transplantationsgesetzes und nicht den § 34 StGB anzuwenden.

Teilweise wird ein Verstoß gegen das Bestimmtheitsgebot schon dann angenommen, wenn der Richter seine eigene Wertung im Rahmen des § 34 StGB an die Stelle der gesetzlich von einem besonderen Rechtfertigungsgrund vorgegebenen Interessenabwägung setzt.[970] Dies kann aber nicht richtig sein, da § 34 StGB eigene Voraussetzungen enthält und nicht lediglich auf die Notwendigkeit einer Interessenabwägung hinweist, die ohnehin bei jedem Rechtfertigungsgrund in irgendeiner Form vorgenommen werden muss. Soweit also der Richter die Tatbestandsmerkmale des § 34 StGB sachgerecht geprüft und dabei ein von der besonderen Notstandsregelung abweichendes Ergebnis erzielt hat, kann von einer objektiv unhaltbaren Auslegung keine Rede sein; es sei denn, sie erreicht

[969] vgl. Thiel, Konkurrenz von Rechtfertigungsgründen, S. 173
[970] Seelmann, Verhältnis des § 34 StGB, S. 47, 75

die Grenze der Willkür.[971] Ein verfassungsrechtlicher Vorrang des nicht erfüllten, aber abschließend interpretierbaren Rechtfertigungsgrundes gegenüber dem seinen Voraussetzungen nach vorliegenden Erlaubnissatz ist dem Bestimmtheitsgebot folglich auch nicht zu entnehmen.

(2) Analogieverbot

Der Vorbehalt des begründet ausgelegten Gesetzes schließt für die Strafbegründung, also zum Nachteil des Täters, jede andere Rechtsquelle aus - also Gewohnheitsrecht, Richterrecht, Gesetzes- oder Rechtsanalogie.[972] Nach allgemeinen methodischen Prinzipien ausnahmsweise erlaubt ist die Analogie freilich zu Gunsten des Täters; hier muss aber die Gesetzesgebundenheit respektiert werden.[973]

In Rechtsprechung und Literatur wird die in Art. 103 Abs. 2 GG speziell gezogene Kompetenzgrenze üblicherweise mit den Begriffen der Auslegung und der Analogie bezeichnet: Art. 103 Abs. 2 GG schließt jede Rechtsanwendung praeter legem aus, d. h. jede über den Inhalt einer gesetzlichen Sanktionsnorm hinausgehende Rechtsfindung.[974] Er verbietet jede Strafbegründung oder Strafverschärfung im Wege der Analogie.[975]

Erlaubnissätze sind in dieser Hinsicht ambivalent, denn für den Täter wirkt sich ihre analoge Anwendung, da sie zu seinen Gunsten den Ausschluss der Rechtswidrigkeit erweitert, strafbarkeitseinschränkend aus, für das Opfer dagegen verschärfend, da ihm weitergehende Duldungspflichten auferlegt werden.[976] Dennoch herrscht insoweit Einigkeit, als dass Analogien zu Gunsten des Täters zulässig sind, insbesondere weil ansonsten sämtliche ungeschriebenen Unrechtsausschließungsgründe nicht anerkannt werden könnten.[977]

Uneinigkeit herrscht allerdings darüber, ob die teleologische Reduktion eines Erlaubnissatzes, die dessen Tatbestand über den Wortlaut hinaus einengt, dem Art. 103 Abs. 2 GG zuwiderläuft. Entscheidend für die in Rede stehenden Fälle ist dieser Streit deshalb, weil die Interpretation des Transplantationsgesetzes als abschließende Sonderregelung gegenüber dem § 34 StGB zugleich eine über

---

971 Seelmann, Verhältnis des § 34 StGB, S. 48; Lenckner, JuS 1968, 304 (310)

972 Köhler, StrafR, S. 94

973 Köhler, StrafR, S. 94

974 Roxin, StrafR AT I, § 5 Rn. 28; Peters, GA 1981, 445 (464)

975 Schmidt-Aßmann, in: Maunz/Dürig/Herzog, Art. 103 Abs. 2 GG, Rn. 226; Stratenwerth, S. 487; Jescheck/Weigend, S. 134-136

976 Lenckner, JuS 1968, 304 (310); Seelmann, Verhältnis des § 34 StGB, S. 48

977 LK-Hirsch, StGB, vor § 32 Rn. 36; Baumann/Weber/Mitsch, StrafR AT, § 16 Rn. 47; Sch/Sch/Eser, StGB, § 1 Rn. 14

den Wortlaut hinausgehende Rechtsfindung bedeuten würde. Dass beispielsweise keine Einwilligung der Angehörigen vorliegt oder die Lebendspende von einem fremden (nicht nahestehenden) Menschen erfolgt ist, bedeutet zunächst einmal nur, dass nach den Vorschriften des Transplantationsgesetzes eine strafbare, nicht gerechtfertigte Tat vorliegt, die aber gleichwohl noch wegen eines überwiegenden Lebensinteresses im Rahmen des § 34 StGB gerechtfertigt sein könnte. Um das Zurücktreten des rechtfertigenden Notstands zu begründen, werden bei der Spezialität im funktionalen Sinne die besonderen Vorschriften des Transplantationsgesetzes erweiternd ausgelegt, indem z. B. ihr Regelungsbereich auf vom Wortlaut nicht erfasste Fallgruppen erstreckt und zugleich ihre Ausschlusswirkung festgestellt wird. Dadurch wird der seinen Voraussetzungen nach vorliegende § 34 StGB – zumindest im Ergebnis – teleologisch reduziert.

Nach einer Ansicht berührt die bloße Unterschreitung des Wortsinns eines Rechtfertigungsgrundes das Analogieverbot nicht.[978] Zu demselben Ergebnis kommen erst recht diejenigen, die das Analogieverbot im gesamten Allgemeinen Teil des Strafrechts für unanwendbar halten.[979]

Danach würde die Annahme einer Sperrwirkung des Transplantationsgesetzes nicht gegen das Analogieverbot verstoßen. Art. 20 Abs. 3 GG genügt nach dieser Ansicht zur Grenzziehung bei der Rechtsfindung.

Nach gegenteiliger Auffassung nimmt der Richter, der einen strafgesetzlich festgelegten Rechtfertigungsgrund entgegen dem Wortlaut einschränkt oder ihm einen über den Wortlaut hinausgehenden einschränkenden Sinn gibt, zu Lasten des Täters eine unstatthafte Korrektur im Sinne einer Strafausweitung vor und verstößt gegen das Analogieverbot.[980] Teilweise wird allerdings eine Beschränkung auf strafgesetzlich normierte Rechtfertigungsgründe vorgenommen.[981]

Danach würde der Rechtsanwender, der trotz Vorliegens des § 34 StGB die Rechtswidrigkeit auf Grund der Sonderregelungen des Transplantationsgesetzes annimmt, gegen das Analogieverbot verstoßen, da es sich um eine Rechtsfindung praeter legem handeln würde.

Erstaunlicherweise wird das Analogieverbot im Zusammenhang mit der Kollision von Rechtfertigungsgründen kaum thematisiert, was wahrscheinlich daran liegt, dass ein Großteil derjenigen Autoren, die es im Bereich der Rechtfertigungsgründe überhaupt für anwendbar halten, im Sinne der Prinzipienlösung

---

[978] Krey, Studien, S. 236; ders. JZ 1979, 702 (712); Roxin, StrafR AT I, § 5 Rn. 42; ders., Kriminalpolitik, S. 31f.; Sch/Sch/Lenckner, StGB, vor § 32 Rn. 25

[979] Jakobs, StrafR AT, 4/43f.

[980] Schmidt-Aßmann, in: Maunz/Dürig/Herzog, Art. 103 Abs. 2 GG, Rn. 231; Kratzsch, GA 1971, 65 (72); Rüping, Bonner Kommentar, Art. 103 Abs. 2 Rn. 50; Erb, ZStW 108 (1996), 266 (279); Frister, GA 1988, 291 (315); LK-Hirsch, vor § 32 Rn. 37; Krause, in: GS für H. Kaufmann, 673ff.

[981] Jescheck/Weigend, StrafR AT, S. 328; LK-Hirsch, StGB, vor § 32 Rn. 39; Sch/Sch/Eser, StGB, § 1 Rn. 14a

die Konflikte zwischen § 34 StGB und den besonderen Rechtfertigungsgründen durch Auslegung der einzelnen Tatbestandsmerkmale des Notstands zu beheben versuchen.[982]

Die Beschränkung der Geltung des Art. 103 Abs. 2 GG auf den Besonderen Teil des Strafgesetzbuches[983] ist abzulehnen, da die Abgrenzung von Allgemeinem und Besonderem Teil des StGB nicht zwingend, insbesondere nicht folgerichtig durchgeführt worden ist.[984] Heute wird ganz überwiegend das Analogieverbot auf die Vorschriften des Allgemeinen Teils ausgedehnt, weil eben gerade Beschränkungen von Rechtfertigungsgründen erheblichen Einfluss auf die Strafzonen im Sinne einer Erweiterung haben können.[985]

Nicht zu differenzieren ist weiter danach, ob der Rechtfertigungsgrund strafgesetzlich oder außerstrafrechtlich normiert ist, weil insoweit oft gesetzestechnische Gründe entscheidend sind. Als Beispiel mag das Verbot des Organhandels dienen, welches zunächst als § 298 StGB „Organhandel" gedacht war und nun in § 17 TPG normiert worden ist. Oft wird angeführt, das Strafrecht würde zu weit gehen, wenn es über seine eigenen Grenzen hinaus Wirkungen des Analogieverbotes für die gesamte Rechtsordnung verlange.[986] Die Rechtsordnung kann aber insoweit nur einheitlich begriffen werden, zumindest soweit es sich – wie beim Transplantationsgesetz – um klassisches Nebenstrafrecht handelt.

Entscheidender ist jedoch, ob die teleologische Reduktion strafgesetzlich fixierter Erlaubnisnormen, insbesondere des § 34 StGB, verfassungsrechtlich bedenklich ist. Für den Täter macht es keinen Unterschied, ob zu seinen Lasten ein Deliktstatbestand analog angewendet oder ein Rechtfertigungsgrund entgegen seinem Wortlaut gar nicht angewendet wird.[987] In jedem Fall handelt es sich um eine außerhalb des Gesetzeswortlautes liegende Begründung der Strafbarkeit, die unter den Wortlaut des Art. 103 Abs. 2 GG subsumiert werden kann.[988]

Zu bedenken sind in diesem Zusammenhang die sog. sozialethischen Einschränkungen der Notwehr, etwa bei Angriffen von Kindern, Geisteskranken oder Betrunkenen, die im Gesetzestext lediglich am Merkmal der Gebotenheit festzumachen sind.[989] Hier werden nur die immanenten Schranken des Notwehrrechts aktualisiert, während aber der Grundgedanke des § 32 StGB in vollem

---

982 so auch: Thiel, Konkurrenz von Rechtfertigungsgründen, S. 178, 179

983 so auch: Hardwig, ZStW 78 (1966), 1 (6)

984 Maurach/Zipf, StrafR AT 1, S. 125; Heidner, Die Bedeutung der mutmaßlichen Einwilligung, S. 160

985 Heidner, Die Bedeutung der mutmaßlichen Einwilligung, S. 160

986 Thiel, Konkurrenz von Rechtfertigungsgründen, S. 179; Amelung, in: Grundfragen des modernen Strafrechtssystems, 85 (95)

987 Krey, Studien, S. 235; LK-Hirsch, StGB, vor § 32 Rn. 38

988 Sch/Sch/Eser, StGB, § 1 Rn. 14a; Krey, Studien, S. 235; Jescheck/Weigend, StrafR AT, S. 328

989 Roxin, Kriminalpolitik, S. 32; Tröndle/Fischer, StGB, § 32 Rn. 18ff.

Umfang beibehalten wird.[990] Demzufolge besteht sowohl eine systematische[991] als auch eine praktische[992] Notwendigkeit, Erlaubnissätze entgegen ihrem Wortlaut einzuschränken.[993]
Diese Einschränkung könnte deshalb nicht gegen Art. 103 Abs. 2 GG verstoßen, weil die Funktion der Unrechtsausschließungsgründe gerade darin liegt, das durch die Tatbestandsmäßigkeit gegebene Indiz der Rechtswidrigkeit zu widerlegen.[994] Gelingt dies nicht, wird aus dem vorläufigen Rechtswidrigkeitsurteil ein endgültiges. Grundlage der Strafbarkeit bildet danach der Deliktstatbestand.
Zwar liegt im Ergebnis weder beim tatbestandslosen noch beim gerechtfertigten Verhalten vorwerfbares Unrecht vor. Der tatbestandsmäßigen, aber gerechtfertigten Handlung fehlt die Strafwürdigkeit aber nur deswegen, weil die Beeinträchtigung des geschützten Rechtsgutes *ausnahmsweise* kein Unrecht darstellt.[995]
Hinzu kommt, dass die Rechtswidrigkeit als zweite Stufe im dreistufigen Prüfungsschema auch der Harmonisierung des Strafrechts mit der Gesamtrechtsordnung dient und keine dem Strafrecht eigentümliche Materie ist.[996]
Die Einheit der Rechtsordnung spricht insofern eher gegen das strenge Verbot der teleologischen Reduktion strafgesetzlich normierter Erlaubnissätze.[997]
Infolgedessen schließt Art. 103 Abs. 2 GG die teleologische Reduktion unrechtsausschließender Erlaubnisnormen nicht aus, auch wenn damit ein gewisser Verlust an Vertrauensschutz verbunden ist. Denn die Erschaffung von Unrechtsausschließungsgründen durch den Gesetzgeber schafft einen den Rechtfertigungsumfang betreffenden Vertrauenstatbestand.[998]
Es werden Bedenken hinsichtlich des von Art. 103 Abs. 2 GG bezweckten Schutzes der Handlungsfreiheit sowie des Schutzes vor strafrichterlicher Willkür geäußert, wenn die teleologische Reduktion von Erlaubnissätzen zulässig wäre.[999] Der Richter bleibt aber an den Sinn und Zweck des Gesetzes sowie an

---

990 Wessels/Beulke, StrafR AT, Rn. 343; Jescheck/Weigend, StrafR AT, § 32 III 1; **a.A.**: Kratzsch, GA 1971, 65ff.
991 Jakobs, StrafR AT, 4/44
992 Sch/Sch/Lenckner, StGB, vor § 32 Rn. 25
993 Thiel, Konkurrenz von Rechtfertigungsgründen, S. 180
994 Baumann/Weber/Mitsch, StrafR AT, § 16 Rn. 48
995 Rosenau, Tödliche Schüsse, S. 198
996 Krey, Studien, S. 234, 236; ders., JZ 1979, 702 (712); Roxin, StrafR AT, § 5 Rn. 42; Amelung, in: Grundfragen, 85 (95)
997 Krey, Studien, S. 235f.; Roxin, StrafR AT, § 5 Rn. 42
998 vgl. LK-Hirsch, StGB, vor § 32 Rn. 37; Kratzsch, GA 1971, 65 (71f.)
999 Rüping, Bonner Kommentar, Art. 103 Rn. 67; Krey, Studien, S. 235f.; Kratzsch, GA 1971, 65 (71f.)

die Vorgaben des Art. 20 Abs. 3 GG, d. h. an das Verbot der freien Rechtsfindung contra legem gebunden.[1000]

b) Ergebnis

Aus den Art. 20 Abs. 3, 103 Abs. 2 GG lassen sich für die Konstellation zwischen § 34 StGB und den Vorschriften des Transplantationsgesetzes keine weiterführenden Erkenntnisse gewinnen; sei es, weil dem Bestimmtheitsgrundsatz kein Vorranggebot der einen oder anderen Norm zu entnehmen ist – sei es, weil das Analogieverbot einer möglichen teleologischen Reduktion des § 34 StGB nicht entgegen steht.

[1000] Roxin, StrafR AT I, § 5 Rn. 42; ders., Kriminalpolitik, S. 31f.

IV. Zusammenfassende Schlussbemerkung

Absolute Notlagen lassen sich nicht ein für allemal durch spezifische Rechtfertigungsgründe reglementieren. Ein Rückgriff auf § 34 StGB in ganz seltenen Ausnahmefällen bleibt möglich. Allerdings wird in aller Regel schon durch Auslegung der einzelnen Voraussetzungen des § 34 StGB oder durch entsprechende Wertung der Interessenlage bzw. des Regelungsbereichs des speziellen Erlaubnissatzes ein sachgerechtes Ergebnis zu finden sein. Das Strafgesetzbuch selbst hat mit seiner Notstandsregelung die Ausnahmeerlaubnis sowohl gewährt als auch begrenzt, nämlich durch die Angemessenheitsklausel.[1001]

Das Selbstbestimmungsrecht übt man am besten aus, damit es geschützt und beachtet werden kann. Wer sich zu Lebzeiten keine Gedanken über eine Organtransplantation macht, dessen Selbstbestimmungsrecht kann nicht ernsthaft verletzt werden, der hat auch nicht unter dem Gedanken zu leiden, dass sein Selbstbestimmungsrecht eventuell einmal missachtet werden könnte. Das Auslegungsrisiko des eigenen Willens durch die Angehörigen trägt der Verstorbene selbst. Wenn dieses Recht von Angehörigen aktiv wahrgenommen wird, muss es im Hinblick auf die Interessenabwägung oder die Angemessenheit des Notstands genauso beachtet werden wie ein vom Verstorbenen zuvor selbst geäußerter Wille.

Deutlich geworden ist die Kritik an dem Umfang der Strafvorschriften, insbesondere im Zusammenhang mit den begrenzten Voraussetzungen der Lebendspende. Allerdings ist § 34 StGB nicht der richtige Weg, um gesetzgeberische Entscheidungen zu umgehen, es sei denn, es handelte sich bei den zu prüfenden Fällen um ganz atypische Konstellationen.
Die Behebung der Notlagen im Transplantationswesen ist in erster Linie eine öffentliche Aufgabe – stellt die Rechtsgemeinschaft die notwendigen Mittel, in diesem Fall also transplantierbare Organe, nicht bereit, kann und sollte dem unbeteiligten Bürger keine weitergehende Opferpflicht auferlegt werden.

Vor über fünf Jahren wurde das Transplantationsgesetz vom Bundestag verabschiedet. Dennoch dokumentieren heute maximal 12% der Bevölkerung ihre Bereitschaft zur Organspende in einem Spendeausweis. Der Mangel an Spenderorganen ist nach wie vor hoch. Im Jahr 2001 konnten nach Angaben der Deutschen Stiftung Organtransplantation 3.382 postmortale Organtransplantationen vorgenommen werden, während ca. 14.000 Menschen auf der Warteliste standen.[1002]

[1001] vgl. Herzberg, NJW 1986, 1635 (1640)
[1002] Klinkhammer, „Das Gesetz muss reanimiert werden“, DÄBl. 2002, 1793ff.

Bedenkt man, dass in weiten Kreisen unserer Bevölkerung der Körper der Feuerbestattung überantwortet wird, erscheint es um so schwerer verständlich, wie eine Organentnahme, die zweifellos die sterbliche Hülle des Verstorbenen verletzt, diese jedoch nicht verunstaltet, stattdessen aber ein Leben retten kann, pietätlos sein soll.[1003] Wünschenswert wäre nach wie vor mehr Aufklärung, und zwar nicht in der Form, wie sie durch die Berichterstattung im Zusammenhang mit dem Gesetzgebungsverfahren - insbesondere im Hinblick auf die Hirntod-diskussion - geschehen ist. Die Information und Motivation der Menschen über Kommunen, Schulen, Krankenkassen, Apotheken und Arztpraxen sollte vordringliches Ziel sein.

Der menschliche Selbsterhaltungstrieb und der natürliche Egoismus der Individuen werden den Organhandel, vor dem der Gesetzgeber offensichtlich so viel Angst hatte, innerhalb Deutschlands eher begrenzen als fördern, denn es werden wenig Menschen bereit sein, ein Organ für eine ihnen fremde Person zu spenden.

[1003] so auch: Penning/Liebhardt, Entnahme von Leichenteilen zu Transplantationszwecken, in: FS für Spann, 1986, 440 (442)

Literaturverzeichnis

Ach, Johann S.: „Von Natur aus knapp" - Gerechtigkeitstheoretische Überlegungen zur Verteilung knapper Spendeorgane in der Transplantationsmedizin, Zeitschrift für medizinische Ethik 43 (1997), 31ff.

Ach, Johann S. / Quante, Michael (Hrsg.): Hirntod und Organverpflanzung, Ethische, medizinische, psychologische und rechtliche Aspekte der Transplantationsmedizin, Stuttgart - Bad Cannstatt 1997

Ach, Johann S. / Anderheiden, Michael / Quante, Michael: Ethik der Organtransplantation, Erlangen 2000

Ad Hoc Committee of the Harvard Medical School: A Definition of Irreversible Coma, Report of the Ad Hoc Committee of the Harvard Medical School to Examine the Definition of Brain Death, The Journal of the American Medical Association (JAMA) 205, 1968, 337ff.

Akademie für Ethik in der Medizin e.V.: Schriftliche Stellungnahme zur Anhörung vor dem Gesundheitsausschuss des Deutschen Bundestages am 25.09.1996, Ausschussdrucksache 585/13, 2 ff.

Akveld, J.: Überlegungen zu einem Transplantationsgesetz, Zeitschrift für Transplantationsmedizin 3/1989, 36ff.

Alexy, Robert: Theorie der Grundrechte, 3. Aufl. Frankfurt a. M. 1996

Amelung, Knut / Schall, Hero: Zum Einsatz von Polizeispitzeln: Hausfriedensbruch und Notstandsrechtfertigung, Wohnungsgrundrecht und Durchsuchungsbefugnis - OLG München DVBl. 1973, 221, JuS 1975, 565ff.

Amelung, Knut: Erweitern allgemeine Rechtfertigungsgründe, insbesondere § 34 StGB, hoheitliche Eingriffsbefugnisse des Staates?, NJW 1977, 833ff.

Amelung, Knut: Zur Kritik des kriminalpolitischen Strafrechtssystems von Roxin, in: Schünemann (Hrsg.), Grundfragen des modernen Strafrechtssystems, Berlin/New York 1984, 85ff.

Angstwurm, Heinz: Medizinische Aspekte der Organtransplantation - Wann spricht man vom Hirntod?, Der Arzt im Krankenhaus 1982, Beilage: Organtransplantation heute, 17ff.

Angstwurm, Heinz: Brain Death as Death of a Human Being, in: Land/Dossetor, Organ Replacement Therapy: Ethics, Justice, Commerce, Berlin 1991, 241 ff.

Angstwurm, Heinz: Der Tod des Gehirns als sicheres Todeszeichen des Menschen, Politische Studien Band 339, 46. Jahrg., Jan./Feb. 1995, 60ff.

Angstwurm, Heinz: Der vollständige und endgültige Hirnausfall (Hirntod) als sicheres Todeszeichen des Menschen, in: Hoff/in der Schmitten (Hrsg.), Wann ist der Mensch tot? 1. Aufl. 1994, 41 ff.

Angstwurm, Heinz: Schriftliche Stellungnahme zur Anhörung vor dem Gesundheitsausschuss des Deutschen Bundestages am 28.06.1995, Ausschussdrucksache 13/114, 1 ff.

Angstwurm, Heinz: Schriftliche Stellungnahme zur Anhörung vor dem Gesundheitsausschuss des Deutschen Bundestages am 25.09.1996, Ausschussdrucksache 579/13, 2 ff.

Arbeitsgemeinschaft der Transplantationszentren in der Bundesrepublik Deutschland einschl. Berlin-West e.V. (Arbeitsgemeinschaft Organtransplantation): Transplantationskodex vom 13.11.1987, Hannover 1987, abgedruckt in: ZTxMed 7/1995, 154ff. (überarbeitete Fassung von 1992)

Arbeitsgemeinschaft für biologische Arzneimittel e.V.: Schriftliche Stellungnahme zur Anhörung vor dem Gesundheitsausschuss des Deutschen Bundestages am 25.09.1996, Ausschussdrucksache 588/13, 1 ff.

Bauer, Hartwig: Schriftliche Stellungnahme zur Anhörung vor dem Gesundheitsausschuss des Deutschen Bundestages am 25.09.1996, Ausschussdrucksache 598/13, 2 ff.

Bauer, Hartwig: „Klare Rechtsgrundlagen für die notwendige Zusammenarbeit zwischen Transplantationszentren und anderen Krankenhäusern", in: Gesetz über die Spende, Entnahme und Übertragung von Organen - Transplantationsgesetz, Der Gesetzestext mit Stellungnahmen von Experten und Betroffenen, hrsg. von der Deutschen Stiftung Organtransplantation, Neu-Isenburg 1997, S. 12ff.

Baumann, Jürgen / Weber, Ulrich / Mitsch, Wolfgang: Strafrecht - Allgemeiner Teil, 10. Aufl. Bielefeld 1995

Beckmann, Rainer: Ist der hirntote Mensch eine „Leiche"?, ZRP 1996, 219ff.

Beckmann, Jan P.: Schriftliche Stellungnahme zur Anhörung vor dem Gesundheitsausschuss des Deutschen Bundestages am 25.09.1996, Ausschussdrucksache 591/13, 4ff.

Bender, Albrecht W.: Das postmortale allgemeine Persönlichkeitsrecht: Dogmatik und Schutzbereich, VersR 2001, 815ff.

Bergmann, Alfred: Die Grundstruktur des rechtfertigenden Notstandes (§ 34 StGB), JuS 1989, 109ff.

Berndt, Christina: Organe eines Handlungsreisenden, in: Süddeutsche Zeitung Nr. 133 vom 12. Juni 2001, S. V2/13

Bickeböller, Ralf / Gosmann, J. / Kramer, W. / Scheuermann, E. H.: „Sich in besonderer Verbundenheit offensichtlich nahestehen" - Eine Interpretation des Gesetzestextes zur Lebendnierenspende im Sinne der personalen Freundschaft, Zeitschrift für Medizinische Ethik 44 (1998), 325ff.

Bio Implant Services (BIS): Schriftliche Stellungnahme zur Anhörung vor dem Gesundheitsausschuss des Deutschen Bundestages am 25.09.1996, Ausschussdrucksache 618/13, 15 ff.

Birnbacher, Dieter: Einige Gründe, das Hirntodkriterium zu akzeptieren, in: Hoff/in der Schmitten (Hrsg.), Wann ist der Mensch tot? - Organverpflanzung und Hirntodkriterium, Reinbek 1994, 28 ff.

Blei, Hermann: Probleme des polizeilichen Waffengebrauchs, JZ 1955, 625ff.

Blei, Hermann: Strafrecht I - Allgemeiner Teil, 18. Aufl. München 1983

Bockelmann, Paul: Strafrecht des Arztes, Stuttgart 1968

Bockelmann, Paul / Volk, Klaus: Strafrecht, Allgemeiner Teil, 4. Aufl. München 1987

Böckenförde, Ernst-Wolfgang: Der verdrängte Ausnahmezustand - Zum Handeln der Staatsgewalt in außergewöhnlichen Lagen, NJW 1978, 1881ff.

Böckle, Franz: Ethische Aspekte der Organspende und -transplantation: Entscheidung zwischen Pflicht und Pietät, Der Arzt im Krankenhaus 1982, Beilage: Organtransplantation heute, 14ff.

Bonner Kommentar zum Grundgesetz, Rudolf Dolzer (Hrsg.), Heidelberg, Stand: 84.Lief. März 1998

Bottke, Wilfried: Strafrechtliche Probleme am Lebensbeginn und am Lebensende. Bestimmungsrecht versus Lebenserhaltung?, in: Bottke/Fritsche/Huber/Schreiber, Lebensverlängerung aus medizinischer, ethischer und rechtlicher Sicht, Rechtsstaat in der Bewährung, Band 30, Heidelberg 1995, S. 35 ff.

Breuer, Clemens: Wann ist der Mensch tot?, Zeitschrift für Medizinische Ethik 42 (1996), 91ff.

Bülow, Detlev v.: Aufgaben des Gesetzgebers, in: Hiersche/Hirsch/Graf-Baumann, Rechtliche Fragen der Organtransplantation, Berlin 1990, 79ff.

Bubnoff, Eckhart v.:Rechtsfragen zur homologen Organtransplantation aus der Sicht des Strafrechts, GA 1968, 65ff.

Bundesärztekammer: Stellungnahme des Wissenschaftlichen Beirates der Bundesärztekammer, Kriterien des Hirntodes, DÄBl. 1982, 45 ff.; DÄBl. 1986, 2940 ff.; DÄBl. 1991, C-2417-2422; DÄBl. 1993, B-2177-2179; DÄBl. 1997, A-1296-A1303, B-1032-B-1039, C-957-C964

Bundesärztekammer: Schriftliche Stellungnahme zur Anhörung vor dem Gesundheitsausschuss des Deutschen Bundestages am 28.06.1995, Ausschussdrucksache 13/137, 43 ff.

Bundesärztekammer: Schriftliche Stellungnahme zur Anhörung vor dem Gesundheitsausschuss des Deutschen Bundestages am 25.09.1996, Ausschussdrucksache 585/13, 4 ff.

Bundesärztekammer: Grundsätze zur ärztlichen Sterbebegleitung, NJW 1998, 3406

Bundesärztekammer: Stellungnahme des Wissenschaftlichen Beirates der Bundesärztekammer zur Xenotransplantation, DÄBl. 1999 Heft 28-29, C-1402ff.

Bundesärztekammer: Richtlinien für die Warteliste zur Nieren- und zur (Nieren-)Pankreas-Transplantation, Richtlinien für die Warteliste zur Lebertransplantation, Richtlinien für die Warteliste zur Herz-, Herz-Lungen- und Lungentransplantation (thorakale Organtransplantation), DÄBl. 2000, Heft 7, A-397-A-402

Bundesärztekammer: Richtlinien für die Organvermittlung zur Nierentransplantation, Richtlinien für die Organvermittlung zur Lebertransplantation, Richtlinien für die Organvermittlung thorakaler Spenderorgane (Herz), Richtlinien für die Organvermittlung thorakaler Spenderorgane (Herz-Lungen und Lungen), Richtlinien für die Organvermittlung zur Pankreastransplantation, DÄBl. 2000, Heft 7, A-402-A-411

Bundesministerium für Gesundheit: Schriftliche Stellungnahme zur Anhörung vor dem Gesundheitsausschuss des Deutschen Bundestages am 25.09.1996, Ausschussdrucksache 584/13, 1 ff.

Bundesverband der Organtransplantierten e.V.: Schriftliche Stellungnahme zur Anhörung vor dem Gesundheitsausschuss des Deutschen Bundestages am 25.09.1996, Ausschussdrucksache 586/13, 20 ff.

Bund-Länder-Arbeitsgruppe: Bund zur Vorbereitung einer gesetzlichen Regelung der Transplantation und Sektion, Bonn 1976

Buschmann, Arno: Zur Fortwirkung des Persönlichkeitsrechts nach dem Tode, NJW 1970, 2081ff.

Butz, Konrad: Organspende aus der Sicht des Juristen, Schweizerische Ärztezeitung, Band 68, 1987, Heft 41, 1826ff.

Bydlinski, Franz: Juristische Methodenlehre und Rechtsbegriff, 2. Aufl. Wien/New York 1991

Carstens, Thomas: Das Recht der Organtransplantation, Diss. Frankfurt a.M. 1978

Carstens, Thomas: Organtransplantation, ZRP 1979, 282 ff.

Conrads, Christoph: Eurotransplant und UNOS - Modelle der Organallokation?, MedR 1996, 300ff.

Conrads, Christoph: Rechtliche Aspekte der Organallokation unter besonderer Berücksichtigung der strafrechtlichen Verantwortung des Arztes, in: Lachmann, Rolf /Meuter, Norbert (Hrsg.), Medizinische Gerechtigkeit, Patientenauswahl in der Transplantationsmedizin, Stuttgart 1997, S. 69 ff.

Conrads, Christoph: Rechtliche Grundsätze der Organallokation, Dissertation Göttingen 2000

Daar, A.S.: Current Practice and the Legal, Ethical and Religious Status of Post Mortem Organ Donation in the Islamic World, in: Land/Dossetor, Organ Replacement Therapy: Ethics, Justice, Commerce, Berlin 1991, 291ff.

Däubler-Gmelin, Herta: in: Hoff/in der Schmitten (Hrsg.), Wann ist der Mensch tot? - Organverpflanzung und Hirntodkriterium, 2. erweiterte Aufl. Reinbek 1995, 409 ff.

Delonge, Franz-Benno: Die Interessenabwägung nach § 34 StGB und ihr Verhältnis zu den übrigen strafrechtlichen Rechtfertigungsgründen, München 1988, zugleich: Univ. Diss. München 1987

Deutsch, Erwin: Anmerkung zum Urteil des LG Bonn v. 25.2.1970, VersR 1970, 719ff.

Deutsch, Erwin: Die rechtliche Seite der Transplantation, ZRP 1982, 174ff.

Deutsch, Erwin: Aids und Blutspende, NJW 1985, 2746

Deutsch, Erwin: Zum geplanten strafrechtlichen Verbot des Organhandels, ZRP 1994, 179ff.

Deutsch, Erwin: Das Transplantationsgesetz vom 5.11.1997, NJW 1998, 777ff.

Deutsch, Erwin: Medizinrecht, 3. Aufl., 4. Aufl. Berlin, Heidelberg 1997, 1999

Deutsche Gesellschaft für Anästhesiologie und Intensivmedizin: Schriftliche Stellungnahme zur Anhörung vor dem Gesundheitsausschuss des Deutschen Bundestages am 25.09.1996, Ausschussdrucksache 598/13, 22ff.

Deutsche Stiftung Organtransplantation: Schriftliche Stellungnahme zur Anhörung vor dem Gesundheitsausschuss des Deutschen Bundestages am 25.09.1996, Ausschussdrucksache 588/13, 43ff.

Dölling, Dieter: Zulässigkeit und Grenzen der Sterbehilfe, MedR 1987, 6ff.

Dörner, Klaus: Schriftliche Stellungnahme zur Anhörung vor dem Gesundheitsausschuss des Deutschen Bundestages am 25.09.1996, Ausschussdrucksache 574/13, 11ff.

Dormann, Rosmarie: Ja zum neuen Verfassungsartikel, Neue Zürcher Zeitung, Nr. 14 vom 19. Januar 1999, S. 25

Dreier, Horst: Grundgesetz Kommentar, Tübingen 1996

Ebert, Udo: Strafrecht: Ärztlicher Eifer, JuS 1976, 319ff.

Eder-Rieder, Maria A.: Die gesetzliche Grundlage zur Vornahme von Transplantationen, ÖJZ 1984, 289ff.

Ehmann, Horst: Zur Struktur des Allgemeinen Persönlichkeitsrechts, JuS 1997, 193ff.

Eichholz, Jürgen: Die Transplantation von Leichenteilen aus zivilrechtlicher Sicht, NJW 1968, 2272ff.

Eigler, Friedrich Wilhelm: Organquellen, in: Albert/Land/Zwierlein (Hrsg.), Transplantationsmedizin und Ethik, Auf dem Weg zu einem gesellschaftlichen Konsens, Lengrich 1995, 47ff.

Eigler, Friedrich Wilhelm: „Bereitschaft zur Hilfe in der Bevölkerung und in der Ärzteschaft kann wachsen", in: Gesetz über die Spende, Entnahme und Übertragung von Organen - Transplantationsgesetz, Der Gesetzestext mit Stellungnahmen von Experten und Betroffenen, hrsg. von der Deutschen Stiftung Organtransplantation, Neu-Isenburg 1997, S. 8ff.

Eisenbart, Bettina: Patienten-„testament" und Stellvertretung in Gesundheitsangelegenheiten - Alternativen zur Verwirklichung der Selbstbestimmung im Vorfeld des Todes, Dissertation Göttingen 1998

Engländer, Armin: Zur Offenbarungspflicht des Arztes bei HIV-Infektion eines Patienten, MedR 2001, 143ff.

Erb, Volker: Die Schutzfunktion von Art. 103 Abs. 2 GG bei Rechtfertigungsgründen, ZStW 108 (1996), 266ff.

Eser, Albin: Das Humanexperiment, in: Gedächtnisschrift für Horst Schröder, München 1978, 191ff.

Evangelische Kirche in Deutschland: Schriftliche Stellungnahme zur Anhörung vor dem Gesundheitsausschuss des Deutschen Bundestages am 25.09.1996, Ausschussdrucksache 594/13, 16ff.

Feuerstein, Günter: Das Transplantationssystem - Dynamik, Konflikte und ethisch-moralische Grenzgänge, Weinheim 1995

Flöhl, Rainer: Lebendspende setzt sich durch, Frankfurter Allgemeine Zeitung vom 11.12.1996, S. N2

Flöhl, Rainer: Lange Wartelisten - zu wenig Organe, Frankfurter Allgemeine Zeitung vom 28.11.2001, S. N1-N2

Forkel, Hans: Verfügungen über Teile des menschlichen Körpers, JZ 1974, 593ff.

Frister, Helmut: Die Notwehr im System der Notrechte, GA 1988, 291ff.

Gallas, Wilhelm: Pflichtenkollision als Schuldausschließungsgrund, in: Festschrift für Eduard Mezger, München/Berlin 1954, 311ff.

Gallas, Wilhelm: Der dogmatische Teil des Alternativentwurfes, ZStW 80 (1968), 1ff.

Gallwas, Hans-Ulrich: Schriftliche Stellungnahme zur Anhörung des Gesundheitsausschusses des Deutschen Bundestages am 28.06.1995, Ausschussdrucksache 13/114, 29ff.

Geilen, Gerd: Das Leben des Menschen in den Grenzen des Rechts, FamRZ 1968, 121ff.

Geilen, Gerd: Probleme der Organtransplantation, JZ 1971, 41ff.

Geilen, Gerd: Medizinischer Fortschritt und juristischer Todesbegriff, in: Festschrift für Heinitz, Berlin 1972, 373ff.

Geilen, Gerd: Anmerkung zu OLG Frankfurt NJW 1975, 271, JZ 1975, 380ff.

Geilen, Gerd: Legislative Erwägungen zum Todeszeitpunkt, in: Eser, Suizid und Euthanasie, Stuttgart 1976, 301ff.

Geisler, Linus: Schriftliche Stellungnahme zur Anhörung vor dem Gesundheitsausschuss des Deutschen Bundestages am 28.06.1995, Ausschussdrucksache 13/114, 36ff.

Geisler, Linus: Schriftliche Stellungnahme zur Anhörung vor dem Gesundheitsausschuss des Deutschen Bundestages am 25.09.1996, Ausschussdrucksache 582/13, 6ff.

Gesellschaft Anthroposophischer Ärzte in Deutschland: Schriftliche Stellungnahme zur Anhörung vor dem Gesundheitsausschuss des Deutschen Bundestages am 25.09.1996, Ausschussdrucksache 579/13, 30ff.

Gonseth, Ruth: Nein zur Xenotransplantation, Neue Zürcher Zeitung, Nr. 14 vom 19. Januar 1999, S. 25

Gragert, Jörg: Strafrechtliche Aspekte des Organhandels, Hamburg 1997 (zugleich: Universitätsdissertation Gießen 1997)

Grebing, Gerhardt: Die Grenzen des rechtfertigenden Notstands im Strafrecht, GA 1979, 81ff.

Grewel, Hans: Zwischen Lebensrettung und Euthanasie - das tödliche Dilemma der Transplantationsmedizin, ZRP 1995, 217ff.

Gruber, Christoph: Organtransplantation - Gesetzesstand und Gesetzeshandhabung in Österreich, MMG 13 (1988), 205ff.

Gründel, Johannes: Theological Aspects of Brain Death with Regard to the Death of a Person, in: Land/Dossetor, Organ Replacement Therapy: Ethics, Justice, Commerce, Berlin 1991, 245ff.

Gründel, Johannes: Ist ein Transplantationsgesetz noch unbedingt erforderlich?, Theologie der Gegenwart 24 (1981), 234ff.

Gubernatis, Gundolf: Schriftliche Stellungnahme zur Anhörung vor dem Gesundheitsausschuss des Deutschen Bundestages am 28.06.1995, Ausschussdrucksache 13/137, 3 ff.

Gubernatis, Gundolf: Tod als Verabredung - eine Provokation oder ein möglicher Weg zum gesellschaftlichen Konsens in der Hirntoddiskussion, Medizinische Klinik 91 (1996), 47ff.

Gubernatis, Gundolf / Kliemt Hartmut: Solidarität und Rationierung in der Organtransplantation, Transplantationsmedizin 1999, 4ff.

Gutmann, Thomas: Rechtsphilosophische Aspekte der Lebendspende von Nieren, ZTxMed 2/1993, 75ff.

Gutmann, Thomas: Lebendspende von Organen – nur unter Verwandten?, ZRP 1994, 111ff.

Gutmann, Thomas: Rechtliche und philosophische Aspekte der Lebendspende von Organen, Politische Studien Band 339, 46. Jahrg., Jan./Feb. 1995, 100ff.

Gutmann, Thomas: Schriftliche Stellungnahme zur Anhörung vor dem Gesundheitsausschuss des Deutschen Bundestages am 25.09.1996, Ausschussdrucksache 591/13, 32ff.

Gutmann, Thomas: Probleme einer gesetzlichen Regelung der Lebendspende von Organen, MedR 1997, 147ff.

Gutmann, Thomas / Land, Walter: Ethische und rechtliche Fragen der Organverteilung: Der Stand der Debatte, in: Albert/Schmidt, Praxis der Nierentransplantation IV, Berlin 1997, 1ff.

Gutmann, Thomas / Fateh-Moghadam, Bijan: Rechtsfragen der Organverteilung – Das Transplantationsgesetz, die „Richtlinien" der Bundesärztekammer und die Empfehlungen der Deutschen Gesellschaft für Medizinrecht -, NJW 2002, 3365ff.

Haft, Fritjof: Strafrecht – Allgemeiner Teil, 7. Aufl. München 1996

Hardwig, Werner: Betrachtungen zur Frage des Heileingriffs, GA 1965, 161ff.

Hardwig, Werner: Pflichtirrtum, Vorsatz und Fahrlässigkeit, ZStW 78 (1966), 1ff.

Hartmann, Annegret: Umfang und Grenzen ärztlicher Zwangsbehandlung im psychiatrischen Maßregelvollzug, Diss. Göttingen, Frankfurt a.M. 1997

Hassemer, Winfried: Unverfügbares im Strafprozeß, in: Rechtsstaat und Menschenwürde, Festschrift für Maihofer, Frankfurt 1988, 183ff.

Haupt, Walter F.: Hirntod, Medizinische Klinik 91 (1996), 46

Heger, Martin: Erwiderung auf Schroth, Die strafrechtlichen Tatbestände des Transplantationsgesetzes (JZ 1997, 1149 ff.), JZ 1998, 506

Heidner, Hans-Hermann: Die Bedeutung der mutmaßlichen Einwilligung als Rechtfertigungsgrund, insbesondere im Rahmen des ärztlichen Heileingriffs, Diss. Göttingen 1988

Heinitz, Ernst: Rechtliche Fragen der Organtransplantation, Berlin 1970

Hellmann, Uwe: Die Anwendbarkeit der zivilrechtlichen Rechtfertigungsgründe im Strafrecht, Köln 1987

Henkel, Heinrich: Der Notstand nach gegenwärtigem und künftigem Recht, München 1932

Herzberg, Rolf Dietrich: Der Fall Hackethal: Strafbare Tötung auf Verlangen?, NJW 1986, 1635ff.

Herzberg, Rolf Dietrich: Sterbehilfe als gerechtfertigte Tötung im Notstand?, NJW 1996, 3043ff.

Heuer, Stefanie: Aufklärung und Sterbehilfe beim Krebspatienten aus juristischer Sicht, Der Onkologe 1996, 624ff.

Heuer, Stefanie / Conrads, Christoph: Aktueller Stand der Transplantationsgesetzgebung 1997, MedR 1997, 195ff.

Heuer, Stefanie / Schreiber, Hans-Ludwig: Transplantationsgesetz - November 1997, Streit um Todesbegriff und Zustimmungsmodalitäten, Krankenhaus Arzt 1/98, 41ff.

Heuer, Stefanie / Schreiber, Hans-Ludwig: Auswirkungen der gesetzlichen Neuregelungen der Transplantation auf die Klinik, in: Chirurgische Operationslehre, Ergänzungs- und Gesamtregisterband, hrsg. von K. Kremer, W. Lierse, W. Platzer, H. W. Schreiber, S. Weller, Georg Thieme Verlag, Stuttgart, New York 1999, S. 100-104, 180

Heun, Werner: Schriftliche Stellungnahme zur Anhörung vor dem Gesundheitsausschuss des Deutschen Bundestages am 25.09.1996, Ausschussdrucksache 585/13, 19ff.

Heun, Werner: Der Hirntod als Kriterium des Todes des Menschen - Verfassungsrechtliche Grundlagen und Konsequenzen, JZ 1996, 213ff.

Hirsch, Günther / Schmidt-Didczuhn, Andrea: Transplantation und Sektion, Heidelberg 1992

Höfling, Wolfram: Um Leben und Tod: Transplantationsgesetzgebung und Grundrecht auf Leben, JZ 1995, 26ff.

Höfling, Wolfram: Über die Definitionsmacht medizinischer Praxis und die Aufgabe der Verfassungsrechtslehre, JZ 1996, 615ff.

Höfling, Wolfram: Schriftliche Stellungnahme zur Anhörung vor dem Gesundheitsausschuss des Deutschen Bundestages am 28.06.1995, Ausschussdrucksache 13/136, 14ff.

Höfling, Wolfram: Schriftliche Stellungnahme zur Anhörung vor dem Gesundheitsausschuss des Deutschen Bundestages am 25.09.1996, Ausschussdrucksache 586/13, 1ff.

Höfling, Wolfram / Rixen, Stephan: Verfassungsfragen der Transplantationsmedizin, Tübingen 1996

Hoff, Johannes / Schmitten, Jürgen in der (Hrsg.): Wann ist der Mensch tot? - Organverpflanzung und Hirntodkriterium, Reinbek 1994, 2. erw. Aufl. 1995

Hoff, Johannes / Schmitten, Jürgen in der: Kritik der „Hirntod"-Konzeption. Plädoyer für ein menschenwürdiges Todeskriterium, in: dies. (Hrsg.), Wann ist der Mensch tot? - Organverpflanzung und Hirntodkriterium, Reinbek 1994, S. 153ff.

Holznagel, Bernd / Holznagel, Ina: Rechtslage in der Transplantationsmedizin - Sicherheit, Transparenz und Kontrolle, Deutsches Ärzteblatt 1998, Heft 27, A-1718-A-1722

Hruschka, Joachim: Rettungspflichten in Notstandssituationen, JuS 1979, 385ff.

Jähnke, Burkhard / Laufhütte, Heinrich Wilhelm / Odersky, Walter: Leipziger Kommentar zum Strafgesetzbuch, 11. Aufl. Berlin 1994, Stand: 13. Lief.: §§ 34, 35, Bearb.: Hirsch

Jakobs, Günther: Strafrecht - Allgemeiner Teil, 2. Aufl. Berlin 1991

Jakubowski, H.D. / Roosen, K. / Eigler, F.W.: Nierentransplantation: Probleme, Durchführung, Ergebnisse, Der Internist 1983, 500ff.

Jarass, Hans D. / Pieroth, Bodo: Grundgesetzkommentar, 5. Aufl. München 2000

Jescheck, Hans-Heinrich / Weigend, Thomas: Lehrbuch des Strafrechts - Allgemeiner Teil, 5. Aufl. Berlin 1996

Joerden, Jan C.: § 34 S. 2 StGB und das Prinzip der Verallgemeinerung, GA 1991, 411ff.

Jonas, Hans: Gehirntod und Menschliche Organbank: Zur pragmatischen Umdefinierung des Todes, in: Jonas, Hans (Hrsg.), Technik, Medizin und Ethik, Frankfurt a. M. 1985, 219ff.

Jung, Andrea: Die französische Rechtslage auf dem Gebiet der Transplantationsmedizin, MedR 1996, 355ff.

Junghanns, Ray: Verteilungsgerechtigkeit in der Transplantationsmedizin, Dissertation Frankfurt a. M. 2001

Kallmann, Rainer: Rechtsprobleme bei der Organtransplantation, FamRZ 1969, 572ff.

Karl, Christian: Todesbegriff und Organtransplantation - gezeigt am Beispiel der Bundesrepublik Deutschland, der ehemaligen DDR und Österreich, Wien 1995

Kaulen, Hildegard: Noch viele Hürden für die Xenotransplantation, Frankfurter Allgemeine Zeitung vom 17.05.2000, Nr. 114, S. N3

Kern, Bernd-Rüdiger: Zivilrechtliche Gesichtspunkte der Transplantation, in: Gramberg-Danielsen, Rechtliche Grundlagen der augenärztlichen Tätigkeit, 3. Lief. Stuttgart 1988, 2/800ff.

Kern, Bernd-Rüdiger: Zum Entwurf eines Transplantationsgesetzes (der Länder?), MedR 1994, 389ff.

Kerremans, Ilse: Regelung und Regelungsbedarf im Transplantationswesen aus belgischer Sicht, Politische Studien Band 339, 46. Jahrg., Jan./Feb. 1995, 55ff.

Kirchhoff, Paul: Polizeiliche Eingriffsbefugnisse und private Nothilfe, NJW 1978, 969ff.

Kirste, Günter: Schriftliche Stellungnahme zur Anhörung vor dem Gesundheitsausschuss des Deutschen Bundestages am 25.09.1996, Ausschussdrucksache 593/13, 38ff.

Klausmann, A. / Özgenc, K. / Sieverdingbeck, D.: Organhandel - Unmoralisches Angebot, FOCUS Nr. 47 vom 20. November 2000, 56ff.

Klein, Martin: Schriftliche Stellungnahme zur Anhörung vor dem Gesundheitsausschuss des Deutschen Bundestages am 25.09.1996, Ausschussdrucksache 579/13, 24ff.

Kleinknecht, Theodor / Meyer-Goßner, Lutz: Strafprozeßordnung, 43. Aufl. München 1997

Kliemt, Hartmut: „Gerechtigkeitstheorien" in der Transplantationsmedizin - Eine ordoliberale Perspektive, in: Fuchs/Nagel, Soziale Gerechtigkeit im Gesundheitswesen, Berlin u.a. 1993, S. 262ff.

Kliemt, Hartmut: Wem gehören die Organe?, in: Ach/Quante (Hrsg.), Hirntod und Organverpflanzung, Medizin und Philosophie Bd. 3, Stuttgart 1997, 271ff.

Klinge, Ines: Todesbegriff, Totenschutz und Verfassung, Baden-Baden 1996, zugleich: Universitätsdissertation Göttingen 1996

Klinge, Ines / Schlette, Volker: Das „widersprüchliche" Transplantationsgesetz, Jura 1997, 642ff.

Klinkhammer, Gisela: Transplantationsgesetz - Endlich Rechtsklarheit, DÄrztbl. 94 (1997), A-1833

Klinkhammer, Gisela: „Das Gesetz muss reanimiert werden", DÄrztbl. 99 (2002), C-1793

Kloth, Karsten: Todesbestimmung und postmortale Organentnahme, Frankfurt a.M. 1996, zugleich: Diss. Freie Universität Berlin 1994

Kluth, Winfried: Schriftliche Stellungnahme zur Anhörung vor dem Gesundheitsausschuss des Deutschen Bundestages am 25.09.1996, Ausschussdrucksache 586/13, 7ff.

Kluth, Winfried / Sander, Birgit: Verfassungsrechtliche Aspekte einer Organspendepflicht, DVBl. 1996, 1285ff.

Knoche, Monika: Der andere Tod, Mabuse 97 (Aug./Sept.1995), 32ff.

Köhler, Michael: Strafrecht – Allgemeiner Teil, Berlin 1997

König, Peter: Strafbarer Organhandel, Frankfurt a. M. 1999; zugleich: Diss. München 1998

Körner, Harald Hans: Betäubungsmittelgesetz, Arzneimittelgesetz, 4. Aufl. München 1994

Kohlhaas, Max: Rechtsfragen zur Transplantation von Körperorganen, NJW 1967, 1489ff.

Kohlhaas, Max: Zivilrechtliche Probleme der Transplantation von Leichenteilen, DMW 1969, 290ff.

Kohlhaas, Max: Kurzer Beitrag: Neue Rechtsprobleme der Organtransplantation, NJW 1971, 1870ff.

Kommissariat der deutschen Bischöfe: Schriftliche Stellungnahme zur Anhörung vor dem Gesundheitsausschuss des Deutschen Bundestages am 25.09.1996, Ausschussdrucksache 586/13, 11ff.

Kopetzki, Christian: Organgewinnung zu Zwecken der Transplantation, Forschungen aus Staat und Recht 82, Wien 1988

Kramer, Hans-Jürgen: Rechtsfragen der Organtransplantation, München 1987

Kratzsch, Dietrich: § 53 StGB und der Grundsatz nullum crimen sine lege, GA 1971, 65ff.

Krause, Friedrich-Wilhelm: Notwehr bei Angriffen Schuldloser und bei Bagatellangriffen, in: Gedächtnisschrift für Hilde Kaufmann, Berlin/New York 1986, 673ff.

Krey, Volker: Studien zum Gesetzesvorbehalt im Strafrecht, Berlin 1977

Krey, Volker: Zur Problematik richterlicher Rechtsfortbildung contra legem (I), JZ 1978, 361ff.

Krey, Volker: Rechtsfindung contra legem als Verfassungsproblem (III), JZ 1978, 465ff.

Krey, Volker: Zur Einschränkung des Notwehrrechts bei der Verteidigung von Sachgütern, JZ 1979, 702ff.

Kübler, Heidrun: Verfassungsrechtliche Aspekte der Organentnahme zu Transplantationszwecken, Berlin 1977

Kühl, Kristian: Probleme der Verwaltungsakzessorietät des Strafrechts, in: Festschrift für Karl Lackner, Berlin / New York 1987, 815ff.

Kühl, Kristian: Strafrecht - Allgemeiner Teil, München 1994

Kühl, Kristian: Schriftliche Stellungnahme zur Anhörung vor dem Gesundheitsausschuss des Deutschen Bundestages am 25.09.1996 und am 09.10.1996, Ausschussdrucksachen 618/13, 1 ff.; 626/13, 2ff.

Kühn, Hermann Christoph: Die Motivationslösung - Neue Wege im Recht der Organtransplantation, Berlin 1998, zugl.: Augsburg, Univ. Diss., 1997

Kühn, Hermann Christoph: Das neue deutsche Transplantationsgesetz, MedR 1998, 455ff.

Küper, Wilfried: Noch einmal: Rechtfertigender Notstand, Pflichtenkollision und übergesetzliche Entschuldigung, JuS 1971, 474ff.

Küper, Wilfried: Zum rechtfertigenden Notstand bei Kollision von Vermögenswerten, JZ 1976, 515ff.

Küper, Wilfried: Das „Wesentliche" am „wesentlich überwiegenden Interesse", GA 1983, 289ff.

Lachmann, Rolf /Meuter, Norbert (Hrsg.): Medizinische Gerechtigkeit, Patientenauswahl in der Transplantationsmedizin, Stuttgart 1997

Lackner, Karl / Kühl, Kristian: Strafgesetzbuch mit Erläuterungen, 22. Aufl. München 1997

Land, Walter: Organtransplantation: Entwicklung, Möglichkeiten, sozioökonomische Aspekte, Versicherungsmedizin 1/1989, 7ff.

Land, Walter: Lebendspende von Organen – derzeitiger Stand der internationalen Debatte, ZTxMed 2/1993, 59ff.

Land, Walter / Baur, Ulrich: Organisation der postmortalen Organspende: Eine öffentliche Aufgabe, DÄBl. 1991, A-4256ff. (Ärztliche Mitteilungen)

Lange, Richard : Terrorismus kein Notstandsfall?, NJW 1978, 784ff.

Largiadèr, Ferdinand (Hrsg.): Checkliste Organtransplantation, 2. Aufl. Stuttgart, New York 1999

Laufs, Rainer / Laufs, Adolf: Aids und Arztrecht, NJW 1987, 2257ff.

Laufs, Adolf: Ein deutsches Transplantationsgesetz - jetzt?, NJW 1995, 2398ff.

Laufs, Adolf: Arztrecht, 5. Aufl. München 1993

Laufs, Adolf / Uhlenbruck, Wilhelm: Handbuch des Arztrechts, 2. Aufl. München 1999

Lehmann, Karl: „Hirntod" - Reales Zeichen des Todes, Zeitschrift für medizinische Ethik 43 (1997), 77ff.

Lenckner, Theodor: Der rechtfertigende Notstand - Zur Problematik der Notstandsregelung im Entwurf eines Strafgesetzbuches (E 1962), Tübingen 1965, zugleich: Univ. Habil. Tübingen 1963

Lenckner, Theodor: Wertausfüllungsbedürftige Begriffe im Strafrecht und der Satz „nullum crimen sine lege" (Teil 1), JuS 1968, 249ff.

Lenckner, Theodor: Wertausfüllungsbedürftige Begriffe im Strafrecht und der Satz „nullum crimen sine lege" (Teil 2), JuS 1968, 304ff.

Lenckner, Theodor: Der Grundsatz der Güterabwägung als Grundlage der Rechtfertigung, GA 1985, 295ff.

Lenckner, Theodor: Das Merkmal der „Nicht-anders-Abwendbarkeit" der Gefahr in den §§ 34, 35 StGB, in: Festschrift für Lackner, Berlin 1987, 95ff.

Lilie, Hans: Zur Verbindlichkeit eines Organspenderausweises nach dem Tode des Organspenders, MedR 1983, 131ff.

Lilie, Hans: Juristische Aspekte der Lebend-Organspende, in: Albert, Praxis der Nierentransplantation (III), Stuttgart 1989, 89ff.

Lilie, Hans: Transplantationsgesetz - was nun?, in: Orsi, Giuseppe/Seelmann, Kurt/Smid, Stefan/Steinvorth, Ulrich (Hrsg.), Medizin - Recht - Ethik, Band VIII, Frankfurt a. M. u.a. 1998, 89ff.

Linck, Joachim: Gesetzliche Regelung von Sektionen und Transplantationen, JZ 1973, 759ff.

Link, Jürgen: Schriftliche Stellungnahme zur Anhörung vor dem Gesundheitsausschuss des Deutschen Bundestages am 25.09.1996, Ausschussdrucksache 588/13, 7ff.

Liszt, Franz von: Lehrbuch des deutschen Strafrechts, 20. Aufl. Berlin 1914

Löw-Friedrich, Iris / Schoeppe, Wilhelm (Hrsg.): Transplantation, Grundlagen - Klinik - Ethik und Recht, Darmstadt 1996

Lührs, Wolfgang: Überlegungen zur einheitlichen Kodifizierung des Transplantationswesens, ZRP 1992, 302ff.

Maier, Joachim: Der Verkauf von Körperorganen, Augsburger Rechtsstudien Band 11, Heidelberg 1991

Mangoldt, Hermann v. / Klein, Friedrich / Starck, Christian: Das Bonner Grundgesetz, Kommentar, Band 1: Präambel, Art. 1-19, 4. Aufl. München 1999

Margreiter, Raimund: Regelung und Regelungsbedarf im Transplantationswesen aus österreichischer Sicht, Politische Studien Band 339, 46. Jahrg., Jan./Feb. 1995, 50ff.

Maunz, Theodor / Dürig, Günter: Kommentar zum Grundgesetz (Loseblattsammlung), 7. Aufl. München 1991, Stand: 38. Lieferung 2001

Maurach, Reinhart / Zipf, Heinz: Strafrecht - Allgemeiner Teil, Teilband 1, 8. Aufl. Heidelberg 1992

Meißner, Andreas: Die Interessenabwägungsformel in der Vorschrift über den rechtfertigenden Notstand (§ 34 StGB), Strafrechtliche Abhandlungen Band 66, Berlin 1990, zugleich: Univ. Diss. Hamburg 1988

Merkel, Reinhard: Hirntod und kein Ende - Zur notwendigen Fortsetzung einer unerledigten Debatte, Jura 1999, 113ff.

Mezger, Edmund: Strafrecht I – Allgemeiner Teil, 9. Aufl. München/Berlin 1960

Möx, J.: Zur Zulässigkeit von Organentnahmen, Arztrecht 2/1994, 39ff.

Müller-Dietz, Heinz: Mutmaßliche Einwilligung und Operationserweiterung, JuS 1989, 280ff.

Münch, Ingo v. / Kunig, Philip (Hrsg.): Grundgesetzkommentar, Band 1, 5. Aufl. München 2000

Nagel, Eckhard: Anmerkungen zu Bemühungen der gesetzgebenden Instanzen um ein Transplantationsgesetz, EthikMed 5 (1993), 203ff.

Nagel, Eckhard / Schmidt, Petra: Transplantation - Leben durch fremde Organe, Berlin 1996

Neumann, Ulfrid / Schild, Wolfgang (Gesamtredaktion): Nomos Kommentar zum Strafgesetzbuch, 2 Bände, Baden-Baden, Stand: 4. Lief. Juni 1997

Nickel, Lars Christoph: Verfassungsrechtliche Probleme der Transplantationsgesetzgebung am Beispiel des Gesetzesbeschlusses des rheinland-pfälzischen Landtags, MedR 1995, 139ff.

Nickel, Lars Christoph: Die Entnahme von Organen und Geweben bei Verstorbenen zum Zwecke der Transplantation, Universitätsdissertation Bonn 1999

Noll, Peter: Übergesetzliche Rechtfertigungsgründe, im besondern die Einwilligung des Verletzten, Basel 1955

Noll, Peter: Begriff und Funktion der guten Sitten im Strafrecht, in: Festschrift zum 150jährigen Bestehen des OLG Zweibrücken, Wiesbaden 1969, 206ff.

Otto, Harro: Die Anerkennung des Interessenvorrangs als Prinzip der Rechtfertigung, RG St 61, 242, Jura 1985, 298ff.

Otto, Harro: Grundkurs Strafrecht – Allgemeine Strafrechtslehre, 4. Aufl. Berlin 1992

Pater, Siegfried./.Raman, Ashwin: Organhandel, Ersatzteile aus der Dritten Welt, Göttingen 1991

Pena, J. R. / Pena, R. /Gomes da Costa, A.: Presumed Consent and Cadaver Organ Donation: Is There a Place for Family Involvement?, in: Land/Dossetor, Organ Replacement Therapy: Ethics, Justice, Commerce, Berlin 1991, 276ff.

Penning, R. / Liebhardt, E.: Entnahme von Leichenteilen zu Transplantationszwecken - Straftat, ärztliche Pflicht oder beides?, in: Medizin und Recht: Festschrift für Wolfgang Spann, Berlin 1986, 440ff.

Peters, Karl-Hugo: „Wertungsrahmen" und „Konflikttypen" bei der „Konkurrenz" zwischen § 34 StGB und den besonderen Rechtfertigungsgründen?, GA 1981, 445ff.

Pia, Hans Werner: Hirntod, DÄBl. 1986, Heft 31/32, 2153ff.

Pichlmayr, Rudolf: Transplantationsgesetzgebung aus chirurgischer Sicht, Der Chirurg (51) 1980, 344ff.

Pichlmayr, Rudolf: Transplantationschirurgie, Berlin 1981

Pichlmayr, Rudolf: Organtransplantation heute - Möglichkeiten, Realität und Aufgaben, Der Arzt im Krankenhaus 1982, Beilage: Organtransplantation heute, 10ff.

Pichlmayr, Rudolf / Nagel, Eckhard: Warum ein Transplantationsgesetz?, in: Schlaudraff (Hrsg.), Transplantationsgesetzgebung in Deutschland, Streit um mehr als ein Gesetz, Loccumer Protokolle 54/94, Rehburg - Loccum 1995, 53ff.

Pieroth, Bodo / Schlink, Bernhard: Grundrechte - Staatsrecht II, 17. Aufl. Heidelberg 2001

Pschyrembel: Klinisches Wörterbuch, 258. Aufl. Berlin/New York 1998

Renzikowski, Joachim: Notstand und Notwehr, Strafrechtliche Abhandlungen Band 90, Berlin 1994, zugleich: Univ. Diss. Tübingen 1993

Richter, Eva A.: Anzahl der Spenderorgane reicht nicht aus, Deutsches Ärzteblatt 2001, Heft 38, C 1922

Richter, Eva A.: Stammzellen-Import: Signal auf Stopp, Deutsches Ärzteblatt 2001, Heft 47, C 2421

Rittner, Christian / Besold, Andrea / Wandel, Evelyn: Die anonymisierte Lebendspende nach § 9 Satz 1 TPG geeigneter Organe (§ 8 I 2 TPG lege ferenda) – ein Plädoyer pro vita und gegen ärztlichen und staatlichen Paternalismus, MedR 2001, 118ff.

Rixen, Stephan: Der hirntote Mensch: Leiche oder Rechtssubjekt?, in: Hoff/in der Schmitten (Hrsg.), Wann ist der Mensch tot? - Organverpflanzung und Hirntodkriterium, 2. erweiterte Aufl. Reinbek 1995, 434ff.

Rixen, Stephan: Todesbegriff, Lebensgrundrecht und Transplantationsgesetz, ZRP 1995, 461ff.

Rixen, Stephan: Schriftliche Stellungnahme zur Anhörung vor dem Gesundheitsausschuss des Deutschen Bundestages am 25.09.1996, Ausschussdrucksache 603/13, 2ff.

Römelt, Josef: Hirntod und Organspende - Ethische Probleme der Transplantationsmedizin, Zeitschrift für medizinische Ethik 43 (1997), 3ff.

Roosen, Klaus / Klein, Martin: Kriterien und Diagnostik des Hirntodes, in: Gesellschaft Gesundheit und Forschung e.V., Ethik und Organtransplantation, Frankfurt a.M. 1989, 29ff.

Rosenau, Henning: Tödliche Schüsse im staatlichen Auftrag - Die strafrechtliche Verantwortung von Grenzsoldaten für den Schußwaffengebrauch an der deutsch-deutschen Grenze, 2. Aufl. Baden-Baden 1998

Roxin, Claus: Kriminalpolitik und Strafrechtssystem, 2. Aufl. Berlin/New York 1973

Roxin, Claus: Zur Tatbestandsmäßigkeit und Rechtswidrigkeit der Entfernung von Leichenteilen (§ 168 StGB), insbesondere zum rechtfertigenden strafrechtlichen Notstand (§ 34 StGB) - OLG Frankfurt NJW 1975, 271 - , JuS 1976, 505-511

Roxin, Claus: Rechtfertigungs- und Entschuldigungsgründe in Abgrenzung von sonstigen Strafausschließungsgründen, JuS 1988, 425-433

Roxin, Claus: Täterschaft und Tatherrschaft, 5. Aufl. Berlin / New York 1990

Roxin, Claus: Strafrecht - Allgemeiner Teil, Band I, 2. Aufl. München 1994

Rudolphi, Hans-Joachim: Primat des Strafrechts im Umweltschutz?, NStZ 1984, 193ff.

Rudolphi, Hans-Joachim: Rechtfertigungsgründe im Strafrecht, in: Gedächtnisschrift für Armin Kaufmann, Köln 1989, 371ff.

Rudolphi, Hans-Joachim / Horn, Eckhard / Samson, Erich (Hrsg.): Systematischer Kommentar zum Strafgesetzbuch, Band 1, Allgemeiner Teil (§§ 1-79b), 6. Aufl. Neuwied u. a., Stand: 28. Lieferung Mai 1998

Rudolphi, Hans-Joachim / Horn, Eckhard / Samson, Erich (Hrsg.): Systematischer Kommentar zum Strafgesetzbuch, Band 2, Besonderer Teil (§§ 80-358), 6. Aufl. Neuwied u. a., Stand: 44. Lieferung Mai 1998

Rüping, Hinrich: Der Schutz der Pietät, GA 1977, 299ff.

Rüping, Hinrich: Individual- und Gemeinschaftsinteressen im Recht der Organtransplantation, GA 1978, 129ff.

Rüping, Hinrich: Für ein Transplantationsgesetz, MMG 7 (1982), 77ff.

Samson, Erich: Legislatorische Erwägungen zur Rechtfertigung der Explantation von Leichenteilen, NJW 1974, 2030ff.

Sass, Hans-Martin: Hirntod und Hirnleben, in: Medizin und Ethik, Stuttgart 1989, 160ff.

Sass, Hans-Martin: Philosophical Arguments in Accepting Brain Death Criteria, in: Land/Dossetor, Organ Replacement Therapy: Ethics, Justice, Commerce, Berlin 1991, 249ff.

Sasse, Ralf: Zivil- und strafrechtliche Aspekte der Veräußerung von Organen Verstorbener und Lebender, Frankfurt a.M. 1996, zugleich: Univ. Diss. Göttingen 1995

Schlitt, Hans J. / Manns, Michael P.: Ethische und rechtliche Aspekte der Xenotransplantation, DÄBl. 96, Heft 27, 1999, C-1335ff.

Schmalz, Dieter: Methodenlehre für das juristische Studium, 2. Aufl. Baden-Baden 1990

Schmidhäuser, Eberhard: Strafrecht, Allgemeiner Teil, 2. Aufl. Tübingen 1975

Schmidt, Volker: Politik der Organverteilung. Eine Untersuchung über Empfängerauswahl in der Transplantationsmedizin, Baden-Baden 1996

Schmidt, Volker: Neues zur Organverteilung – Das Transplantationsgesetz und die Folgen, ZfGWiss 2002, 252ff.

Schmidt-Aßmann, Eberhard: Rechtsschutzfragen des Transplantationsgesetzes, NVwZ 2001, Sonderheft 59ff.

Schmidt-Didczuhn, Andrea: Transplantationsmedizin in Ost und West im Spiegel des Grundgesetzes, ZRP 1991, 264ff.

Schneewind, K. A.: Psychologische Aspekte der Lebendnierenspende, Zeitschrift für Transplantationsmedizin 2/1993, 89ff.

Schockenhoff, Eberhard: „Angstfreie und verantwortliche Entscheidung für die Organspende", in: Gesetz über die Spende, Entnahme und Übertragung von Organen - Transplantationsgesetz, Der Gesetzestext mit Stellungnahmen von Experten und Betroffenen, hrsg. von der Deutschen Stiftung Organtransplantation, Neu-Isenburg 1997, S. 16ff.

Schöning, Rolf: Rechtliche Aspekte der Organtransplantation unter besonderer Berücksichtigung des Strafrechts, Zürich 1996, zugleich: Univ. Diss. Zürich

Schönke, Adolf / Schröder, Horst: Strafgesetzbuch - Kommentar, 25. Aufl. München 1997

Schoeppe, Wilhelm: Organisation der Organentnahme und Organtransplantation in Europa, in: Gesellschaft Gesundheit und Forschung e.V., Ethik und Organtransplantation, Frankfurt a.M. 1989, 19ff.

Schreiber, Hans-Ludwig: Die rechtliche Zulässigkeit der Transplantatentnahme, Der Internist 1974, 551ff.

Schreiber, Hans-Ludwig: Kriterien des Hirntodes, JZ 1983, 593ff.

Schreiber, Hans-Ludwig: Vorüberlegungen für ein künftiges Transplantationsgesetz, in: Festschrift für Klug, Köln 1983, 341ff.

Schreiber, Hans-Ludwig: Ist eine Effektivitätskontrolle von Strafgesetzen möglich?, in: Schäffer/Triffterer (Hrsg.), Rationalisierung der Gesetzgebung, Jürgen Rödig Gedächtnissymposion 28.-30. Oktober 1982, Baden-Baden 1984, 178ff.

Schreiber, Hans-Ludwig / Wolfslast, Gabriele: Rechtsfragen der Transplantation, in: Dietrich, Organspende - Organtransplantation, Starnberg 1985, 33ff.

Schreiber, Hans-Ludwig: Das Recht auf den eigenen Tod – zur gesetzlichen Neuregelung der Sterbehilfe, NStZ 1986, 337ff.

Schreiber, Hans-Ludwig: Transplantation und Recht, Münchener Medizinische Wochenschrift (MMW) 1987, 1ff.

Schreiber, Hans-Ludwig: Rechtliche Fragen der Organentnahme - auch der Lebendspende, in: Gesellschaft Gesundheit und Forschung e.V., Ethik und Organtransplantation, Frankfurt a.M. 1989, 39ff.

Schreiber, Hans-Ludwig: Diskussionsbeitrag, in: Hiersche/Hirsch/Graf-Baumann, Rechtliche Fragen der Organtransplantation, Berlin 1990, S. 84ff. (Diskussion 2)

Schreiber, Hans-Ludwig: Für ein Transplantationsgesetz, in: Toellner, Medizin-Ethik Band 3, Stuttgart 1991, 97ff.

Schreiber, Hans-Ludwig: Organtransplantation, Entwicklung und Perspektiven der juristischen Situation, Langenbecks Arch. Chir. Suppl. (Kongreßbericht 1992), 234ff.

Schreiber, Hans-Ludwig / Wolfslast, Gabriele: Ein Entwurf für ein Transplantationsgesetz, MedR 1992, 189ff.

Schreiber, Hans-Ludwig: Behandlungsabbruch und Sterbehilfe, in: Bottke/Fritsche/Huber/ Schreiber, Lebensverlängerung aus medizinischer, ethischer und rechtlicher Sicht, Rechtsstaat in der Bewährung, Band 30, Heidelberg 1995, S. 129ff.

Schreiber, Hans-Ludwig: Der Hirntod als Grenze des Lebensschutzes, in: Festschrift für Remmers, Köln 1995, 593ff.

Schreiber, Hans-Ludwig: Die Todesgrenze als juristisches Problem - Wann darf ein Organ entnommen werden? -, in: Hinrichsen/Sass/Viefhues, Zentrum für Medizinische Ethik, Medizinische Materialien, Heft 101, Bochum 1995, 1ff.

Schreiber, Hans-Ludwig: Schriftliche Stellungnahme zur Anhörung vor dem Gesundheitsausschuss des Deutschen Bundestages am 25.09.1996, Ausschussdrucksache 598/13, 10ff.

Schreiber, Hans-Ludwig: Schriftliche Stellungnahme zur Anhörung vor dem Gesundheitsausschuss des Deutschen Bundestages am 09.10.1996, Ausschussdrucksache 603/13, 17ff.

Schreiber, Hans-Ludwig: Rechtliche Grenzen der Sterbehilfe, in: Zur Debatte - Themen der Katholischen Akademie in Bayern, 26. Jahrg., Heft 3 1996, 3ff.

Schreiber, Hans-Ludwig: Schriftliche Stellungnahme zur Anhörung des Rechtsausschusses des Deutschen Bundestages am 15.01.1997 zu den Gesetzentwürfen für ein Transplantationsgesetz – BT-Drs. 13/2926; 13/4368; 13/4114; 13/6591, Zusammenstellung der Stellungnahmen, 39ff.

Schreiber, Hans-Ludwig: Wann ist der Mensch tot?, Frankfurter Allgemeine Zeitung Nr. 46 vom 24. Februar 1997, S. 8

Schreiber, Hans-Ludwig: Sterbehilfe und Behandlungsbeschränkung, Kirche und Recht (KuR) 1999, 227ff.

Schreiber, Hans-Ludwig / Haverich, Axel: Richtlinien für die Warteliste und für die Organvermittlung, DÄBl. 2000, Heft 7, A-385ff.

Schroeder, Friedrich-Christian: Notstandslage bei Dauergefahr - BGH NJW 1979, 2053, JuS 1980, 336ff.

Schroeder, Friedrich-Christian: Gegen die Spendenlösung bei der Organgabe, ZRP 1997, 265ff.

Schröder, Horst: Die Notstandsregelung des Entwurfes 1959 II., in: Festschrift für Eberhard Schmidt, Aalen 1971, 290ff.

Schroth, Ulrich: Die strafrechtlichen Tatbestände des Transplantationsgesetzes, JZ 1997, 1149ff.

Schroth, Ulrich: Schlußwort - im Anschluß an die Erwiderung von Heger auf seinen Beitrag in der JZ 1997, 1149 ff., JZ 1998, 506ff.

Schünemann, Hermann: Die Rechte am menschlichen Körper, Jur. Diss. Frankfurt a. M. 1985

Schwabe, Jürgen: Die Notrechtsvorbehalte des Polizeirechts, JZ 1974, 634ff.

Schwabe, Jürgen: Zur Geltung von Rechtfertigungsgründen des StGB für Hoheitshandeln, NJW 1977, 1902ff.

Schweizerische Akademie der Medizinischen Wissenschaften: Medizinisch-ethische Richtlinien für die Organtransplantation vom 08.06.1995, SÄZ 76 (1995), 1389ff.

Seelmann, Kurt: Grenzen privater Nothilfe, ZStW 89 (1977), 36ff.

Seelmann, Kurt: Das Verhältnis von § 34 StGB zu anderen Rechtfertigungsgründen, Heidelberg 1978

Seewald, Otfried: Ein Organtransplantationsgesetz im pluralistischen Verfassungsstaat, VerwArch 88 (1997), 199ff.

Seidel, Marc: Todesstrafe in China - Organspender wider Willen?, Deutsches Ärzteblatt 1997, Heft 41, B-2150ff.

Seidenath, Bernhard: Lebendspende von Organen – Zur Auslegung des § 8 Abs. 1 S. 2 TPG, MedR 1998, 253ff.

Seifert, Karl-Heinz / Hömig, Dieter: Grundgesetz für die Bundesrepublik Deutschland, 5. Aufl. Baden-Baden 1995

Sekretariat der Deutschen Bischofskonferenz und Kirchenamt der Evangelischen Kirche in Deutschland (Hrsg.): Organtransplantation, Erklärung der Deutschen Bischofskonferenz und des Rates der Evangelischen Kirche in Deutschland vom 02. Juli 1990, Sonderdruck des Arbeitskreises Organspende, Neu-Isenburg 1990

Sengler, Helmut / Schmidt, Angelika: Organentnahme bei Hirntoten als „noch Lebenden"?, MedR 1997, 241ff.

Smit, Heiner / Sasse, Ralf / Molzahn, Martin / Schulin, Bertram: Organspende und Transplantation in Deutschland 1998, 4. Bericht der Deutschen Stiftung Organtransplantation zum Stand der Organspende in Deutschland, Deutsche Stiftung Organtransplantation (Hrsg.), Neu-Isenburg 1999

Spittler, Johann Friedrich: Schriftliche Stellungnahme zur Anhörung vor dem Gesundheitsausschuss des Deutschen Bundestages am 25.09.1996, Ausschussdrucksache 589/13, 38ff.

Spittler, Johann Friedrich: Der menschliche Körper im Hirntod, ein dritter Zustand zwischen lebendem Menschen und Leichnam?, JZ 1997, 747ff.

Steffen, Ulrich: Zur Strafbarkeit der klinischen Sektion gem. § 168 StGB, Sinzheim 1996

Stellpflug, Martin H.: Der strafrechtliche Schutz des menschlichen Leichnams – eine rechtsvergleichende Studie zur strafrechtlichen Beurteilung von Handlungen am menschlichen Leichnam in der Bundesrepublik Deutschland, Großbritannien und der Republik Österreich, Frankfurt a.M. 1996

Sternberg-Lieben, Detlev: Strafrechtlicher Schutz der toten Leibesfrucht (§ 168 StGB n. F.), NJW 1987, 2062ff.

Sternberg-Lieben, Detlev: Tod und Strafrecht, JA 1997, 80ff.

Stoecker, Ralf: An den Grenzen des Todes - ein Plädoyer für die moralphilosophische Überwindung der Hirntod-Debatte, Ethik in der Medizin (1997), 194ff.

Stratenwerth, Günter: Prinzipien der Rechtfertigung, ZStW 68 (1956), 41ff.

Stratenwerth, Günter: Zum juristischen Begriff des Todes, in: Festschrift für Engisch, Frankfurt a.M. 1969, 528ff.

Stratenwerth, Günter: Strafrecht – Allgemeiner Teil I, 3. Aufl. Köln 1981

Sturm, Richard: Zum Regierungsentwurf eines Transplantationsgesetzes, JZ 1979, 697ff.

Sundmacher, : Schriftliche Stellungnahme zur Anhörung vor dem Gesundheitsausschuss des Deutschen Bundestages am 25.09.1996, Ausschussdrucksache 579/13, 44ff.

Sydow, Fritz von: § 34 - kein neues Ermächtigungsgesetz!, JuS 1978, 222ff.

Tag, Brigitte: Zum Umgang mit der Leiche, MedR 1998, 387ff.

Taupitz, Jochen: Um Leben und Tod: Die Diskussion um ein Transplantationsgesetz, JuS 1997, 203ff.

Thiel, Sven-Markus: Die Konkurrenz von Rechtfertigungsgründen, Frankfurt a. M. 2000, zugleich: Universitätsdissertation, Göttingen 1999

Thielbeer, Siegfried: Chinesischer Handel mit Leichenteilen?, Frankfurter Allgemeine Zeitung vom 2. März 1998, S. 5

Trockel, Horst: Das Recht zur Vornahme einer Organtransplantation, MDR 1969, 811ff.

Trockel, Horst: Die Rechtfertigung ärztlicher Eigenmacht, NJW 1970, 489ff.

Tröndle, Herbert: Schriftliche Stellungnahme zur Anhörung des Rechtsausschusses des Deutschen Bundestages am 15.01.1997 zu den Gesetzentwürfen für ein Transplantationsgesetz – BT-Drs. 13/2926; 13/4368; 13/4114; 13/6591, Zusammenstellung der Stellungnahmen, 51ff.

Tröndle, Herbert / Fischer, Thomas: Strafgesetzbuch und Nebengesetze, 49. Aufl. München 1999

Truog, Robert D.: Is It Time to Abandon Brain Death?, Hastings Center Report 27, January-February 1997, 29ff.

Türk, Hans Joachim: Der Hirntod in philosophischer Sicht, Zeitschrift für medizinische Ethik 43 (1997), 17ff.

Verband Forschender Arzneimittelhersteller e.V.: Schriftliche Stellungnahme zur Anhörung vor dem Gesundheitsausschuss des Deutschen Bundestages am 25.09.1996, Ausschussdrucksache 594/13, 19ff.

Vogel, Hans-Jochen: Zustimmung oder Widerspruch, NJW 1980, 625ff.

Voll, Doris: Die Einwilligung im Arztrecht: Eine Untersuchung zu den straf-, zivil- und verfassungsrechtlichen Grundlagen, insbesondere bei Sterilisation und Transplantation unter Berücksichtigung des Betreuungsgesetzes, Frankfurt a.M. 1996, zugleich: Univ. Diss. Heidelberg 1995

Wagner, Edgar / Brocker, Lars: Hirntodkriterium und Lebensgrundrecht, ZRP 1996, 226ff.

Walter, Ute: Organentnahme nach dem Transplantationsgesetz: Befugnisse der Angehörigen, FamRZ 1998, 201ff.

Warda, Günter: Zur Konkurrenz von Rechtfertigungsgründen, in: Festschrift für Maurach, Karlsruhe 1972, 143ff.

Weber, Joachim / Lejeune, Stefanie: Rechtliche Probleme des rheinland-pfälzischen Transplantationsgesetzes, NJW 1994, 2392ff.

Welzel, Hans: Das Deutsche Strafrecht, 11. Aufl. Berlin 1969

Wessels, Johannes / Beulke, Werner: Strafrecht - Allgemeiner Teil, 25.Aufl. Heidelberg 1995

Wessels, Johannes: Strafrecht - Besonderer Teil/1, 19. Aufl. Heidelberg 1995

Wesslau, : Schriftliche Stellungnahme zur Anhörung vor dem Gesundheitsausschuss des Deutschen Bundestages am 25.09.1996, Ausschussdrucksache 594/13, 24ff.

Westermann, Harm Peter: Das allgemeine Persönlichkeitsrecht nach dem Tode des Trägers, FamRZ 1969, 561ff.

Wolbert, Werner: Zur neueren Diskussion über den Gehirntod, EthikMed (1996), 6ff.

Wolfslast, Gabriele: Rechtsfragen der Organtransplantation: Gesetzliche Regelung wäre wünschenswert, Der Arzt im Krankenhaus 1982, 526ff.

Wolfslast, Gabriele: Transplantation ohne Gesetz? Zur rechtlichen Situation der Organspende, MMW 124 (1982), 105ff.

Wolfslast, Gabriele: Beweisführung durch heimliche Tonbandaufzeichnung, NStZ 1987, 104ff.

Wolfslast, Gabriele: Rechtliche Aspekte der Organtransplantation, Deutsche Krankenpflegerzeitschrift 7/1988, 507ff.

Wolfslast, Gabriele: Transplantationsrecht im europäischen Vergleich, ZTxMed 1/1989, 43ff.

Wolfslast, Gabriele: Legal Aspects of Organ Transplantation: An Overview on European Law, The Journal of Heart and Lung Transplantation, July/August 1992, 160ff.

Wolfslast, Gabriele / Smit, Heiner: Argumente für die Zustimmungslösung zur Regelung von Organentnahmen, EthikMed 4/1992, 191ff.

Wolfslast, Gabriele: Organtransplantation, gegenwärtige Rechtslage und Gesetzentwürfe, Deutsches Ärzteblatt 1995, Heft 1-2, A-39ff.

Wolfslast, Gabriele: Notwendigkeit eines Transplantationsgesetzes in Deutschland - Juristische Aspekte der Organspende, in: Hauss / Vogt (Hrsg.), Organspende: Organisation, Kooperation und Verteilung, Lengerich 1996, 159ff.

Zickgraf, Thomas: „Das Transplantationsgesetz tritt in Kraft", in: Gesetz über die Spende, Entnahme und Übertragung von Organen - Transplantationsgesetz, Der Gesetzestext mit Stellungnahmen von Experten und Betroffenen, hrsg. von der Deutschen Stiftung Organtransplantation, Neu-Isenburg 1997, S. 5

Zilkens, Martin: Zur Rechtfertigung lebensnotwendiger Operationen bei verweigerter Einwilligung, Univ. Diss. Köln 1985

Zilkens, Martin: Anwendbarkeit des § 34 StGB bei verweigerter Einwilligung zu ärztlichen Eingriffen?, Arztrecht 5/1986, 119ff.

Zimmermann, Reinhard: Gesellschaft, Tod und medizinische Erkenntnis, Zur Zulässigkeit von klinischen Sektionen, NJW 1979, 569ff.

Zippelius, Reinhold: Juristische Methodenlehre, 6. Aufl. München 1994

Die Reihe RECHT UND MEDIZIN wird von den Professoren Deutsch (Göttingen), Laufs (Heidelberg) und Schreiber (Göttingen) herausgegeben. Ihre Aufgabe ist es, Monographien und Dissertationen auf dem Gebiet des medizinischen Rechts zu veröffentlichen. Dieses Gebiet, das an Bedeutung noch zunehmen wird, umfaßt auf der juristischen Seite sowohl zivilrechtliche als auch straf- und öffentlich-rechtliche Fragestellungen. Die Fragen können von der juristischen oder von der medizinischen Seite aus untersucht werden. Übergreifendes Ziel ist es, den medizin-rechtlichen Fragen nicht etwa ein gängiges juristisches Denkschema überzuwerfen, sondern die besonderen Probleme der Regelung medizinischer Sachverhalte eigenständig aufzufassen und darzustellen.

Die Adressen der drei Herausgeber sind:

Prof. Dr. Dr. h.c. Erwin Deutsch (Zivilrecht und Rechtsvergleichung)
Höltystraße 8
37085 Göttingen

Prof. Dr. Dr. h.c. Adolf Laufs (Zivilrecht und Rechtsgeschichte)
Kohlackerweg 12
69151 Neckargemünd

Prof. Dr. Dr. h.c. Hans-Ludwig Schreiber (Strafrecht und Rechtstheorie)
Grazer Str. 14
30519 Hannover

RECHT UND MEDIZIN

Band 1 Erwin Deutsch: Das Recht der klinischen Forschung am Menschen. Zulässigkeit und Folgen der Versuche am Menschen, dargestellt im Vergleich zu dem amerikanischen Beispiel und den internationalen Regelungen. 1979.

Band 2 Thomas Carstens: Das Recht der Organtransplantation. Stand und Tendenzen des deutschen Rechts im Vergleich zu ausländischen Gesetzen. 1979.

Band 3 Moritz Linzbach: Informed Consent. Die Aufklärungspflicht des Arztes im amerikanischen und im deutschen Recht. 1980.

Band 4 Volker Henschel: Aufgabe und Tätigkeit der Schlichtungs- und Gutachterstellen für Arzthaftpflichtstreitigkeiten. 1980.

Band 5 Hans Lilie: Ärztliche Dokumentation und Informationsrechte des Patienten. Eine arztrechtliche Studie zum deutschen und amerikanischen Recht. 1980.

Band 6 Peter Mengert: Rechtsmedizinische Probleme in der Psychotherapie. 1981.

Band 7 Hazel G.S. Marinero: Arzneimittelhaftung in den USA und Deutschland. 1982.

Band 8 Wolfram Eberbach. Die zivilrechtliche Beurteilung der *Humanforschung*. 1982.

Band 9 Wolfgang Deuchler: Die Haftung des Arztes für die unerwünschte Geburt eines Kindes ("wrongful birth"). Eine rechtsvergleichende Darstellung des amerikanischen und deutschen Rechts. 1984.

Band 10 Hermann Schünemann: Die Rechte am menschlichen Körper. 1985.

Band 11 Joachim Sick: Beweisrecht im Arzthaftpflichtprozeß. 1986.

Band 12 Michael Pap: Extrakorporale Befruchtung und Embryotransfer aus arztrechtlicher Sicht; insbesondere: Der Schutz des werdenden Lebens in vitro. 1987.

Band 13 Sabine Rickmann: Zur Wirksamkeit von Patiententestamenten im Bereich des Strafrechts. 1987.

Band 14 Joachim Czwalinna: Ethik-Kommissionen - Forschungslegitimation durch Verfahren. 1987.

Band 15 Günter Schirmer: Status und Schutz des frühen Embryos bei der *In-vitro*-Fertilisation. Rechtslage und Diskussionsstand in Deutschland im Vergleich zu den Ländern des angloamerikanischen Rechtskreises. 1987.

Band 16 Sabine Dönicke: Strafrechtliche Aspekte der Katastrophenmedizin. 1987.

Band 17 Erwin Bernat: Rechtsfragen medizinisch assistierter Zeugung. 1989.

Band 18 Hartmut Schulz: Haftung für Infektionen. 1988.

Band 19 Herbert Harrer: Zivilrechtliche Haftung bei durchkreuzter Familienplanung. 1989.

Band 20 Reiner Füllmich: Der Tod im Krankenhaus und das Selbstbestimmungsrecht des Patienten. Über das Recht des nicht entscheidungsfähigen Patienten, künstlich lebensverlängernde Maßnahmen abzulehnen. 1990.

Band 21 Franziska Knothe: Staatshaftung bei der Zulassung von Arzneimitteln. 1990.

Band 22 Bettina Merz: Die medizinische, ethische und juristische Problematik artifizieller menschlicher Fortpflanzung. Artifizielle Insemination, In-vitro-Fertilisation mit Embryotransfer und die Forschung an frühen menschlichen Embryonen. 1991.

Band 23 Ferdinand van Oosten: The Doctrine of Informed Consent in Medical Law. 1991.

Band 24 Stephan Cramer: Genom- und Genanalyse. Rechtliche Implikationen einer "Prädiktiven Medizin". 1991.

Band 25 Knut Schulte: Das standesrechtliche Werbeverbot für Ärzte unter Berücksichtigung wettbewerbs- und kartellrechtlicher Bestimmungen. 1992.

Band 26 Young-Kyu Park: Das System des Arzthaftungsrechts. Zur dogmatischen Klarstellung und sachgerechten Verteilung des Haftungsrisikos. 1992.

Band 27 Angela Könning-Feil: Das Internationale Arzthaftungsrecht. Eine kollisionsrechtliche Darstellung auf sachrechtsvergleichender Grundlage. 1992.

Band 28 Jutta Krüger: Der Hamburger Barmbek/Bernbeck-Fall. Rechtstatsächliche Abwicklung und haftungsrechtliche Aspekte eines medizinischen Serienschadens. 1993.

Band 29 Alexandra Goeldel: Leihmutterschaft – eine rechtsvergleichende Studie. 1994.

Band 30 Thomas Brandes: Die Haftung für Organisationspflichtverletzung. 1994.

Band 31 Winfried Grabsch: Die Strafbarkeit der Offenbarung höchstpersönlicher Daten des ungeborenen Menschen. 1994.

Band 32 Jochen Markus: Die Einwilligungsfähigkeit im amerikanischen Recht. Mit einem einleitenden Überblick über den deutschen Diskussionsstand. 1995.

Band 33 Meltem Göben: Arzneimittelhaftung und Gentechnikhaftung als Beispiele modernen Risikoausgleichs mit rechtsvergleichenden Ausblicken zum türkischen und schweizerischen Recht. 1995.

Band 34 Regine Kiesecker: Die Schwangerschaft einer Toten. Strafrecht an der Grenze von Leben und Tod – Der Erlanger und der Stuttgarter Baby-Fall. 1996.

Band 35 Doris Voll: Die Einwilligung im Arztrecht. Eine Untersuchung zu den straf-, zivil- und verfassungsrechtlichen Grundlagen, insbesondere bei Sterilisation und Transplantation unter Berücksichtigung des Betreuungsgesetzes. 1996.

Band 36 Jens-M. Kuhlmann: Einwilligung in die Heilbehandlung alter Menschen. 1996.

Band 37 Hans-Jürgen Grambow: Die Haftung bei Gesundheitsschäden infolge medizinischer Betreuung in der DDR. 1997.

Band 38 Julia Röver: Einflußmöglichkeiten des Patienten im Vorfeld einer medizinischen Behandlung. Antezipierte Erklärung und Stellvertretung in Gesundheitsangelegenheiten. 1997.

Band 39 Jens Göben: Das Mitverschulden des Patienten im Arzthaftungsrecht. 1998.

Band 40 Hans-Jürgen Roßner: Begrenzung der Aufklärungspflicht des Arztes bei Kollision mit anderen ärztlichen Pflichten. Eine medizinrechtliche Studie mit vergleichenden Betrachtungen des nordamerikanischen Rechts. 1998.

Band 41 Meike Stock: Der Probandenschutz bei der medizinischen Forschung am Menschen. Unter besonderer Berücksichtigung der gesetzlich nicht geregelten Bereiche. 1998.

Band 42 Susanne Marian: Die Rechtsstellung des Samenspenders bei der Insemination / IVF. 1998.

Band 43 Maria Kasche: Verlust von Heilungschancen. Eine rechtsvergleichende Untersuchung. 1999.

Band 44 Almut Wilkening: Der Hamburger Sonderweg im System der öffentlich-rechtlichen Ethik-Kommissionen Deutschlands. 2000.

Band 45 Jonela Hoxhaj: Quo vadis Medizintechnikhaftung? Arzt-, Krankenhaus- und Herstellerhaftung für den Einsatz von Medizinprodukten. 2000.

Band 46 Birgit Reuter: Die gesetzliche Regelung der aktiven ärztlichen Sterbehilfe des Königreichs der Niederlande – ein Modell für die Bundesrepublik Deutschland? 2001.
2. durchgesehene Auflage 2002.

www.ingramcontent.com/pod-product-compliance
Ingram Content Group UK Ltd.
Pitfield, Milton Keynes, MK11 3LW, UK
UKHW021235031026
15588UKWH00001B/87

9 783631 508060